ANDREAS KIRSCH

Einlageleistung und Einlagerückgewähr im System der Kommanditistenhaftung

Schriften zum Wirtschaftsrecht

Band 91

Einlageleistung und Einlagerückgewähr im System der Kommanditistenhaftung

Von

Andreas Kirsch

Duncker & Humblot · Berlin

Die Deutsche Bibliothek – CIP-Einheitsaufnahme

Kirsch, Andreas:
Einlageleistung und Einlagerückgewähr im System der Kommanditistenhaftung / von Andreas Kirsch. – Berlin : Duncker und Humblot, 1995
(Schriften zum Wirtschaftsrecht ; Bd. 91)
Zugl.: Mannheim, Univ., Diss., 1994
ISBN 3-428-08460-8
NE: GT

Fotoprint: Werner Hildebrand, Berlin
Printed in Germany

ISSN 0582-026X
ISBN 3-428-08460-8

Gedruckt auf alterungsbeständigem (säurefreiem) Papier
entsprechend ISO 9706 ♾

Vorwort

Diese Arbeit hat im Sommersemester 1994 dem Fachbereich Rechtswissenschaft der Universität Mannheim vorgelegen. Das Manuskript wurde im April 1994 abgeschlossen. Rechtsprechung und Literatur habe ich bis zu diesem Zeitpunkt berücksichtigt und, wenn nötig, bis zum Stand Dezember 1994 eingearbeitet. Das Hauptanliegen der Arbeit besteht darin, das sehr durch Einzelfallrechtsprechung geprägte System der Kommanditistenhaftung auf eine dogmatische und praxisnahe Grundlage zu stellen.

An dieser Stelle möchte ich es nicht versäumen, all denen zu danken, die mich bei dieser Arbeit unterstützt haben.

Frau Professorin Dr. Barbara Grunewald hat für die Probleme der Dissertation immer ein offenes Ohr gehabt und in Gesprächen und durch Lektüre von Teilen der Doktorarbeit konstruktive Kritik geübt. Sie hat mich in hervorragender Weise zur wissenschaftlichen Arbeit motiviert. Als ihr Assistent habe ich viel Freiraum für die Erstellung der Arbeit gehabt. Damit hat sie insgesamt wesentlich zum Gelingen der Dissertation beigetragen. Ihr gilt mein besonderer Dank.

Herrn Prof. Dr. Karl-Otto Scherner danke ich für die rasche Erstellung des Zweitgutachtens.

Doch damit nicht genug. Ein herzliches Dankeschön auch meinen (in juristischen und grammatischen Fragen) kritischen Lesern Stefanie Beiler, Ursula Kirsch und Thomas Liebscher. Ebenfalls danke ich Kurt Dinkelmann für die professionelle Erstellung des Layouts, die mich selbst mehr Zeit als die Erstellung des gesamten Textes der Doktorarbeit gekostet hätte.

Der Leser des Vorworts möge bedenken, daß das Verb danken schwer durch Synonyme zu ersetzen ist.

Mannheim, im April 1995 *Andreas Kirsch*

Inhaltsverzeichnis

A. Einleitung und Grundprinzipien der Kommanditistenhaftung

I. Einleitung

1. Problemstellung

Der Einlage eines Kommanditisten kommt im Gegensatz zu den Einlagen der Komplementäre, der Gesellschafter in einer offenen Handelsgesellschaft (oHG) oder Gesellschaft bürgerlichen Rechts (GbR) besondere zusätzliche Bedeutung zu.

Während dort die Einlage ausschließlich die Funktion hat, Gesellschaftsvermögen zu bilden, aber die persönliche Haftung der Gesellschafter unberührt läßt, bewirkt die Erbringung einer Kommanditeinlage für einen Kommanditisten zusätzlich Befreiung von seiner Außenhaftung nach § 171 I 2. Hs. HGB. Bei GbR, oHG und den Komplementären der KG ist die Erbringung der Einlage (d.h., ob überhaupt und in welcher Höhe) ausschließlich eine Angegelegenheit zwischen der Gesellschaft und ihren Gesellschaftern. Sie betrifft lediglich das Innenverhältnis, das der vollständigen Vertragsfreiheit unterliegt[1]. Das Außenverhältnis, d.h. die Haftung gegenüber den Gesellschaftsgläubigern, wird dort durch die Einlageleistung nicht berührt.

Anders ist das bei der Kommanditeinlage, deren Erbringung im Innenverhältnis an die Gesellschaft auch Folgen für die Außenhaftung hat, wie § 171 I 2. Hs. HGB zeigt. Dabei hat es den Anschein, als würden die beschränkte Außenhaftung eines Kommanditisten und die Erbringung der Kommanditeinlage in einem Alternativverhältnis stehen[2]: Soweit die Einlage nicht geleistet ist, besteht die summenmäßig beschränkte Kommanditsitenhaftung[3]; soweit sie dagegen erbracht ist, fällt die persönliche Haftung eines Kommanditisten weg, und die Einlage kann als Haftungsobjekt von Gesellschaftsgläubigern verbraucht werden.

Das legt nahe, daß Einlage und beschränkte Außenhaftung wechselseitig die Funktion der Gläubigersicherung haben. Für einen Kommanditisten mag es in der Regel motivierend sein, seine Einlage in das Gesellschaftsvermögen zu erbringen, um der (beschränkten) Außenhaftung zu entgehen[4]. Auf Gläubigerseite besteht

---

[1] Vgl. zur Vertragsfreiheit im Innenverhältnis *H. Westermann*, (FS Barz), 81 (82).

[2] Vgl. *Müßigbrodt*, (Aufrechnung) S. 70, *K. Schmidt*, (Einlage und Haftung) S. 29.

[3] Summenmäßig beschränkt heißt nicht gegenständlich beschränkt, vgl. Schlegelberger (5) - *K. Schmidt*, §§ 171, 172 Rdnr. 4.

[4] Wegen dieser Orientierung auf die Einlageleistung könnte man die Außenhaftung auch als Sanktion zur Erbringung der Einlage verstehen; vgl. *Wiedemann*, FS Bärmann, 1037 (1038).

dabei grundsätzlich die Gefahr, daß die Einlage nicht die Haftungsbefreiung wert ist, wenn z.B. eine eingebrachte Forderung oder eine Sache zu hoch bewertet werden.

Hier gilt es, zum Schutz der Gläubiger anhand der gesetzlichen Normen (d.h. insb. der §§ 171, 172 HGB) einen Mechanismus aufzubauen, der den Gläubigern garantiert, daß die Einlageleistung die Haftungsbefreiung wert ist. Dieser Schutzmechnismus könnte im Rahmen des Tatbestandes der Einlageleistung eingreifen.Mehr noch als beim Tatbestand der Einlageleistung, erfordert der Tatbestand der Einlagerückgewähr Schutzmechnismen im erwähnten Sinne.Hier bieten sich für Gesellschaft und Kommanditisten diverse Möglichkeiten, einmal geleistetes Kapital, das berechtigterweise Haftungsbefreiung für einen Kommanditisten gebracht hat, abzuziehen, ohne die Folge des Wiederauflebens der Kommanditistenhaftung nach § 172 IV 1 HGB zu erleiden.

Dabei wäre an verschiedenste Formen von Verkehrsgeschäften (z. B. Verkauf von Gegenständen durch Kommanditisten an die KG) zu denken, mit denen der Tatbestand der Einlagerückgewähr umgangen werden kann (z. B. zu hoher Kaufpreis für die von einem Kommanditisten an die KG verkaufte Sache). Hier erweisen sich solche Umgehungsgeschäfte als schwer durchschaubar erweisen, bei denen gesellschaftsfremde Dritte als Zwischenstation zwischen KG und Kommanditisten eingeschaltet werden. Gerade in der Frage der Einbeziehung Dritter in den Vorgang der Einlagerückgewähr nach § 172 IV 1 HGB bieten Rechtsprechung und Literatur ein uneinheitliches Bild; man kann hier von Einzelfallgerechtigkeit sprechen und kommt ohne Fallsammlung kaum aus[5].

An diesem Punkt will die vorliegende Arbeit ein einheitliches Haftungskonzept entwickeln, das den §§ 171, 172 HGB zugrundeliegt und Einzelfallgerechtigkeit nicht mehr notwendig macht. Es sollen die oben geschilderten Schutzmechanismen für Gesellschaftsgläubiger in §§ 171, 172 HGB fortentwickelt werden. Dabei wird Wert auf die Einbeziehung neuer wirtschaftlicher und rechtlicher Entwicklungen gelegt, so insb. gesplittete Kommanditeinlagen, eigenkapitalersetzende Gesellschafterleistungen, die „Rechtsform" der Publikums-KG und die Treuhand an Kommanditanteilen, um aus der Vielzahl der Erscheinungsformen die wichtigsten zu nennen.

2. Gang der Untersuchung

Die vorliegende Arbeit möchte zunächst in einem allgemeinen Teil die Bedeutung der Kommanditeinlage für die Außenhaftung des Kommanditisten klären. Dabei wird ein Schwerpunkt auf das Zusammenspiel zwischen Einlage und Haftung gelegt. Sodann soll ein einheitliches Haftungskonzept für die Tatbestän-

---

[5] *Konietzko*, (Haftung), S. 28 f.

de der haftungsbefreienden Einlageleistung und der haftungsschädlichen Einlagerückgewähr entwickelt werden (§§ 171 I 2. Hs., 172 IV HGB).

Grundlagen für ein solches System werden bereits bei einer ausführlichen Schilderung des Tatbestandes der haftungsbefreienden Einlageleistung nach § 171 I 2. Hs. HGB gelegt, auf der die weitere Erörterung der Tatbestände der Einlagerückgewähr nach § 172 IV 1 HGB aufbaut. Ein besonderer Schwerpunkt wird bei deren Darstellung auf mögliche Umgehungsgeschäfte unter Einbeziehung von Drittvermögen gelegt. Hier wird versucht, ein einheitliches Haftungsmodell zu konzipieren.

Dieses soll am Ende der Arbeit zusammengefaßt werden.

II. Grundprinzipien der Kommanditistenhaftung

Die anschließende Schilderung der Grundlagen der Kommanditistenhaftung hat in erster Linie das in der Einleitung angesprochene Verhältnis von Kommanditistenhaftung und Kommanditeinlage im Auge. Die Klärung dieses Verhältnisses soll als Grundlage für die spätere Erörterung der Tatbestände der haftungsbefreienden Einlageleistung nach § 171 I 2. Hs. HGB und der haftungsauslösenden Einlagerückgewähr nach § 172 IV 1 HGB dienen.

1. Die geschichtliche Entwicklung der Kommanditgesellschaft zu einer Unterart der offenen Handelsgesellschaft

Ein grundlegendes Verständnis der Bedeutung der Kommanditeinlage für die Außenhaftung des Kommanditisten läßt sich am besten mittels eines kurzen historischen Rückblicks erwerben. Hierbei wird deutlich werden, daß sich die heutige KG aus der stillen Gesellschaft entwickelt hat und die unmittelbare Außenhaftung des Kommanditisten (in Anlehnung an Gesellschafter der oHG) eine relativ neue Entwicklung ist. Diese Herkunft der KG aus der einlagebetonten (und weniger haftungsbetonten) stillen Gesellschaft kann dann das Verständnis für die starke Betonung der Einlage des Kommanditisten im Gesetzestext fördern und damit die gesetzliche Terminologie im Bereich der Kommanditistenhaftung erhellen.

Die Entstehung der Rechtsform der Kommanditgesellschaft läßt sich bis ins Mittelalter zurückverfolgen. Dort liegt der Ursprung der heutigen Handelsgesellschaften, teils in der romanischen, teils in der deutschen Rechtsentwicklung[1]. Damals konnte sich ein Geldgeber (Kapitalist) an einem fremden Unter-

---

[1] *Hueck*, § 18 II 1 (S.147); vgl. auch *K. Schmidt*, § 53 I 2 (S. 1271).

nehmen durch Hingabe von Geld oder Waren (sog.commenda) beteiligen und so am Gewinn des Unternehmens partizipieren[2]. Dabei trat nach außen nur der Unternehmer, nicht der Kapitalgeber, auf. In dieser Art von Beteiligung kann die Urform der stillen Gesellschaft gesehen werden.

Ab dem 15. Jahrhundert vollzog sich dann eine Abzweigung der späteren Kommanditgesellschaft von der stillen Gesellschaft, die, als wesentlichen Unterschied zu der ursprünglichen Form der Beteiligung, das Auftreten der Unternehmensteilhaber (Kommanditisten) nach außen brachte[3]. Ab dem 30-jährigen Krieg verkümmerte aber diese Form der Kommanditgesellschaft, und so wurde sie schließlich im preußischen ALR nicht berücksichtigt[4]. Erst im ADHGB von 1861 war die Kommanditgesellschaft wieder als eigene Gesellschaftsform neben der stillen Gesellschaft vorzufinden[5]. Gegenüber der alten Kommanditgesellschaft trat nun die Neuerung ein, daß die Kommanditgesellschaft als Unterart der offenen Handelsgesellschaft ausgestaltet wurde. Das zeigte sich in erster Linie an der Neuerung der bei Erlaß des ADHGB noch umstrittenen direkten Außenhaftung des Kommanditisten[6]. Der Streit ging darum, ob eine direkte Außenhaftung des Kommanditisten gegenüber Gesellschaftsgläubigern überhaupt bestehen konnte oder nur ob ein Anspruch der Gläubiger auf Einlageleistung an die Gesellschaft existieren sollte[7]. Es war also fraglich, ob nur die Gesellschaft (und die Komplementäre) oder ob daneben auch die Kommanditisten für die Gesellschaftsschulden im Außenverhältnis haften sollten.

Diese Uneinigkeit bei Erlaß des ADHGB sollte bei der Redaktion des HGB mit der klareren Fassung des heutigen § 171 I 1.Hs. HGB (damals § 168 HGB[8]) endgültig beseitigt werden, indem eine direkte Außenhaftung des Kommanditisten gegenüber Gesellschaftsgläubigern ausdrücklich festgelegt wurde. Damit war die Entwicklung der Kommanditgesellschaft hin zu einer Unterart der offenen Handelsgesellschaft[9] mit der Außenhaftung sämtlicher Gesellschafter vollendet. Die Stellung des Kommanditisten hatte sich vom Innen- zum Außengesellschafter entwickelt. Trotzdem wurde bei Erlaß des HGB Wert darauf gelegt, daß das Wesen der Kommanditgesellschaft nicht die summenmäßig beschränkte Außenhaftung des Kommanditisten sei, sondern die Beteiligung des Kommanditisten mit seiner Einlage[10], d.h. die Herbeiführung eines Zustandes ähnlich der stillen

[2] *Hueck*, § 18 II 1 (S. 147); vgl. auch *K. Schmidt*, § 53 I 2 (S. 1271).

[3] *Wieland I*, S. 735.

[4] *Hueck*, § 18 II (S. 147).

[5] *Hueck*, § 18 II 1 (S. 148); *K. Schmidt*, § 53 I 2 (S. 1271); *Wieland I*, S. 737 f.

[6] *Wieland I*, S. 736 f.; vgl. auch *Hahn/Mugdan*, S. 284.

[7] *Wieland I*, S. 738.

[8] Vgl. *Hahn/Mugdan*, S. 284.

[9] Vgl. mehrfach bei *Hahn/Mugdan*, S. 282, 284.

Gesellschaft, bei der der Gesellschafter nach außen nicht auftritt und durch die Beteiligung mit einer bestimmten Vermögenseinlage ein beschränktes wirtschaftliches Risiko wahrnehmen kann[11].

Diese starke Betonung der Einlageleistung eines Kommanditisten (gegenüber der unmittelbaren Außenhaftung) zeigt die zwar vollzogene Entwicklung der KG zu einer Außengesellschaft, aber zugleich auch ein Festhalten an der Herkunft der KG aus der stillen Gesellschaft bei Erlaß des HGB. Diese besondere Stellung der KG wird letztlich durch die entscheidende Funktion der Kommanditeinlage bestimmt.

2. Die summenmäßig beschränkte Außenhaftung des Kommanditisten

Bei der Schilderung der geschichtlichen Entwicklung der Kommanditgesellschaft wurde insbesondere die zentrale Bedeutung der Kommanditeinlage aufgezeigt. Doch wurde oben schon gesagt, daß die Einlage diese Bedeutung nicht ohne die summenmäßig beschränkte Außenhaftung des Kommanditisten haben kann. Erst durch die Verknüpfung von Einlageleistung und Außenhaftung in §§ 171 I.Hs. HGB, 172 IV HGB erlangt die Einlage ihre zentrale Funktion im Gefüge der Kommanditstenhaftung. Die Erbringung einer bestimmten Kommanditeinlage in das Gesellschaftsvermögen und die summenmäßig beschränkte Haftung eines Kommanditisten[12] korrespondieren miteinander. Ohne betragsmäßige Beschränkung der Kommanditistenhaftung ist die Haftungsbefreiung durch Einlageleistung für Kommanditisten nicht denkbar. Die beschränkte bzw. ausschließbare Kommanditistenhaftung „beginnt" daher mit der Haftungsbeschränkung.

Dabei sollte man sich vergegenwärtigen, daß Kommanditistenhaftung ihrem Wesen nach nichts anderes ist als die Haftung eines Komplementärs oder sonstigen Gesellschafters in (Außen-)personengesellschaften. Ein Kommanditist haftet unmittelbar, persönlich und primär mit seinem Privatvermögen, wie das Personengesellschafter im allgemeinen tun[13]. Gesellschaftsgläubiger haben also auch gegen Kommanditisten einen direkten Anspruch auf Befriedigung von Gesellschaftsschulden. Einziger Unterschied ist -wie gesagt-, daß dieser Anspruch ziffernmäßig beschränkt ist[14].

---

[10] *Hahn/Mugdan*, S. 281.

[11] *Wieland I*, S. 739.

[12] Vgl. oben I. Fn. 3 u. *Schlegelberger - K. Schmidt*, §§ 171, 172 Rdnr. 4.

[13] Vgl. BGHZ 39, 319 (322); *Heymann - Horn*, § 171 Rdnr. 3; *Hueck*, § 18 VI 3 (S. 153); *Kraft/Kreutz*, F III 3b (S. 164); *Siegmund/Van Venrooy*, Rdnr. 312; *Westermann I*, Rdnr. 906.

[14] Vgl. hierzu den Streitstand, ob der Gläubigeranspruch (wegen seiner ziffernmäßigen Beschränkung) nur auf Geld geht, oder ob auch Naturalleistung jeweils entsprechend der Verbindlichkeit der KG verlangt werden kann:

a) für Anspruch auf naturale Erfüllung; *Baumbach/Duden/Hopt*, § 171 Anm. 1B, § 128 Anm. 3; *Westermann I*, Rdnr. 903

Die zahlenmäßige Beschränkung der Kommanditistenhaftung tritt nicht ab Entstehung der Kommanditgesellschaft ein, sondern erst ab Eintragung der Haftungsbeschränkung in das Handelsregister. Dabei ist die Beschränkung Gläubigern der Gesellschaft gegenüber unabhängig von deren Kenntnis wirksam[15]. § 172 I HGB legt fest, daß die Eintragung der Haftungsbeschränkung unbedingte Voraussetzung für deren Wirksamkeit ist. Die Vorschrift ergänzt damit die allgemeine Regel des § 15 I HGB (nach der die Kenntnis eines Geschäftspartners für die Wirkung einer eintragungspflichtigen Tatsache ausreicht) und geht in ihrer Strenge auch über sie hinaus, da sie eine Kenntnis der Gläubiger von der Haftungsbeschränkung für deren Wirksamkeit nicht genügen läßt.

So klar die gesetzlichen Voraussetzungen für die Haftungsbeschränkung sind, so wenig Einigkeit besteht aber bezüglich ihrer rechtlichen Einordnung. In der Literatur ist die Ansicht verbreitet, die Haftungsbeschränkung im Handelsregister stelle eine öffentlich verlautbarte Garantieerklärung eines Kommanditisten gegenüber Gesellschaftsgläubigern dar[16]. Diese Annahme einer Garantieerklärung des Kommanditisten hat zur Folge, daß man der Eintragung im Handelsregister eine zusätzliche Bedeutung als eigener Gläubigeranspruch gegen Kommanditisten beilegen müßte.

Richtiger dürfte es sein, in der Eintragung in das Handelsregister nicht die Begründung eines neuen Rechtsverhältnisses, sondern die Limitierung einer alten, bereits bestehenden Rechtsbeziehung zu sehen, der Außenhaftung des Kommanditisten. Diese wird durch die Handelsregistereintragung nicht wesensmäßig geändert[17]. Die Kommanditistenhaftung besteht bereits vor Eintragung (vgl. dazu § 176 HGB) und wird durch diesen öffentlichen Akt lediglich limitiert[18].

Ein solches Verständnis der summenmäßig beschränkten Kommanditistenhaftung hält an der Strukturgleichheit dieser Haftung zur Haftung in Personengesellschaften allgemein fest und wird der historischen Entwicklung der KG zu einer Abart der oHG (d.h. mit direkter Außenhaftung von Kommanditisten) gerecht.

III. Verhältnis von Einlage und Haftung

Nach der gerade vorausgegangenen Erörterung der summenmäßig beschränkten Kommanditistenhaftung und der davor erfolgten Schilderung der historischen

---

b) für Geldanspruch: *Kornblum*, (Haftung), S. 251 ff.; GK (4) - *Schilling*, § 171 Rdnr. 4; Schlegelberger (5) - *K. Schmidt*, §§ 171, 172 Rdnr. 16.

[15] Vgl. BGHZ 82, 209 (212 f.); Heymann - *Horn*, § 172 Rdnr. 2.

[16] *Müßigbrodt*, (Aufrechnung), S. 76 f.; *H. P. Westermann*, (Vertragsfreiheit), S. 287.

[17] *Keuk*, ZHR 135, 410, (414); *Konietzko*, (Haftung), S. 54.

[18] *Konietzko*, (Haftung), S. 54; *Westermann I*, Rdnr. 799.

Entwicklung der KG unter besonderer Berücksichtigung der Kommanditeinlage soll im folgenden das bereits in der Einleitung angedeutete Zusammenspiel von Einlage und Haftung geklärt werden. Darauf aufbauend, können die Tatbestände der §§ 171, 172 HGB im Hinblick auf die Tatbestände haftungsbefreiender Einlageleistung nach § 171 I 2. Hs. HGB und haftungsschädlicher Einlagerückgewähr nach § 172 IV HGB im einzelnen untersucht werden.

1. Die sprachliche Regelung des Gesetzgebers

a) Tauglicher Gegenstand der Einlage

Der Begriff der Einlage ist im einzelnen umstritten, und zwar zunächst bei der Frage, was tauglicher Gegenstand einer Einlage sein kann[1].

Für die hier zu erörternden Fragen kann davon lediglich festgehalten werden, daß Einlage die geldwerte Leistung eines Gesellschafters in das Gesellschaftsvermögen ist. Die Einlage ist eine Leistung, die im Innenverhältnis zwischen Gesellschafter und Gesellschaft zu erbringen ist. Das legen §§ 167 II, 169 I HGB nahe. Die Haftung beschreibt demgegenüber das Außenverhältnis zu den Gesellschaftsgläubigern, das oben geschildert wurde.

b) § 161 I und § 171 I HGB

§ 161 I HGB, die Kopfnorm über die KG, scheint nun von beidem, Einlage und Haftung, zu reden: „...die Haftung gegenüber den Gesellschaftsgläubigern auf eine bestimmte Vermögenseinlage beschränkt ist...". Die Lektüre der Vorschrift legt nahe, daß hier vor allem die summenmäßig limitierte Außenhaftung des Kommanditisten beschrieben werden soll.

Das ist nicht verwunderlich, da eine Handelsgesellschaft erst durch die limitierte Kommanditistenhaftung zur KG wird, während die Pflicht zur Erbringung einer Leistung ins Gesellschaftsvermögen durch einen Kommanditisten kein zwingendes Merkmal der KG ist, da die weitgehend dispositiven Regelungen über Handelspersonengesellschaften keine Vermögensbildung vorschreiben

---

[1] Vgl. a) dazu zum Begriff der Einlage in Abgrenzung zum Beitrag: *Huber*, (Vermögensanteil), S. 191 ff.; Schlegelberger - *K. Schmidt*, §§ 171, 172 Rdnr.5; *ders.*, § 20 II (S. 462-466); *ders.*, (Einlage und Haftung) S. 2 ff., 8 ff.
b) zum Gegenstand der Einlage:
aa) (weiter Einlagebegriff): Düringer/Hachenburg-*Flechtheim*, § 161 Anm. 8; GK (4) - *Schilling*, § 161 Rdnr.13; *Westermann I*, Rdnr. 918; einschränkend *Konietzko*, (Haftung) S. 129 ff.; *Sudhoff*, (Rechte und Pflichten) S. 8 ff.
bb) (enger Einlagebegriff): Schlegelberger - *K. Schmidt*, §§ 171, 172 Rdnr. 10; *ders.*, § 20 II (S. 466-470); *ders.*,(Einlage und Haftung) S. 12 ff.

(wenn auch das weitgehend theoretisch sein dürfte), demzufolge auch Kommanditisten einlage- oder vermögenslos beteiligt sein können. Damit wird die beschränkte Kommanditistenhaftung zum konstitutiven Wesensmerkmal für die KG, was die Festlegung in der Kopfnorm § 161 I HGB rechtfertigt.

Etwas befremdlich ist aber, daß die Vorschrift die summenmäßige Grenze der Außenhaftung mit Hilfe des Begriffs der Einlage (also das Innenverhältnis betreffend) festschreiben will. Es wird also ein Begriff, der dem Innenverhältnis zuzuordnen ist (Einlage), zur Beschreibung des Außenverhältnisses eingesetzt.

Das sieht nach einer Vermischung von Außen- und Innenverhältnis aus, doch läßt sich die „Ungenauigkeit" der Begriffswahl einfach erklären. Zum einen will der Gesetzgeber durch die Festlegung der Außenhaftung mit dem Betrag der Einlage die unmittelbare Verknüpfung zwischen Außenhaftung und Einlage ausdrücken; zum anderen sah er es als Regelfall, daß die Höhe der Einlageschuld gegenüber der KG und die Außenhaftung ziffernmäßig einander entsprechen[2]. So gesehen ist es im Regelfall sachlich richtig, als zahlenmäßige Grenze der Außenhaftung den Betrag der Einlage anzusehen, zumal der HGB-Gesetzgeber (ausgehend von der Herkunft der KG aus der stillen Gesellschaft) das Wesen der KG in der Beteiligung des Kommanditisten mit seiner Einlage sah[3]. Wegen dieser „Einlagelastigkeit" ist es nicht verwunderlich, daß § 161 I HGB zwar die Außenhaftung beschreibt, dies aber mit Hilfe des Begriffs der Einlage geschieht.

Hier trennt das HGB also noch zwischen Innen- und Außenverhältnis. Problematisch wird die Durchführung dieser Trennung in § 171 I HGB, der wichtigsten Norm, die Einlage und Außenhaftung miteinander verknüpft. § 171 I 1.Hs. HGB ordnet nämlich eine Kommanditistenhaftung in Höhe der „Einlage" an, während § 171 I 2. Hs. HGB ein Erlöschen der Außenhaftung in Höhe der Einlageleistung festschreibt.

Klar ist die Funktion der jeweiligen Halbsätze. Während der erste Halbsatz des § 171 I HGB die Höhe der Außenhaftung festlegt und damit unmittelbar an § 161 I HGB anknüpft, spricht § 171 I 2. Hs. HGB von der Einlage im Innenverhältnis und ordnet bei entsprechender Leistung ein Erlöschen der Außenhaftung an.

Damit wird die Verknüpfung von Einlage und Haftung manifestiert. Unklarheit bringt dabei aber die Begriffswahl durch den Gesetzgeber. Während die Verwendung des Ausdrucks „Einlage" in § 171 I 2. Hs. HGB nachvollziehbar ist, da es dort ja um die haftungsrechtlichen Wirkungen solcher Leistungen im Innenverhältnis auf das Außenverhältnis geht, ist aber die Begriffswahl in § 171 I 1. Hs. HGB schwer verständlich, da diese Norm nur von der Haftung im Außenverhältnis handelt, jedoch als zentralen Ausdruck die Einlage (aus dem Innen-

---

[2] *Hahn/Mugdan*, S. 281.

[3] *Hahn/Mugdan*, S. 281.

verhältnis) verwendet. Damit wird die Wechselbeziehung zwischen Einlage und Haftung, insbesondere in § 171 I 1. Hs. HGB, verdunkelt.

Ausgehend von der Terminologie des Gesetzgebers in § 171 I HGB, stellt sich die Frage, ob der Begriff „Einlage" bei der Kommanditeinlage tatsächlich (wie oben gesagt) nur als Leistung im Innenverhältnis zwischen den Gesellschaftern und der Gesellschaft angesehen werden kann oder ob die „Einlage" des § 171 I 1. und 2. Hs. HGB in engerer Beziehung zur Außenhaftung als zum Innenverhältnis zu sehen ist.

Das führt zu der Frage, ob das Verhältnis zwischen Kommanditist und Gesellschaftsgläubigern nicht doch mehr ist als gewöhnliche Personengesellschafterhaftung, die lediglich limitiert ist, d.h., ob man nicht eine zusätzliche Haftungs- oder Anspruchsbeziehung in dieses Verhältnis hineinlesen muß, die durch den Begriff der „Einlage" bezeichnet wird.

2. Begriffliche Klärung durch die Hafteinlage-Vorstellung

Der scheinbare begriffliche Widerspruch in § 171 I 1. und 2. Hs. HGB, der durch die einheitliche Verwendung des Begriffs „Einlage" sowohl für die Außenhaftung als auch für das Innenverhältnis entsteht, wird vereinzelt in Rechtsprechung und Literatur durch den Terminus „Hafteinlage" für § 171 I 1.Hs. HGB (d.h. das Außenverhältnis) aufgelöst. Das bedeutet, daß „Einlage" überall dort als „Hafteinlage" gelesen wird, wo Fragen der Außenhaftung geregelt werden sollen, wohingegen die Einlage im Innenverhältnis als „Pflichteinlage" bezeichnet wird[4]. Dieser Meinungsströmung (von einer Ansicht zu reden, wäre wegen der fehlenden Einheitlichkeit der Auffassungen übertrieben; näher dazu unten) liegt eine gemeinsame Vorstellung zugrunde, die im folgenden als Hafteinlage-Vorstellung bezeichnet wird. Diese Hafteinlage-Vorstellung gilt es zu erörtern. Sie wird im Ergebnis abgelehnt, weil sie mit den Grundprinzipien der Kommanditistenhaftung nicht vereinbar ist.

a) Umschreibung der Hafteinlage und ihrer Funktionen

Was ist aber nun unter der Hafteinlage zu verstehen, und welche Funktionen soll sie nach ihren Befürwortern erfüllen?

Zunächst einmal ist vorauszuschicken, daß die Hafteinlage nicht das ist, was hier eingangs als Einlage bezeichnet wurde, nämlich die Leistung im Innenverhältnis[5]. Das ist nach den Vertretern der Hafteinlage-Vorstellung die Pflicht-

---

[4] Vgl. BGHZ 39, 319 (322); 58, 72 (76f.); 63, 338 (341 ff.); NJW 1976, 418 (419); *Bandasch*, § 171 Anm. 1; *Heymann/Kötter*, § 172 Anm. 1 (S. 664); GK (3) - *Schilling*, § 161 Anm. 12; *Kornblum*, (Haftung), S. 215; *Neumann-Duesberg*, DB 1965, 769 (770).

einlage[6]. Damit entsteht das Begriffspaar Hafteinlage-Pflichteinlage für Außen- bzw. Innenverhältnis.

Daß die Hafteinlage das Außenverhältnis, d.h. die Haftung eines Kommanditisten zu den Gesellschaftsgläubigern beschreiben soll, klärt nur ihre grobe Einordnung, nicht ihre Aufgaben und Funktionen im einzelnen.

Die Funktion der Hafteinlage läßt sich am besten umschreiben als abstrakte Rechnungsgröße, bei der es allein auf die tatsächliche Mittelzuführung in das Gesellschaftsvermögen ankommt[7]. Wie eingangs schon beschrieben, kommt daher der Vergrößerung des Haftungsstockes für die Gesellschaftsgläubiger zentrale Bedeutung zu. Sie rechtfertigt es, die Kommanditistenhaftung auszuschließen. Die Leistung der Hafteinlage führt damit zur Haftungsbefreiung für einen Kommanditisten. Das ist genau das, was auch § 171 I 2. Hs. HGB festlegt. Es führt zu einer Verknüpfung von Leistungen eines Kommanditisten in das Gesellschaftsvermögen und dem Ausschluß der Haftung eines Kommanditisten.

Dieser vorläufige Befund läßt noch nicht erkennen, was das Besondere an der Hafteinlage ist, wo das Zusammenspiel zwischen tatsächlicher Mittelzuführung an die KG und Haftungsreduzierung bzw. -ausschluß doch oben schon als das Kernstück der Haftung in der KG an sich herausgearbeitet wurden.

Eine weitere Annäherung an die Vorstellung von der Hafteinlage kann vielmehr durch die Überlegung erfolgen, daß Hafteinlage nicht nur Mittelzuführung an die KG an sich bedeutet, sondern v.a. eine Vergrößerung des Gesamthaftungsstocks abstrakt von jeder Kausalbeziehung. D.h. eine Hafteinlage ist auch dann geleistet, wenn ein Kommanditist im Innenverhältnis gegenüber der KG (Pflicheinlage) überhaupt gar keine Einlageverbindlichkeit hatte oder nicht verpflichtet war, den Haftungsstock für die Gesellschaftsgläubiger in der ausgeführten Art und Weise zu vergrößern, d.h. „diese" Hafteinlage zu erbringen.

Diese sehr theoretische Fetsstellung soll mit folgendem *Beispielsfall 1* veranschaulicht werden, der als Testfall für die Hafteinlage-Vorstellung gelten kann.

Kommanditist K ist an der A-KG mit einer Einlage von 10.000,- beteiligt und in derselben Höhe auch in das Handelsregister eingetragen. Bevor K die Einlage von 10.000,- in das KG-

---

[5] s.o. 1. a).

[6] s.o. Fn. 4.

[7] Vgl. v.a. *Konietzko*, (Haftung), S. 22; BGHZ 39, 319 (329) stellt ausschließlich darauf ab, ob der Kommanditist das Gesellschaftsvermögen auffüllt. Auf welche Weise dies geschehe sei ohne Belang.

Vermögen leistet, hat er den Gesellschaftsgläubiger G mit seiner Forderung von 10.000,- gegen die A-KG befriedigt. K beruft sich nun auf Haftungsbefreiung nach § 171 I 2. Hs. HGB[8].

Dieser Fall stellt insofern eine Abweichung vom Standardnormalfall (Leistung einer Einlage an die KG, wie im Gesellschaftsvertrag vereinbart) dar, als der Kommanditist nicht das leistet, wozu er sich der KG gegenüber verpflichtet hat (nämlich Erbringung einer Einlage in das KG-Vermögen), sondern etwas anderes tut (Gläubigerbefriedigung), womit er in gleicher Weise die Haftungssituation der KG verbessert (indem er die Gesellschaft von Schulden befreit). Hierfür könnte der Kommanditist in gleicher Weise „honoriert" werden. Wie das geschieht, beurteilt sich jedoch nach der Hafteinlage-Vorstellung anders als nach den übrigen Auffassungen. Hierin liegt das „Besondere" der Hafteinlage-Vorstellung.

Ausgangspunkt für die weitere Erörterung des *Beispielsfalles 1* und die dann folgende Rückkehr zur Schilderung der Figur der Hafteinlage ist die wohl allgemein gültige Feststellung, daß die Kommanditistenhaftung durch Gläubigerbefriedigung reduziert bzw. aufgehoben wird, unabhängig davon, ob Gläubigerbefriedigung als Einlage geschuldet ist[9]. Diese Form der Haftungsbefreiung ergibt sich nicht aus 171 I 2. Hs. HGB (wo nur die Einlageerbringung in das Gesellschaftsvermögen geregelt ist), sondern aus 161 I HGB, der von einer summenmäßig beschränkten Kommanditistenhaftung handelt, die für weitere Gesellschaftsgläubiger erschöpft ist, wenn ein Kommanditist, wie in *Beispielsfall 1,* die Summe durch Gläubigerbefriedigung bereits abgedeckt hat.

Unabhängig von der Hafteinlage-Vorstellung bieten sich für einen Kommanditisten daher zwei alternative Formen der Haftungsbefreiung: Einlageleistung an die KG und Gläubigerbefriedigung[10]. Hieran zeigt sich die Konzeption der KG als einer Abart der oHG[11].

Nach der Hafteinlage-Vorstellung sind aber beide Formen der Haftungsbefreiung, d.h. Einlageleistung an die Gesellschaft und Gläubigerbefriedigung, Erbringung der Hafteinlage. Hieran endlich zeigt sich, daß der Begriff der Hafteinlage nicht der herkömmlichen Vorstellung von Einlage verhaftet ist, nach der ein Gesellschafter einen bestimmten Vermögenswert in ein bestimmtes Vermögen (d.h. Gesellschaftsvermögen) einlegt, sondern, daß allein die Vergrößerung des Gesamthaftungsstockes, unabhängig von der Kausalbeziehung, zur Leistung der Hafteinlage führt.

---

[8] Vgl. zu dieser Fallkonstellation *Konietzko*, (Haftung), S. 64 ff.; *K. Schmidt*, (Einlage und Haftung), S. 43 ff.

[9] Vgl. BGHZ 51, 391 (393); *Gursky*, DB 1978, 1261 (1262); *K. Schmidt*, (Einlage und Haftung) S. 6; offenbar nicht von dieser Selbstverständlichkeit ausgehend *Konietzko*, (Haftung) S. 64 ff.

[10] Vgl. *Konietzko*, (Haftung), S. 65 f.

[11] Vgl. *Keuk*, ZHR 135, 410 (416); *Konietzko*, (Haftung), S. 65.

In *Beispielsfall 1* wäre der Gesamthaftungsstock durch die Befreiung der KG von ihrer Verbindlichkeit gegenüber G vergrößert. Das wäre eine Leistung der Hafteinlage.

Bis hierhin kann man der Hafteinlage-Vortellung eine gewisse Überzeugungskraft nicht absprechen, führt sie doch zu einer Vereinfachung und eventuell erhöhten Flexibilität in der einheitlichen Betrachtung unterschiedlicher haftungsbefreiender Tatbestände. Wurde oben noch die Hafteinlage als abstrakte Rechnungsgröße geschildert, so scheint insbesondere die Rechtsprechung über diese vage Charakterisierung der Hafteinlage hinausgegangen zu sein, indem sie von einem „persönlichen Hafteinlageanspruch" der Gläubiger gegen Kommanditisten gesprochen hat bzw. schlicht von einem „Hafteinlageanspruch"[12].

b) Untauglichkeit der Hafteinlage-Vorstellung

Dieses Verständnis von einem eigenen Hafteinlageanspruch mag nun zu einer Aufwertung der Figur der Hafteinlage führen, gleichzeitig bringt es aber auch Verwirrung mit sich. Das liegt daran, daß mit der Hafteinlage eine neue eigene Größe eingeführt wird[13], die von dem Ausgangspunkt wegführt, nach dem Kommanditistenhaftung nichts anderes ist als die lediglich limitierte Haftung eines beliebigen anderen Gesellschafters in einer Personengesellschaft[14].

Des weiteren scheint die Hafteinlage-Vorstellung zumindest bei einigen Autoren mit der Idee verbunden zu sein, alle Fragen der Kommanditistenhaftung einheitlich über das Modell der Hafteinlage lösen zu wollen.

Diese These läßt sich gut anhand von *Beispielsfall 1* untermauern. Dort wurde festgehalten, daß die Befriedigung des Gesellschaftsgläubigers G durch K zu einer vollen Haftungsbefreiung für K führen mußte. Nach der Hafteinlage-Vorstellung wäre dies eben mit dem Erbringen der Hafteinlage zu begründen, nach herkömmlicher Auffassung mit der Erfüllung eines der alternativen haftungsbefreienden Tatbestände, hier der Gläubigerbefriedigung.

Nicht geklärt wäre damit aber noch das Schicksal der internen Einlageverbindlichkeit, der sog. Pflichteinlage.

Hier neigen einige Autoren dazu an die Erfüllung der Hafteinlage automatisch auch die Vollziehung der Verbindlichkeit aus der Pflichteinlage zu knüpfen[15]. Für *Beispielsfall 1* bedeutet das auch ein Erlöschen der internen Einlage-

---

[12] BGHZ 27, 51; 39, 319 (321); 58, 72 (76 f.); NJW 1976, 418 (419)

[13] Vgl. *Konietzko*, (Haftung), S. 22.

[14] s.o. II. 2.

verbindlichkeit, obwohl diese nicht die Befriedigung von Gesellschaftsgläubigern zum Inhalt hatte, sondern die Leistung eines bestimmten Betrages in das Gesellschaftsvermögen.

Nach herkömmlicher Auffassung würde die Einlageverbindlichkeit des Innenverhältnisses nicht automatisch erlöschen, sondern es entstünde ein Regreßanspruch des K gegen die A-KG gem. §§ 161 II, 110 HGB, mit dem K gegen die Einlageforderung nach §§ 387 ff. BGB aufrechnen könnte, wenn die Einlageforderung auf Geldleistung ginge[16]. An der Lösung der Hafteinlage-Vorstellung zeigt sich zum einen die Verselbständigung und erhebliche Aufwertung der Hafteinlage gegenüber dem bisher vorgestellten zweigliedrigen Modell, das zwischen Außenhaftung und interner Einlageverbindlichkeit streng trennt.

Jedoch wird offenbar, daß die Hafteinlage-Vorstellung jegliche Kausalbeziehungen des Innenverhältnisses ignoriert und Außen- und Innenverhältnis verkoppelt. Damit wird die Zweigliedrigkeit des Haftungssystems bei der KG (Außenhaftung-Einlageleistung) verdeckt[17]. Dann führt die Hafteinlage-Vorstellung eher zu einer Vergröberung denn einer größeren Transparenz des Verhältnisses von Kommanditeinlage und Kommanditistenhaftung.

Entscheidend gegen die Hafteinlage-Vorstellung spricht aber v.a. die Fiktion von der Hafteinlage als einem selbständigen Anspruch der Gläubiger gegen Kommanditisten.

Die Ablehnung einer Hafteinlage als eigener Anspruch und damit die Verneinung der gesamten Figur „Hafteinlage“ ergibt sich letztlich aus folgenden Überlegungen:

Ein eigenständiges Schuldverhältnis setzt voraus, daß Gläubiger und Schuldner sowie der Leistungsinhalt bestimmt oder bestimmbar sind[18]. Daran anknüpfend, setzt die Leistung als Vollziehung des Schuldverhältnisses ebenfalls einen bestimmten oder bestimmbaren Inhalt sowie die Festlegung der Person des Schuldners und des Gläubigers voraus[19].

---

[15] So ausdr. *Heymann-Kötter*, § 171 Anm. 2 (S. 661 a.E.); GK (4) - *Schilling*, § 171 Rdnr. 2, obwohl er den Begriff der Haftsumme verwendet. In diesem Sinne wohl auch *Kornblum*, (Haftung), S. 215; *Richert*, NJW 1958, 1472 (1474); anders die Rspr. vgl. Fn. 16.

[16] So insb. BGHZ 63, 338 (342 f.) = BGH NJW 1975, 1022 f.; BGH NJW 1984, 2290 (2291) = WM 1984, 893 (895); *Gursky*, DB 1978, 1261 f.; *Keuk*, ZHR 135, 410 (419); Schlegelberger (5) - *K. Schmidt*, §§ 171,172 Rdnr. 50; *ders.* (Einlage und Haftung) S. 44; *Westermann H.*, (FS Barz), Fn. 15.

[17] So *K.Schmidt*, (Einlage und Haftung) S. 6; in diesem Sinne gegen die Hafteinlage-Vorstellung auch *Gursky*, DB 1978, 1261 (1262); ebenso *Konietzko*, (Haftung), S. 53 ff. vgl. auch *Keuk*, ZHR 135, 410 (414).

[18] *Creifelds*, S. 998.

[19] *Creifelds*, S. 713.

Eine solche Beziehung liegt zwischen der Gesellschaft und dem Kommanditisten vor; Gläubiger und Schuldner sowie Inhalt der Verpflichtung als Einlageverbindlichkkeit stehen fest.

Anders dagegen die Außenhaftung des Kommanditisten gegenüber den Gesellschaftsgläubigern. Diese besteht zunächst rein betragsmäßig und hat ein Einstehenmüssen für eine potentielle Gesellschaftsverbindlichkeit zum Inhalt[20].

Die Haftung ist daher nicht durch die Festsetzung von Gläubiger und Schuldner gekennzeichnet. Wesen der Außenhaftung ist vielmehr, daß jeder beliebige Gesellschaftsgläubiger Zugriff auf das Kommanditistenvermögen haben kann. Damit ist die Außenhaftung kein besonderes Schuldverhältnis, sondern ein zunächst abstraktes Einstehenmüssen für Verbindlichkeiten[21].

Diese Außenhaftung eines Kommanditisten wird durch die Eintragung der Handelsregistersumme ja nicht wesensmäßig geändert[22].

Sie ist, wie eingangs geschildert, von der gleichen Art wie die Haftung eines Komplementärs in der KG oder eines persönlich haftenden Gesellschafters in oHG und GbR. Durch die Eintragung der Haftsumme wird also nicht eine neue, besondere Verbindlichkeit in Form der Hafteinlage begründet, sondern es wird die bereits bestehende Kommanditistenhaftung (vgl. § 176 HGB) mit öffentlicher Wirkung limitiert[23].

Ein solches Verständnis verbietet die Annahme einer bestimmten Hafteinlageschuld[24], d.h. einer selbständigen Hafteinlage und führt wieder zum Ausgangspunkt, nach dem die Haftsumme lediglich die ziffernmäßige Beschränkung einer schon vorhandenen, noch abstrakten Haftung ist.

Damit ist die Figur der Hafteinlage endgültig aufzugeben. Eine Einlage kann es nur in einer Beziehung geben, nämlich im Innenverhältnis. Ob man sie dann als Einlage oder als Pflichteinlage bezeichnet, ist eine rein begriffliche Frage.

---

[20] Vgl. auch *Creifelds*, S. 537 (Haftsumme).

[21] So auch *Konietzko*, (Haftung), S. 55.

[22] *Keuk*, ZHR 135, 410 (414); *Konietzko*, (Haftung), S. 54.

[23] *Konietzko*, (Haftung), S. 54; *Westermann I*, Rdnr. 799.

[24] Zum Begriff vgl. BGHZ 58, 72 (76 f.).

3. Einlage-Haftsumme-Modell

a) Skizzierung des Haftungsmodells

Die Abkehr von der Hafteinlage führt zu dem herkömmlichen Haftungsmodell, das zweigliedrig ausgestaltet ist.

Als Einlage ist damit nur das zu verstehen, was ein Kommanditist aufgrund seiner internen Einlageverpflichtung in das Gesellschaftsvermögen einbringt[25].

Was das Außenverhältnis gegenüber den Gesellschaftsgläubigern anbelangt, ist grundsätzlich der Begriff der Haftung für ein mögliches Einstehenmüssen eines Kommanditisten gegenüber Gesellschaftsgläubigern zu verwenden. Die summenmäßige Grenze der Kommanditistenhaftung, die durch die Handelsregistereintragung gesetzt wird, kann -angelehnt an den Gesetzeswortlaut in § 172 I HGB- als Haftbetrag, oder besser, mit der Rechtsprechung und einem Großteil der Literatur, als Haftsumme bezeichnet werden[26]. Damit tritt das Begriffspaar Haftsumme-Einlage an die Stelle von Hafteinlage-Pflichteinlage. Das streng zweigliedrige Modell schafft eine Verknüpfung von Einlage und Haftung über den Tatbestand der haftungsbefreienden Einlageleistung Nach § 171 I 2. Hs. HGB.

Diese Verbindung wird nur in der Richtung Einlage-Haftung hergestellt, d.h. § 171 I 2. Hs. HGB regelt die Frage, was mit der Haftung passiert, wenn die Einlage an die Gesellschaft geleistet wird. Die umgekehrte Frage, wie sich eine Leistung auf die Haftung (d.h. Gläubigerbefriedigung wie in *Beispielsfall 1*) auf die interne Einlageverbindlichkeit auswirkt, ist gesetzlich nicht geregelt. Eine Verknüpfung zwischen Haftung und Einlage kann hier (wie in *Beispielfall 1*) über §§ 161 II, 110 HGB entstehen oder über gesellschaftsvertragliche Abreden, nach denen z.B. die Befriedigung von Gesellschaftsgläubigern automatisch auf die Einlageverbindlichkeit anzurechnen ist.

Diese kurze Skizzierung soll genügen, um die Wechselwirkung von Einlage und Haftung des Kommanditisten grundlegend zu klären. Einzelfragen der Beziehung zwischen Einlage und Haftung werden im weiteren Verlauf der Untersuchung erörtert.

---

[25] s.o. III. 1. a).

[26] BGHZ 61, 149 (152 f.); 51, 319 (394); 95, 188 (195, 197); *Baumbach/Duden/Hopt*, § 171 Anm. 1A; *Eisenhardt*, Rdnr. 134; *Kübler*, § 8 III 1 (S. 99); *Klaus-Mittelbach*, Rdnr. 225; GK (4) - *Schilling*, § 161 Rdnr. 15; *K.Schmidt*, § 54 I 2 (S. 1294 ff.); *ders.*, (Einlage und Haftung), v.a. S. 2 ff.; *Westermann H.*, (FS Barz) S. 81 ff.; *Westermann I*, Rdnr. 799.

b) Vereinbarkeit des entwickelten Haftungsmodells mit dem Gesetzeswortlaut

Wenn auch das oben entwickelte Haftungsmodell stimmig sein mag, so scheint es doch zum Gesetzeswortlaut in § 171 I 1.und 2. Hs. HGB in einem Widerspruch zu stehen, da die Vorschrift sowohl für das Außenverhältnis als auch für die Innenbeziehung den Begriff der Einlage verwendet und nicht von der Haftsumme spricht. Damit kehren die Überlegungen zu dem oben[27] aufgezeigten Widerspruch im Gesetzeswortlaut zurück, der mit Ablehung der Hafteinlage-Vorstellung immer noch einer Auflösung bedarf. Tatsächlich verwendet das Gesetz nämlich nicht den Begriff der Haftsumme, wenn auch in § 172 I HGB vom „Betrag" der Haftung die Rede ist. § 171 I HGB läßt aber so etwas wie die Haftsumme unerwähnt, obwohl sich der Terminus in § 171 I 1.Hs. HGB nahtlos einfügen würde, da die Vorschrift den Umfang der Außenhaftung eines Kommanditisten bestimmen will.

Der begriffliche Widerspruch in § 171 I HGB wird in der Literatur durch eine Gesetzeskorrektur gelöst. Wie auch die Vertreter der Hafteinlage-Vorstellung in § 171 I 1.Hs. HGB statt „Einlage" Hafteinlage lesen, wird hier statt „Einlage" Haftsumme hineininterpretiert[28]. Ebenso wird der Begriff Haftsumme in alle übrigen Vorschriften hineingelesen, die von der Einlage handeln, aber die Grenze der Außenhaftung meinen, so in §§ 161, 162, 171 I 1.Hs.;172 I, II, 174, 175 HGB bzw. auch in §§ 171 I 2. Hs., 172 II, IV HGB[29]. Diese Gesetzeskorrekturen wirken einleuchtend und sind inhaltlich richtig, doch bleibt die Frage zu stellen, ob sie wirklich notwendig sind. Die Notwendigkeit einer korrigierenden Gesetzeslektüre entfällt, wenn der Gesetzeswortlaut selbst hinreichend Klarheit vermitteln kann.

Das scheint auf den ersten Blick nicht der Fall zu sein, ruft doch der Wortlaut v.a. in § 171 I 1.Hs. HGB einen Widerspruch zwischen Regelungsinhalt (Außenverhältnis) und Bezeichnung (Einlage=Innenverhältnis) hervor. Ein Blick auf die Situation des historischen Gesetzgebers klärt aber schnell, warum der Gesetzgeber in den fraglichen Passagen (v.a. in § 171 I 1.Hs. HGB) den Begriff Einlage verwendet, obwohl er der Sache nach die Haftsumme geregelt hat. Wie oben bereits näher dargelegt[30], war bei Erlaß des HGB die Entwicklung der KG aus der stillen Gesellschaft heraus hin zu einer Abart der oHG gerade erst abge-

---

[27] s.o. III. 1. b).

[28] *Baumbach/Duden/Hopt*, § 171 Anm. 1A bzw. § 172 Anm. 1A, 1B; 2A; *Kübler*, § 8 III 1 (S. 99, 106); GK (4) - *Schilling*, § 161 Rdnr. 15; Schlegelberger (5) - *K. Schmidt*, §§ 171, 172 Rdnr. 6; *Siegmund-van Venrooy*, Rdnr. 312 ff.; *Westermann I*, Rdnr. 799.

[29] Zu der Bezeichnung in den zuletzt genannten Vorschriften besteht etwas Uneinigkeit vgl. GK (4) - *Schilling*, § 161 Rdnr. 15; Schlegelberger (5) - *K.Schmidt*, §§ 171, 172 Rdnr. 6.

[30] s.o. II. 1.

schlossen. Das erklärt das Verhaften des Gesetzgebers an dieser Herkunft und die Betonung der Tatsache, daß wesentliches Element der KG nicht die summenmäßig beschränkte Außenhaftung sein soll, sondern die Beteiligung des Kommanditisten mit seiner Einlage[31]. D.h., man hat die KG bei Erlaß des KG „einlagelastig" ausgestaltet.

So erklärt sich auch, warum der Gesetzgeber als Regelfall die Erbringung einer Einlage durch einen Kommanditisten in das Gesellschaftsvermögen angesehen hat (und nicht z.B. Haftungsbefreiung durch Gläubigerbefriedigung) und dabei auch davon ausgegangen ist, daß Einlage und Haftung betragsmäßig übereinstimmen[32].

Diese starke Orientierung des Gesetzgebers zur Einlage des Kommanditisten erklärt, daß er den Betrag der Außenhaftung des Kommanditisten (limitiert durch die Haftsumme) mit der Einlage beschreiben wollte[33]. D.h., daß der Gesetzgeber in allen KG-Vorschriften auch die Einlage (des Innenverhältnisses) gemeint hat, wo er den Begriff der Einlage verwendet hat, obwohl der Regelungsgegenstand in den problematischen Vorschriften das Außenverhältnis ist. Das ist deshalb kein Widerspruch, weil der Gesetzgeber auch das Außenverhältnis von der Einlage aus betrachtet hat. Damit ist eine korrigierende Gesetzeslektüre nicht notwendig. Das geschilderte Einlage-Haftsumme-Modell ist mit dem Gesetzestext in seiner unveränderten Form vereinbar.

4. Leistungen „auf die Haftung"

Die vorausgegangenen Überlegungen haben zu einem stimmigen Haftungsmodell für die Kommanditgesellschaft geführt, das zweigliedrig ausgestaltet ist. Die Einlage im Innenverhältnis und die Haftung im Außenverhältnis bilden die zwei Grundkomponenten der Kommanditistenhaftung.

Diese Zweispurigkeit führt auch dazu, einem Kommanditisten zwei alternative Tatbestände zur Erlangung der Haftungsbefreiung zur Verfügung zu stellen. Die Einlageleistung im Sinne des § 171 I 2. Hs. HGB und die Gläubigerbefriedigung. Wie bei diesen Tatbeständen Einlage und Haftung miteinander verknüpft sind, wurde oben erläutert. Dieses homogene Bild von einer Kommanditistenhaftung erhält aber einen „Kratzer", wenn man ein Restproblem berücksichtigt, das mit einer möglichen dritten Form der Haftungsbefreiung zu tun hat. Diese dritte Alternative der Haftungsbefreiung soll unter dem Stichwort „Leistung auf die Haftung" im folgenden untersucht werden.

---

[31] *Hahn/Mugdan*, S. 281.

[32] *Hahn/Mugdan*, S. 281; hierauf verweist *Konietzko*, (Haftung), S. 42.

[33] So im Ergebnis *Konietzko*, (Haftung), S. 42.

Dazu *Beispielsfall 2*:

Kommanditist K hat gegenüber der A-KG eine Einlageverbindlichkeit in Höhe von 40.000,-, während die eingetragene Haftsumme 50.000,- beträgt. K möchte nun seiner gesamten Außenhaftung dadurch entgehen, daß er 50.000,- in das Gesellschaftsvermögen einbezahlt.

Die Problematik des *Beispielsfalls 2* liegt darin, daß die Einlageverbindlichkeit (40.000,-) summenmäßig unter der Haftsumme (50.000,-) liegt.

Nimmt man die Verknüpfung zwischen Einlageverpflichtung und Haftung in § 171 I 2. Hs. HGB ernst, dann kann Haftungsbefreiung nach dieser Vorschrift nur eintreten, wenn eine Einlage bezahlt, d.h. die Einlageverbindlichkeit getilgt wird. Das wären hier nur 40.000,-, so daß die verbleibenden 10.000,- nicht über § 171 I 2. Hs. HGB abgedeckt werden könnten. Die 10.000,- wären also im KG-Vermögen, könnten aber auf die Haftsumme von 50.000,- nicht angerechnet werden, da sie weder Einlageleistung nach § 171 I 2. Hs. HGB noch Gläubigerbefriedigung wären.

Die Versagung der Haftungsbefreiung für einen Kommanditisten mit dieser Begründung erscheint sehr formal, wie auch der Beispielsfall etwas konstruiert aussieht[34]. Jedermann würde hier zu recht sagen, daß für KG und Kommanditist in Fällen wie *Beispielsfall 2* jederzeit die Möglichkiet einer nachträglichen vertraglichen Anpassung der Einlageverbindlichkeit an die Haftsumme besteht.

Praktische Bedeutung erlangt die hier zu erörternde Fallgruppe aber v.a. bei der (irrtümlichen) Unterbewertung von Sacheinlagen (Beispiel K (Haftsumme 50.000,-) erbringt eine Sacheinlage von objetivem Wert 50.000,-, die aber nur mit 40.000,- bewertet ist; d.h. auch hier nur Einlageleistung in Höhe von 40.000,-, mehr dazu unten). Hier entsteht tatsächlich ein praktischer Bedarf, sachgerechte Lösungen zu finden.

Nach Ansicht der Rechtsprechung ist in Analogie zu § 387 BGB eine Aufrechnung des Kommanditisten mit seinem Anspruch aus § 812 I 1 1.Alt. BGB gegen die KG wegen des rechtsgrundlos geleisteten Überbetrags (in *Beispielsfall 2* 10.000,-) gegen den „Hafteinlageanspruch" aus § 171 I 1.Hs. HGB mit der Wirkung der Haftungsbefreiung möglich[35]. Diese Ansicht begegnet aber zwei Bedenken, die es unmöglich machen, ihr beizutreten.

Zum einen existiert ein bestimmter Hafteinlageanspruch nicht (das wurde oben ausführlich widerlegt), sondern nur ein abstraktes Einstehenmüssen für Verbindlichkeiten, so daß eine Aufrechnung nach § 387 BGB schon aus diesem Grund scheitern muß. Des weiteren fehlt die in § 387 BGB für eine Aufrechnungslage vorausgesetzte Gegenseitigkeit, da der Anspruch aus § 812 I 1 1.Alt.

---

[34] Vgl. *K. Schmidt*, (Einlage und Haftung), S. 9, der von einem theoretischen Fall spricht.

[35] BGH NJW 1976, 418 (419).

BGB ein solcher des Kommanditisten gegen die KG ist und der „Hafteinlageanspruch" (wenn es ihn denn gäbe) der Anspruch eines Gläubigers der KG gegen einen Kommanditisten wäre. Eine dem § 387 BGB vergleichbare Situation für eine Analogie liegt damit nicht vor. Die Ansicht der Rechtsprechung ist abzulehnen.

Gleiches muß auch für die Meinung *K.Schmidts* gelten, der in Fällen wie *Beispielsfall 2* und der Unterbewertung der Sacheinlage eine „Leistung auf die Haftung" befürwortet[36]. In *Beispielsfall 2* könnte K die verbleibenden 10.000,- „auf die Haftung"geleistet haben, d.h. auf diese Weise zur vollen Haftungsbefreiung (50.000,-) gelangen. Damit schafft *K. Schmidt* praktisch einen dritten Tatbestand der Haftungsbefreiung, neben Einlageleistung und Gläubigerbefriedigung, eben die „Leistung auf die Haftung".

Diese Ansicht ist aber sehr problematisch, weil sie in die Rechtsbeziehungen zwischen KG, Kommanditist und Gesellschaftsgläubiger ein zusätzliches Rechtsverhältnis hineinliest (Leistungen „auf die Haftung"), das entgegen § 171 I 2. Hs. HGB zu Haftungsbefreiung bei Leistungen in das KG-Vermögen unabhängig von einer Einlageverbindlichkeit führt. Das widerspricht dem Grundkonzept des § 171 2. Hs. HGB (Abhängigkeit der Haftungsbefreiung von der Einlageverbindlichkeit) und führt mit der „Erfindung" des zusätzlichen Rechtsverhältnisses „auf die Haftung" zu etwas ähnlichem wie der „Hafteinlage" (auch diese ist ja von der Einlageverbindlichkeit unabhängig), einer Figur, die *K.Schmidt* gerade ablehnt.

Beide hier vorgebrachten Ansätze, sowohl der *K.Schmidts* als auch die Aufrechnungslösung der Rechtsprechung, wollen eine neue Rechtsbeziehung in das bestehende Haftungsmodell hineininterpretieren und sind damit letztlich der Hafteinlage-Vorstellung verhaftet. Das führt dazu, die strenge Trennung und Zweigliedrigkeit des Haftungsmodelles bei der KG zu durchbrechen und zu verschleiern.

Das Festhalten an der Zweigliedrigkeit der Kommanditistenhaftung verlangt daher eine ablehnende Haltung gegenüber Leistungen „auf die Haftung".

Dieses Ergebnis ergibt sich auch aus einer Abwägung der Interessen der an der Leistung „auf die Haftung" beteiligten Parteien. Für die Gesellschaftsgläubiger bedeutet eine Leistung auf die Haftung (bzw. die im Ergebnis gleiche Aufrechnungslösung) zwar eine Vergrößerung des Gesamthaftungsstocks. Das als Leistung auf die Haftung eingebrachte Vermögen bringt für die Gesell-

---

[36] (Einlage und Haftung), S. 9, der bei Leistung über die Einlageverbindlichkeit hinaus die Vorwegnahme des Falles von § 171 II HGB annimmt (d.h. mögliche Haftungsansprüche der Gläubiger und Forderungen der KG gegen Kommanditisten in einer Hand, d.h. dann Gegenseitigkeit iSv § 387 BGB).

schaftsgläubiger gegenüber der regulären Kommanditeinlage (d. h. Einbindung desselben Betrages als Einlage) aber den Nachteil mit sich, daß es vom Kommanditisten leichter aus dem Gesellschaftsvermögen abgezogen werden kann, da dieses Kapital nicht den Bindungen des Gesellschaftsvertrages unterliegt. Das bringt für die Gesellschaftsgläubiger eine zusätzliche Unsicherheit mit sich, die bei regulärer Einbindung des Kapitals als Einlage nicht bestünde. Im Interesse dieser Gesellschaftsgläubiger steht es also, eine Leistung „auf die Haftung" nicht zuzulassen und für die Haftungsbefreiung nach § 171 I 2. Hs. HGB eine Einbindung als Einlage zu verlangen. Diesem Interesse stehen keine schützenswerten Interessen der KG oder des Kommanditisten gegenüber, da es die Vertragsparteien des Gesellschaftsvertrages jederzeit in der Hand haben, das über die Einlageverbindlichkeit hinausgehende Kapital durch Vertragsänderung als Einlage in das Gesellschaftsvermögen einzubinden.

In *Beispielsfall 2* kann K nur in Höhe von 40.000,- von der Haftung befreit sein. Die verbleibenden 10.000,- kann er durch Gläubigerbefriedigung ableisten. Für den Fall der (irrtümlichen) Unterbewertung der Sacheinlage kann ein nachträgliches Setzen der Tilgungsbestimmung helfen[37].

IV. Zusammenfassung zu A.

Die Kommanditistenhaftung ist streng zweigliedrig ausgestaltet, d. h., daß die summenmäßig beschränkte Haftung des Kommanditisten gegenüber Gesellschaftsgläubigern (Haftsumme) streng vom Innenverhältnis zwischen Kommanditist und KG zu trennen ist (Einlage). Haftungsbefreiung kann der Kommanditist auf zweierlei Weise erlangen, einmal durch Gläubigerbefriedigung, dann wird die Außenhaftung verbraucht, und durch Einlageleistung an die Gesellschaft nach § 171 I 2. Hs. HGB. Der Begriff der Einlage ist immer mit dem Innenverhältnis verbunden, eine Einlage im Außenverhältnis gibt es nicht (Hafteinlage). Einlage und Haftung sind gesetzlich ausschließlich über § 171 I 2. HGB verknüpft. Diese Verknüpfung gestaltet sich streng akzessorisch aus, d.h. Haftungsbefreiung kann nur eintreten, soweit intern eine Einlageverbindlichkeit überhaupt besteht.

---

[37] s. dazu unten B. III. 3.

B. Der Tatbestand der Einlageleistung nach § 171 I 2. Hs. HGB

I. Einleitung

Die Leistung der Einlage ist die Erbringung dessen, worauf sich die Gesellschafter im Gesellschaftsvertrag geeinigt haben[1]. Das kann die Einzahlung von Bargeld, die Übereignung von Sachen, die Übertragung von Forderungen und dergleichen mehr sein. Aus der gesellschaftsrechtlichen Vertragsfreiheit ergibt sich, daß die Gesellschafter in der Bewertung von nicht-geldwerten Leistungen, d.h. Sacheinlagen völlig frei sind. Sie können z.B. einen eingebrachten LKW um 100 Prozent überbewerten, trotzdem erlischt die Einlageverbindlichkeit vollständig, wenn sie gerade auf Einbringung dieses LKW gerichtet war. Die Gesellschaft kann ihren Einlageanspruch auch stunden oder gar erlassen. Es kann auch eine Einlageverbindlichkeit völlig fehlen. In all diesen Fällen ist der Gesellschafter im Innenverhältnis von jeder Pflicht zur Vermögensaufbringung befreit.

Im Recht der Kommanditgesellschaft existiert kein gesetzlicher Zwang zu Erbringung von Einlagen, wie das im Recht der Kapitalgesellschaften der Fall ist. Möglich ist auch eine Kommanditgesellschaft ohne Einlagen. Das liegt daran, daß die KG Personengesellschaft ist und die Gläubigersicherung durch die persönliche Haftung der Gesellschafter erreicht wird, während bei den Kapitalgesellschaften eine persönliche Haftung der Gesellschafter ausgeschlossen ist, und nur die Gesellschaft als Haftungsobjekt zur Verfügung steht, vgl. § 13 II GmbHG, 1 AktG.

Die unbeschränkte persönliche Haftung steht der KG als Kreditgrundlage aber nur von einem Teil der Gesellschafter zur Verfügung, den Komplementären. Die persönliche Haftung der Kommanditisten hingegen schafft nur in fest umrissenen Grenzen eine Kreditgrundlage.

Das liegt daran, daß zum einen § 171 I 1.Hs. HGB eine summenmäßig beschränkte Haftung für den Kommanditisten erlaubt, zum anderen diesem die Möglichkeit gewährt, seine beschränkte Haftung durch entsprechende Erbringung der Einlage auszuschließen.

---

[1] Vgl. zum Streitstand über den Begriff der Einlage (in Abgrenzung zum Beitrag): Schlegelberger (5) - *K. Schmidt*, §§ 171, 172 Rdnr. 5; *ders.*, § 20 II (S.462-466); *ders.*, (Einlage und Haftung) S. 2 ff., 8 ff.; vgl. auch *Huber*, (Vermögensanteil), S. 191.

Ähnlich wie bei den Kapitalgesellschaften kann hier persönliche Haftung durch Mittelzuführung an das Gesellschaftsvermögen ersetzt werden.

Wenn man aber die Ersetzung persönlicher Haftung durch Mittelzuführung an die Gesellschaft zuläßt, erfordert der Gläubigerschutz, daß Haftung nur ausgeschlossen wird, soweit tatsächlich das Vermögen der Gesellschaft vermehrt wird. Insofern enthält das Recht der KG durch die Kommanditistenhaftung ein kapitalgesellschaftsrechtliches Element. Hinzu kommt, daß die gesellschaftliche Vertragsfreiheit für die Erbringung der Einlage im Innenverhältnis nicht mehr für die Haftung im Außenverhältnis gilt. Hier regelt § 171 I 2. Hs. HGB zwingend, wann die Mittelzuführung durch Einlageleistung im Innenverhältnis zur Haftungsbefreiung im Außenverhältnis führen darf.

Wie die Haftung des Kommanditisten durch Mittelzuführung im einzelnen ausgeschlossen wird, das regelt § 171 I 2. Hs. HGB.

Im Recht der Kommanditgesellschaft stellt sich bei der Einlageleistung eines Kommanditisten daher durchweg die Frage, wie die Leistung der Einlage auf die Außenhaftung wirkt, d.h., inwieweit durch Erbringen der Einlage nach § 171 I 2. Hs. HGB die Außenhaftung erlöschen kann. Nur mit dieser Frage soll sich die folgende Darstellung beschäftigen.

Ist man sich erst einmal darüber klar, was Gegenstand der haftungsbefreienden Einlage sein kann[2], muß man nach weiteren Voraussetzungen für die Haftungsbefreiung suchen.

Gegenstand vieler Erörterungen ist die Frage, ob einerseits die haftungsbefreiende Einlageleistung eine Vermögensbewegung auf gesellschaftsvertraglicher Grundlage voraussetzt und/oder andererseits durch die Einlage eine tatsächliche Mehrung des Gesellschaftsvermögens eintreten muß. Diese Probleme stellen sich genauso beim später zu erörternden Tatbestand der Einlagerückgewähr nach § 172 IV HGB.

Ihnen wendet sich die folgende Untersuchung zu.

---

[2] In engem Zusammenhang mit dem Problem des Einlagebegriffs steht der Streitstand um den Gegenstand der Einlage: (a) für einen weiten Einlagebegriff, der jede geldwerte Leistung (insb. auch Gebrauchsüberlassungen) erfaßt: Düringer/Hachenburg-*Flechtheim*, § 161 Anm. 8; *Konietzko*, (Haftung,) S. 129 ff.; GK (4) - *Schilling*, § 161 Rdnr. 18; *Sudhoff*, (Rechte und Pflichten) S. 8 ff.; *Westermann I*, Rdnr. 918 (b) Für einen engen Einlagebegriff: *Huber*, (Vermögensanteil), S. 191 ff.; Schlegelberger(5) - *K. Schmidt* §§ 171,172 Rdnr. 10; *ders.*, § 20 II (S.466-470); *ders.*, (Einlage und Haftung) S. 12 ff.

II. Die Einlageleistung im Lichte von Vertragstheorie und Verrechnungstheorie

Die Voraussetzungen für die haftungsbefreiende Einlageleistung nach § 171 I 2. Hs. HGB lassen sich in 2 Komponenten zerlegen.

Die erste Komponente ist der Rechtsgrund einer Vermögensbewegung zwischen Kommanditist und KG im Hinblick auf § 171 I 2. Hs. HGB. Hier fragt sich, ob nur der Gesellschaftsvertrag Rechtsgrund für eine haftungsbefreiende Einlage sein kann oder ob auch eine Zuwendung auf anderer rechtlicher Grundlage den haftungsbefreienden Tatbestand auslösen kann.

Die zweite Komponente betrifft das Erfordernis nach tatsächlicher Vermehrung des Gesellschaftsvermögens zur Erlangung der Haftungsbefreiung nach § 171 I 2. Hs. HGB.

Im Anschluß an *Wiedemann*[1] haben sich in der Literatur für die Einordnung von Vermögensbewegungen zwischen Kommanditist und Gesellschaft im Hinblick auf § 171 I 2. Hs und § 172 IV HGB die Bezeichnungen „Vertragstheorie" (für die erste Komponente des Rechtsgrundes) und „Verrechnungstheorie" (für die tatsächliche Wertzuführung) herausgebildet.

An dieser Stelle wird vorausgeschickt, daß es sich dabei nicht um Theorien handelt, die von einzelnen Autoren aufgrund dogmatischer Erwägungen entwickelt wurden, sondern um Bezeichnungen, die die Gruppierung von gewissen Grundtendenzen in Rechtsprechung und Literatur erleichtert. Trotzdem ist die Unterscheidung der verschiedenen Lösungsansätze nach „Vertragstheorie" und „Verrechnungstheorie" mittlerweile anerkannt und wird dementsprechend häufig in der Literatur gebraucht[2].

1. Vertragstheorie

Die Vertragstheorie stellt in erster Linie darauf ab, ob die Vermögensbewegung zwischen Kommanditist und KG auf gesellschaftsvertraglicher Grundlage, d.h. aufgrund der Verpflichtung zur Einlageleistung erfolgt. Nur solche Leistungen können haftungsbefreiende Einlageleistung sein. Demnach reicht

---

[1] Vgl. (FS Bärmann) S. 1037 (1041).

[2] Vgl. *Mundry*, (Darlehen und stille Einlagen), S. 3 ff.; MüHdbuch-*Neubauer*, KG § 27 Rdnr. 22; Schlegelberger (5) - *K. Schmidt*, §§ 171, 172 Rdnr. 46; *ders.*, § 54 I 3 (S. 1298); *ders.*, (Einlage und Haftung), S. 22 ff.; vgl. auch *Konietzko*, (Haftung), S. 78 ff. (allerdings mit einer eigenen dreiteiligen Unterscheidung zwischen Verrechnungstheorie, Vertragstheorie und eingeschränkter Vertragstheorie, wobei unter der allgemein so bezeichneten Vertragstheorie hier die eingeschränkte zu verstehen ist, S. 80 ff.).

hierfür nicht allein die Tatsache aus, daß der beschränkt haftende Gesellschafter die Kasse der KG auffüllt[3].

Als *Beispielsfall 3* kann hier

eine Warenlieferung des Kommanditisten an die KG aufgrund eines Kaufvertrages dienen, bei der die Kaufpreisforderung des beschränkt haftenden Gesellschafters gegen die Gesellschaft gestundet wird.

Zwar führt dieser Vorgang zu einer Mehrung des Gesellschaftsvermögens, doch kann das nach der Vertragstheorie auf keinen Fall eine Einlage sein, weil „causa“ für einen solchen Vermögenszufluß nicht die gesellschaftsvertragliche Einlageverbindlichkeit, sondern eine Verpflichtung aus Kaufvertrag ist. Entscheidendes Kriterium nach der Vertragstheorie ist die Einbindung des bisherigen Privatvermögens des Kommanditisten „als Einlage“ in das Gesellschaftsvermögen[4].

Es reicht also für § 171 I 2. Hs. HGB nicht aus, daß die KG vom Kommanditisten Vermögenswerte erlangt (oben so bezeichnete zweite Komponente), sondern sie muß sie als Einlage in das Gesellschaftsvermögen eingebunden erhalten.

2. *Verrechnungstheorie*

Im Gegensatz zur Vertragstheorie will die Verrechnugstheorie dann von einer haftungsbefreienden Einlage sprechen, wenn zwischen dem Privatvermögen des Kommanditisten und dem der Gesellschaft eine tatsächlich vollzogene Wertbewegung stattgefunden hat. Auf den Rechtsgrund dieser Bewegung soll es nicht ankommen[5]. Im *Beispielsfall 3* wäre also die Warenlieferung als Einlage anzusehen, weil sie zu einer objektiven Mehrung des KG-Vermögens führt. Der Rechtsgrund dieser Leistung (Kaufvertrag) wäre ohne Belang.

---

[3] So insb. *Keuk*, ZHR 135, 410 (418); in diesem Sinne auch, allerdings mit einem anderen Haftungskonzept, Schlegelberger (5) - *K. Schmidt*, §§ 171, 172 Rdnr. 46; *ders.*, (Einlage und Haftung), S. 25 ff.; *ders.*, § 54 I 3 (S. 1300); *ders.*, ZGR 1976, 317 f.; ebenso *Mundry*, (Darlehen und stille Einlagen), S. 19.

[4] *Keuk*, ZHR 135, 410 (418), spricht nicht von Haftungsbefreiung für den Kommanditisten, sondern von einer Konkretisierung des Haftungsobjekts, was heißen soll, daß der Kommanditist nach Einlageleistung immer noch haftet, nur nicht mehr mit seinem Privatvermögen, sondern über das Haftungsobjekt Gesellschaftsvermögen; vgl. auch *Mundry*, (Darlehen und stille Einlagen), S. 19; Schlegelberger (5) - *K. Schmidt*, §§ 171, 172 Rdnr. 48; *ders.*, (Einlage und Haftung), S. 26; *ders.*, § 54 I 3 (S. 1300).

[5] *Furrer*, S. 209 ff.; ebenso *Wiedemann*; (FS Bärmann), S. 1037 (1038); anders aber in JZ 1986, 855 (856).

3. Kombination von Vertragstheorie und Verrechnungstheorie

Die soeben praktizierte Gegenüberstellung von Vertrags- und Verrechnungstheorie erweckt den Eindruck, als könne die konsequente Entscheidung für eine der beiden Theorien alle Probleme im Rahmen des § 171 I 2. Hs. HGB lösen. Das ist nicht der Fall. Es handelt sich bei diesen Theorien lediglich um Denk- und Argumentationshilfen. In Praxis und Lehre überwiegen einzelfallorientierte Kombinationen von Vertrags- und Verrechnungstheorie.

Was die erste Komponente des § 171 I 2. Hs. HGB (die Leistung „auf die Einlage“) anbelangt, ist man beinahe einhellig der Meinung, daß nicht irgendeine Vermögensmehrung seitens des Kommanditisten an die KG für eine Haftungsbefreiung nach § 171 I 2. Hs. HGB ausreichen kann (vgl. oben *Beispielsfall 3* mit der Warenlieferung), sondern, daß die Zuführung des Vermögenswerts auf der Grundlage der Einlageverpflichtung im Gesellschaftsvertrag zu erfolgen hat[6].

Gleichzeitig wird erkannt, daß die Leistung auf die Einlage und die damit verbundene Erfüllung der Einlageverbindlichkeit aus Gründen des Gläubigerschutzes für die Haftungsbefreiung nach § 171 I 2. Hs. HGB alleine nicht ausreichen können, wenn dadurch das KG-Vermögen nicht oder nur in geringerem Maße als angegeben aufgefüllt wird (Bsp.: Leistung eines wertlosen oder überbewerteten Einlagegegenstandes). Deshalb wird in der Regel zusätzlich zur Leistung „auf die Einlage“ das zweite Element der Verrechnungstheorie, die obj. Wertdekkung, verlangt[7].

Damit läßt sich sagen, daß die h.M. bei der Prüfung des § 171 I 2. Hs. HGB in einem Zweierschritt verfährt: Zuerst wird geprüft, ob die Leistung des Kommanditisten „auf die Einlage“ erfolgt (erste Koponente der Vertragstheorie), und bejahendenfalls, ob und inwieweit diese Leistung zu einer obj. Mehrung des KG-Vermögens führt (zweite Komponente der Verrechnungstheorie)[8]. Soweit diese beiden Komponenten erfüllt sind, kann dann nach § 171 I 2. Hs. HGB Haftungsbefreiung eintreten. Mit *K. Schmidt* sollen diese beiden Kom-

---

[6] Vgl. BGH NJW 1982, 2253; OLG Hamburg ZIP 1984, 1091 (1092); LG Hamburg ZIP 1982, 1328 (1329); Heymann-*Horn*, § 171 Rdnr. 14; *Keuk*, ZHR 135, 410 (418); *Mundry*, (Darlehen und stille Einlagen), S. 19; MüHdbuch-*Neubauer*, KG § 27 Rdnr. 22; GK (3) - *Schilling*, § 171 Anm. 13a; Schlegelberger (5) - *K. Schmidt*, §§ 171, 172 Rdnr. 46; *ders.*, § 54 I 3 (S. 1300); *ders.*, (Einlage und Haftung), S. 25 ff.; *ders.*, ZGR 1976, 317 f.; a.A. lediglich *Furrer*, S. 209 ff.; *Wiedemann*, (FS Bärmann), S. 1037 (1038).

[7] Vgl. RGZ 63, 265 (266); BGHZ 39, 319 (329 f.); 95, 188 (197); OLG Hamburg ZIP 1983, 60 f.; *Baumbach/Duden/Hopt*, § 171 Anm. 2A; Heymann-*Horn*, § 171 Rdnr. 13; *Huber*, (Vermögensanteil) S. 210; GK (3) - *Schilling*, § 171 Anm.13 ; Schlegelberger (5) - *K.Schmidt*, §§ 171, 172 Rdnr. 52; *ders.*, (Einlage und Haftung), S. 26; *ders.*, § 54 I 3 (S. 1300); wohl a. A. *Keuk*, ZHR 135, 410 ff.

[8] Vgl. nur Schlegelberger (5) - *K. Schmidt*, §§ 171, 172 Rdnr. 46 ff.

ponenten Einlageaufbringung (für die Leistung „auf die Einlage") und Kapitalaufbringung (obj. Wertdeckung) genannt werden[9].

Doch auch die zuletzt dargestellte Formel aus einer Kombination von Vertrags- und Verrechnungstheorie kann nicht alle Probleme lösen, die sich bei der Anwendung des § 171 I 2. Hs. HGB ergeben können.

4. Zusammenfassung zu I. und II. und weiterer Gang der Untersuchung

Der Tatbestand der Einlageleistung nach 171 I 2. Hs. HGB läßt sich in zwei Komponenten zerlegen; die Leistung „auf die Einlage" (Vertragstheorie) und die objektive Vermögensdeckung (Verrechnungstheorie). In Rechtsprechung und Literatur überwiegen Kombinationen beider Komponenten, d. h. man verlangt eine Erfüllung beider Komponenten für § 171 I 2. Hs. HGB.

In der Praxis gibt es jedoch zahlreiche Problemkreise, die Gegenstand kontroverser Auffassungen in Rechtsprechung und Literatur sind. Hier wird meistens einzelfallorientiert gearbeitet. Diese Fälle sollen im folgenden nachgezeichnet und dann in ein einheitliches Haftungskonzept eingegliedert werden.

Daher gilt es im folgenden die einzelnen Fallgruppen darzustellen und eine Einordnung in die Prinzipien der Vertrags- und Verrechnungstheorie vorzunehmen.

Es ist zunächst zu untersuchen, ob die Vermögensbewegungen zwischen Kommanditist aufgrund Gesellschaftsvertrages erfolgen müssen, dann, ob eine tatsächliche Wertdeckung vorliegen muß, damit eine Haftungsbefreiung nach § 171 I 2. Hs. HGB eintreten kann.

Dann wird entschieden, ob der Vertrags- oder der Verrechnungstheorie oder einer Kombination der beiden Ansätze zu folgen ist.

Dabei wird insbesondere versucht, weg von der fallgruppenorientierten Beurteilung zu einem einheitlichen Haftungskonzept zu gelangen.

III. Die Einlagenaufbringung

Der Terminologie *K. Schmidts* folgend, soll zunächst untersucht werden, ob und in welchem Umfang eine Vermögensbewegung an die KG als Leistung „auf die Einlage" zu erfolgen hat, das heißt, das Prinzip der Einlagenaufbringung[1].

---

[9] *K. Schmidt*, (Einlage und Haftung), S. 25 f.

[1] Vgl. *K. Schmidt*, (Einlage und Haftung), S. 25 f.

1. Abgrenzung der Einlage zur Leistung aufgrund eines Umsatzgeschäfts, insbesondere des Darlehns

Dabei richtet sich das Interesse zuerst auf die Einordnung eines Drittgeschäfts, das der Kommanditist mit der KG tätigt. Das wurde oben schon beispielhaft für den Kauf erörtert, um die unterschiedliche Konzeption von Vertrags- und Verrechnungtheorie zu veranschaulichen.

Das Interesse von Rechtsprechung und Literatur richtet sich vor allem auf die Darlehnsgewährung durch den beschränkt haftenden Gesellschafter an die KG. Hier stellt sich die Frage, ob das Darlehen, das eine Finanzierung der Gesellschaft durch vorübergehende Überlassung von Kapital ermöglicht, ebenso wie der Regelfall der für die gesamte Mitgliedschaft in das KG-Vermögen zu erbringenden Einlage die Haftungbefreiung nach § 171 I 2, Hs. HGB bewirken kann.

a) Rechtsprechung und Literatur zum Darlehen als haftungsbefreiende Einlageleistung

aa) Rechtsprechung

(1) BGH NJW 1982, 2253 (2254)

Eine ausdrückliche Stellungnahme der höchstrichterlichen Rechtsprechung zum Einlagecharakter des Darlehens liegt bisher nicht vor.

Man kann jedoch dem Urteil des BGH vom 17.5.1982 entnehmen, daß er Darlehen nicht als Einlage im Sinne von § 171 I 2. Hs. HGB anerkennen will, sondern Leistungen auf die gesellschaftliche Einlageverbindlichkeit für die Haftungsbefreiung fordert[2].

Der BGH begründet in seiner Entscheidung den Eigenkapitalcharakter des Darlehens mit seiner Eigenkapitalfunktion in diesem besonderen Fall[3]. Diese Begründung wäre nicht notwendig, würde das Gericht der reinen Verrechnungstheorie folgen, da danach jede Zahlung auf ein Darlehen oder eine andere causa ein Erlöschen der Einlageschuld zur Folge hätte; folglich ist die Entscheidung nur auf der Grundlage der Vertragstheorie denkbar[4].

In diesem Sinne äußern sich auch das LG sowie das OLG Hamburg. Ihnen zufolge ist die Leistung auf das Darlehen als solches ausdrücklich nicht als

---

[2] BGH NJW 1982, 2253 / vgl. die Anmerkung *K. Schmidt*, BGH NJW 1982, 2254 f./ und die Wertung von *Mundry*, (Darlehen und stille Einlagen) S. 4 f.

[3] BGH NJW 1982, 2253 (2254).

[4] So *K. Schmidt*, in der Anm. BGH NJW 1982, 2254 f.

haftungsbefreiend anzusehen[5]. Damit scheint die Rechtsprechung einheitlich eine Leistung auf die Einlage im Sinne der Vertragstheorie zu fordern und eine Leistung auf ein Darlehen als solches nicht als Einlageleistung anzuerkennen.

(2) BGHZ 39, 319

Diese Einheitlichkeit könnte bei Hinzuziehen einer älteren BGH-Entscheidung vom 9.5.1963 verlorengehen[6].

Dort wird zum einen einer Leistung des Kommanditisten an die KG u.a. durch Warenlieferungen aufgrund eines Drittgeschäfts haftungsbefreiende Wirkung zuerkannt[7], zum anderen wird die Umwandlung der Einlage in ein Darlehen nicht als Rückgewähr der Einlage im Sinne von § 171 I 2. Hs. HGB angesehen[8].

Zu dem ersten Punkt ist zu beachten, daß die Warenlieferung an die KG nie in Zusammenhang mit der Einlageleistung gem. § 171 I 2. Hs. HGB zu sehen war. Die Einlage war vorher längst erbracht, sie wurde aber zwischenzeitlich wieder zurückgewährt. Die Warenlieferung wurde vom BGH als eine Leistung angesehen, die dazu geeignet war, das Wiederaufleben der Haftung infolge Einlagerückgewähr gem.§ 172 IV 1 HGB zu beseitigen und somit den Zustand des § 171 I 2. Hs. HGB wiederherzustellen[9]. Das ist nun ein anderer Vorgang als die Einlageleistung, wenn er auch rein rechnerisch nur die Wiederholung einer Einlageleistung zu sein scheint. Ob diese Wertung des BGH richtig ist, hängt davon ab, welche Voraussetzungen an die Einlagerückgewähr gem. § 172 IV 1 HGB zu stellen sind. Das soll an späterer Stelle erörtert werden.

Ebenso ist auch die Umwandlung der Einlage in ein Darlehen in die Problematik der Zurückzahlung der Einlage einzuordnen, auch wenn das Ergebnis das gleiche sein mag wie bei direkter Darlehnsgewährung durch den Kommanditisten an die KG, nämlich die Zurverfügungstellung von Fremdkapital.

An dieser Stelle kann nur angedeutet werden, daß die Einlageleistung und -rückgewähr nicht unbedingt zwei zueinander „symmetrische" Vorgänge sein müssen. Deshalb muß die Entscheidung BGHZ 39,319 nicht den oben herausgearbeiteten Grundsätzen der Rechtsprechung widersprechen. Sie ist nur in einen anderen Problembereich einzuordnen.

---

[5] LG Hamburg ZIP 1982, 1328 (1329); OLG Hamburg ZIP 1984, 1091 (1092).

[6] Vgl. BGHZ 39, 319 ff.

[7] BGHZ 39, 319 (329).

[8] BGHZ 39, 319 (331 f.).

[9] BGHZ 39, 319 (329 f.).

Im Ergebnis sieht die Judikatur die Leistung auf ein Darlehen grundsätzlich nicht als Einlage und steht damit zumindest auch auf dem Boden der Vertragstheorie.

bb) Literatur

Der ganz überwiegende Teil der Litertur sieht Darlehen nicht als Einlagen an und verlangt damit auch aufgrund der Vertragstheorie eine Leistung „auf die Einlage" für die Haftungsbefreiung nach § 171 I 2. Hs. HGB[10]. Lediglich mit *Furrer* und der reinen Verrechnungstheorie käme man zum Einlagecharakter der Leistung auf ein Darlehen[11].

b) Der fehlende Einlagecharakter des Darlehens nach der Vertragstheorie

Mit dem oben A. entwickelten Grundmodell zur Einlage und Haftung des Kommanditisten liegt es schon sehr nahe, nur Leistungen auf eine bestimmte Einlageverbindlichkeit als Einlage im Sinne von § 171 I 2. Hs. HGB zu akzeptieren, das heißt, hierin der Vertragstheorie zu folgen. Dort wurde die Einlage gem. § 171 I 2. Hs. HGB schon als interne Vermögenszuführung des Kommanditisten an die KG aufgrund des Innenverhältnisses verstanden[12]. Unter Innenverhältnis kann dann nicht irgendeine Rechtsbeziehung, sondern nur ein bestimmtes Verhältnis verstanden werden, der Gesellschaftsvertrag.

Weiterhin legt der Gesetzeswortlaut des § 171 I 2. Hs. HGB („...Einlage geleistet...") nahe, daß nicht irgendeine Vermögensbewegung, gleich welchen Rechtsgrundes, an die Gesellschaft für die Erfüllung des Tatbestandes ausreicht. Es muß vielmehr die Einlage geleistet werden; und Leistung heißt schon nach § 315 BGB die Erbringung eines bestimmten Gegenstandes aufgrund eines bestimmten Schuldverhältnisses[13]. Das heißt, daß der Begriff der Leistung notwendigerweise von einem bestimmten Schuldverhältnis abhängt. Somit setzt auch § 171 I 2. Hs. HGB für die Einlage ein einzelnes Schuldverhältnis voraus. Das kann, da die Einlage dem Gesellschaftszweck dienen soll, nur der Gesellschaftsvertrag sein. Das spricht entscheidend gegen die reine Verrechnungs-

---

[10] Heymann-*Horn*, § 171 Rdnr.14; *Huber*, (Vermögensanteil) S. 248 ff.; *Keuk*, ZHR 135, 410 (418); *Mundry*, (Darlehen und stille Einlagen), S. 14; MüHdbuch-*Neubauer* KG § 27 Rdnr. 22; GK (3) - *Schilling*, § 171 Anm.13a; Schlegelberger (5) - *K. Schmidt*, §§ 171, 172 Rdnr. 48; *ders.*, (Einlage und Haftung), S. 41; *ders.*, § 54 I 3 (S. 1300); inzwischen auch *Wiedemann*, JZ 1986, 855 (856).

[11] S. 209 ff.

[12] s.o. A. III. 3. b).

[13] Vgl. *Creifelds* S. 713.

theorie, nach der das zugrundeliegende Schuldverhältnis nicht relevant sein soll, und spricht für die Vertragstheorie.

Damit sind nach der hier vertretenen Auffassung Darlehen keine Einlagen, weil sie nicht „auf die Einlage" geleistet werden. In diesem Teil wird der Vertragstheorie gefolgt.

c) Ergebnis

Leistungen aufgrund eines Umsatzgeschäftes sind grundsätzlich keine haftungsbefreienden Einlageleistungen nach § 171 I 2. Hs. HGB, weil sie nicht auf der Grundlage der Einlageverpflichtung erbracht werden. Nicht jede Vermögensbewegung, die das KG-Vermögen irgendwie mehrt, ist für die Haftungsbefreiung nach § 171 I 2. Hs. HGB tauglich. Sie müssen „auf die Einlage" im Sinne der Vertragstheorie erfolgen. Damit wird das Prinzip der Einlagenaufbringung (d. h. das Erfordernis der Leistung „auf die Einlage") anerkannt.

2. Das Problem gesplitteter Kommanditeinlagen

a) Einführung in die Thematik

aa) Darlehen als Finanzierungsform

An dem Befund, daß Leistungen auf Darlehen keine Einlagen sind, kann eine Korrektur nötig werden, soweit es um sog. gesplittete Einlagen geht. Das sind solche Leistungen des Kommanditisten an die KG, bei denen ein bestimmter Betrag teilweise als reguläre Einlage, teilweise als Darlehen oder stille Einlage[14] zur Verfügung gestellt wird, wobei auch der Darlehensteil der Einlage wesentliche Einlagefunktionen wahrnimmt. Der „Darlehensteil" (bzw. die stille Einlage) könnte wegen seiner Eigenkapitalfunktion im Sinne des § 171 I 2. Hs. HGB als „auf die Einlage" geleistet anzusehen sein. Im folgenden wird daher der Frage nachgegangen, ob solche „Darlehen" (stille Einlagen) „auf die Einlage" im Sinne der Vertragstheorie geleistet werden, obwohl sie von den Parteien als Fremdkapital bezeichnet (und auch so gewollt) werden.

Ein Darlehen ermöglicht nämlich grundsätzlich eine kurzfristige Finanzierung der Gesellschaft und kann von dem Gesellschafter leichter abgerufen werden als eine Einlage. Trotzdem kann es Funktionen übernehmen wie eine

---

[14] Im folgenden sollen stille Einlagen wegen ihrer ähnlichen Kreditfuktion dem Darlehen gleichgestzt werden; vgl. hierzu ausführlich *K. Schmidt*, ZHR 140, 475 ff.

Einlage, indem es die hauptsächliche Finanzierungsgrundlage der Gesellschaft ausmacht.

Diese hauptsächliche Finanzierung der Gesellschaft durch Darlehen ist der wesentliche Grund, warum ein Bedürfnis besteht, Darlehen als Teil von gesplitteten Einlagen wie reguläre Einlagen zu behandeln.

Zur Veranschauung der Problematik sei folgender *Beispielsfall 4* vorangestellt, der auf einer Entscheidung des BGH vom 17.5.1982 beruht[15].

Der Kommanditist einer Publikums-KG ist mit einer Haftsumme von 30.000 in das Handelsregister eingetragen. In der Beitrittserklärung verpflichtet er sich, die 30.000 zu 7.500 in Form einer Kommanditeinlage und zu 22.500 in Form eines Darlehns aufzubringen, was auch geschieht. Ein Gesellschaftsgläubiger versucht nun, ihn in Höhe der 22.500 persönlich in Anspruch zu nehmen, weil er in dieser Höhe die Einlage nicht im Sinne von § 171 I 2. Hs. HGB geleistet habe. Das bestreitet der Kommanditist.

bb) Entgegenstehender Parteiwille?

Es fragt sich nun, ob das Darlehen allgemein in Fällen wie *Beispielsfall 4* wie eine Einlage behandelt werden kann. Das kann dem Kommanditisten Vorteile bringen (wie im Beispielsfall das Erlöschen der Außenhaftung), aber auch Nachteile, wie z.B. eine unmittelbare Teilnahme am Verlust oder eine gegenüber den Gesellschaftsgläubigern nachrangige Befriedigung im Gesellschaftskonkurs. In erster Linie werden aber die Gläubiger geschützt, da ihnen auf diese Weise mehr haftendes Eigenkapital zur Verfügung stehen kann. Zur Behandlung von Darlehen als Einlage im Rahmen einer gesplitteten Einlage existiert eine umfangreiche höchstrichterliche Rechtsprechung[16].

Diese Rechtsprechung beschäftigt sich mit der Frage, ob der Darlehensteil (der stille Teil) der gesplitteten Einlage allgemein wie eine Kommanditeinlage behandelt werden kann. Es werden Probleme erörtert wie die Kündbarkeit des Darlehens unabhängig von der Gesellschafterstellung[17], die nachrangige Befriedigung im Gesellschaftskonkurs etc.[18].

Diese Fragen interessieren hier nicht im einzelnen. Es wird allein untersucht, ob der Darlehensteil (der stille Teil) der gesplitteten Kommanditeinlage eine

---

[15] BGH NJW 1982, 2253 f.

[16] Vgl. BGHZ 70, 61 = BGH NJW 1978, 376 ff.;BGH NJW 1980, 1522; NJW 1981, 2251; NJW 1982, 2253; BGHZ 93, 159; BGHZ 104, 33.

[17] Vgl. BGHZ 70, 61 ff. = NJW 1978, 376 ff.

[18] BGH NJW 1981, 2251; BGHZ 93, 159 ff.; 104, 33 ff.

haftungsbefreiende Einlage iSv § 171 I 2. Hs. HGB sein kann. Das zu erörternde Problem stellt sich nur dann, wenn die Haftsumme nicht durch Leistung der regulären Kommanditeinlage ausgefüllt ist[19] (wie in *Beispielsfall 4*). Nur hier besteht noch die Möglichkeit der Haftungsbefreiung durch Einlageleistung iSv § 171 I 2. Hs. HGB und der Anrechnung des Darlehensteils auf die Haftsumme. Die Anrechnung auf die Haftsumme ist aber, selbst wenn die Parteien es ausdrücklich wollen, auf der Grundlage der Vertragstheorie nicht unproblematisch, da Darlehen nach dem oben 1. gesagten nicht „auf die Einlage" geleistet werden. Andererseits wollen die Parteien offenbar eine Anrechnung auf die Haftsumme. Der Parteiwille (insbesondere des leistenden Kommanditisten) scheint „schizophren" zu sein.

Es ist daher zu untersuchen, ob sich aus dem scheinbar gespaltenen Parteiwillen ein eindeutiger Wille ableiten läßt, das „Darlehen" (stille Einlage) „auf die Einlage" iSv § 171 I 2. Hs. HGB und der Vertragstheorie zu leisten.

b) Darlehen als Einlage durch Vertragsauslegung

Ein „schizophrener" Parteilwille, d.h. einerseits Leistung als Darlehen (stille Einlage) und damit nicht „auf die Einlage", andererseits die gewollte Anrechnung des gewährten Vermögensbetrages auf die Haftsumme, was eine Leistung „auf die Einlage" voraussetzt, ist juristisch gesehen sehr unbefriedigend. Man könnte auch sagen, daß es so etwas wie ein gespaltenes Bewußtsein bei einer Leistung nicht geben kann[20].

Hier bleibt letztlich nur ein Weg, um ein eindeutiges Ergebnis zu erzielen. Man versucht, durch Vertragsauslegung zu einem eindeutigen Willen des Kommanditisten bzgl. der Leistung des Fremdkapitals „auf die Einlage" iSv § 171 I 2. Hs. HGB zu kommen. Die Vertragsauslegung hätte das Ziel, den Widerspruch zwischen der Leistung als Fremdkapital und zugleich „auf die Einlage" aufzulösen.

aa) Rechtsprechung des BGH

Auf dem Weg zur Auflösung des aufgezeigten Widerspruchs könnte vielleicht ein Blick auf die Rechtsprechung des BGH weiterhelfen. Nach ständiger

[19] Vgl. BGH NJW 1982, 2252 ff. anders: BGHZ 70, 61 ff. = NJW 1978, 376 ff.; BGHZ 93, 159 ff.; BGHZ 104, 33 ff.; offen in BGH NJW 1980, 1522 f.; NJW 1981, 2251 f.

[20] Vgl. zu einem verwandten Problem des gespaltenen Bewußtseins bzgl. der Registerlage nach § 15 I HGB und der wahren Rechtslage („Rosinentheorie") *Brox*, (HWR), Rdnr.117 ; *John*, ZHR 140, 236 (254 ff.); *M.Reinicke*, JZ 1985, 272; *Tiedtke*, DB 1979, 245; a.A.: BGHZ 65, 309 ff.; GK (4) - *Hüffer*, § 15 Rdnr. 27; *K. Schmidt*, (HandR), § 14 II 4b (S. 360 ff.).

Rechtsprechung ermittelt das Gericht den Einlagecharakter des Darlehensteils der gesplitteten Einlage durch Vertragsauslegung[21]. Gleiches gilt auch für den stillen Teil einer solchen zusammengesetzten Einlage[22].

Bei genauerem Hinsehen zeigt sich, daß die Rechtsprechung des BGH zur gesplitteten Kommanditeinlage nicht auf Vertragsauslegung basiert, sondern auf objektiven Kriterien für den Eigenkapitalcharakter von Darlehen und stillen Einlagen, die durch weitere Urteile verfestigt werden[23]. Von diesen objektiven Kriterien sind zu nennen die Verknüpfung zwischen der Leistung von Fremdkapital und der Kommanditistenstellung[24], die Unentbehrlichkeit der Leistung zur Erreichung des Gesellschaftszwecks[25] sowie die Pflicht zur langfristigen Überlassung des Kapitals und dessen ungehinderte Zurverfügungstellung im Rahmen der Gläubigerbefriedigung[26].

Aus diesen Merkmalen leitet der BGH die Eigenkapitaleigenschaft von Darlehen und stillen Einlagen als Teil von gesplitteten Einlagen ab. Er tut das anhand von objektiven Kriterien, die er selbst aufstellt.

Wie bereits erwähnt, beschäftigt sich das Gericht dabei in erster Linie mit der allgemeinen Gleichstellung von Fremdkapital mit Eigenkapital, wie etwa der selbständigen Kündbarkeit eines Darlehens, und der Rangfolge der Gläubigerbefriedigung im Gesellschaftskonkurs[27]. Diese allgemeine Gleichstellung interessiert hier nicht bzw. sie ist nur insoweit von Bedeutung, als sie eine Antwort auf die hier gestellte Frage geben kann, ob Leistungen auf Darlehen/-stille Einlagen auf die Einlage iSd Vertragstheorie erbracht werden.

Mit dieser Frage beschäftigt sich nur die Entscheidung des BGH vom 17.5.1982 (*Beispielsfall 4*). Das Urteil hilft hier allerdings kaum weiter, da es lediglich feststellt, daß das Darlehen, das auf die Haftsumme angerechnet werden soll, haftungsbefreiende Einlage iSv § 171 I 2. Hs. HGB ist[28]. Dem Problem des in sich widersprüchlichen Leistungswillens geht das Gericht überhaupt nicht nach. Es ist wohl der Auffassung, die Anwendung des § 171 I 2. Hs. HGB trotz Bezeichnung der Leistung als Darlehen sei damit ausreichend begründet, daß die Einlageleistung im Außenverhältnis einheitlich (was zu § 171 I 2. Hs.

---

[21] BGHZ 70, 61 = NJW 1978, 376 (377); vgl. auch BGHZ 93, 159 ff.; BGHZ 104, 33 (41) („Gesamtwürdigung anhand des Vertragsganzen").

[22] BGH NJW 1981, 2251 (2252); vgl. auch BGH NJW 1980, 1522 f.

[23] Von „richterlichem oktroi" spricht *Joost*, ZGR 1987, 370 (397); zust. *Schön*, ZGR 1990, 220 (241); ähnlich *Mundry*, (Darlehen und stille Einlagen) S. 120 ff.; *Wiedemann*, JZ 1986, 855 (857).

[24] BGH NJW 1980, 1522 (1523); NJW 1981, 2251 (2252); NJW 1978, 376 ff.

[25] BGH NJW 1978, 376 (377); NJW 1981, 2251; BGHZ 104, 33 (41).

[26] BGHZ 104, 33 (41).

[27] Vgl. oben II. Fn. 17, 18.

[28] BGH NJW 1982, 2253 (2254).

HGB führt) und nur im Innenverhältnis in Darlehen und reguläre Kommanditeinlage zerlegt sei[29].

Diese Argumentation kann nach der hier vertretenen Auffassung nicht überzeugen, da eine Haftungsbefreiung nach § 171 I 2. Hs. HGB nur insoweit eintreten kann, als die Leistung im Innenverhältnis auf die Einlageverpflichtung erfolgt. Insoweit besteht eine Akzessorietät zwischen Innenverhältnis und Außenhaftung (vgl. oben A.III.4. (S.23)). Deshalb kann es nicht sein, daß Außen- und Innenverhältnis insoweit voneinander abweichen, als man im Außenverhältnis im Hinblick auf § 171 I 2. Hs. HGB eine einheitliche Einlage annimmt und im Innenverhältnis die Leistung in Fremdkapital und reguläre Einlage zerlegt.

Deshalb muß bei Anwendung des § 171 I 2. Hs. HGB ein Wille des Kommanditisten bestehen, auf die Einlage im Innenverhältnis zu leisten. Einen so gearteten eindeutigen Willen gilt es hier aber erst zu ermitteln und nicht zu unterstellen, wie das der BGH tut.

Das Gericht ermittelt an objektiven Kriterien die Einlageeigenschaft der als Fremdkapital bezeichneten Leistung und geht sodann von einem entsprechenden Willen der Parteien aus, Eigenkapital leisten zu wollen.

Dieses Vorgehen ist keine Vertragsauslegung, und es ignoriert die von den Parteien getroffene Bezeichnung einer Leistung als Fremdkapital.

Der BGH setzt sich also mit dem Parteiwillen, d.h. mit einem möglicherweise widersprüchlichen Willen, überhaupt nicht auseinander. Seine Entscheidungen können daher bei der hier angestrebten Auflösung der Widersprüchlichkeit des Willens des Kommanditisten nicht weiterhelfen.

bb) Auflösung des widersprüchlichen Parteiwillens

Die Ermittlung eines eindeutigen Willens des Kommanditisten mit dem Darlehen (der stillen Einlage) „auf die Einlage" zu leisten, kann sich nur aus dem Gesellschaftsvertrag und der Abrede ergeben, kraft derer sich der Kommanditist zur Überlassung von Fremdkapital verpflichtet.

(1) Ergänzende Vertragsauslegung

Es ist zu überlegen, ob die Kriterien der ergänzenden Vertragsauslegung für die vorliegende Problematik herangezogen werden können[30]. Das wäre dann

---

[29] BGH NJW 1982, 2253 (2254).

[30] So *Häuser*, JA 1983, 87 (88).

möglich, wenn die widersprüchlichen Willenserklärungen (einerseits Leistung „auf die Einlage", andererseits Darlehen) zu einer Regelungslücke im Vertragsganzen führten, die durch das dispositive Recht nicht zu schließen wäre[31]. Hier könnte die ergänzende Vertragsauslegung den verbleibenden „Freiraum" ausfüllen. Doch sind widersprüchliche Willenserklärungen nicht wie gänzlich fehlende Willenserklärungen zu behandeln, so daß der Gesellschaftsvertrag bzgl. der Leistung der gesplitteten Kommanditeinlage keine Regelungslücke aufweist. Vielmehr treffen die Parteien des Vertrages genaue Regelungen über das Schicksal des Fremdkapitals, das Funktionen des Eigenkapitals wahrnimmt. Von einer Regelungslücke kann daher nicht die Rede sein, eher von einer „Überregelung".

Damit kommt man auch mit der ergänzenden Vertragsauslegung einer Antwort auf die Ausgangsfrage (Anrechnung der Leistung von Fremdkapital auf die Haftsumme iSv § 171 I 2. Hs. HGB) nicht näher.

(2) Aufspaltung des Parteiwillens

Weiter wird eine Aufspaltung des Parteiwillens erwogen, die dahin ginge, nur im Innenverhältnis einerseits von einer regulären Kommanditeinlage, andererseits von einem Darlehen auszugehen, im Außenverhältnis dagegen eine einheitliche Anrechnung des Gesamtbetrages auf die Haftsumme zuzulassen[32]. Mit diesem Lösungsansatz scheint auch die Rechtsprechung zu verfahren[33].

Das widerspricht aber grundsätzlich der Akzessorietät des Erlöschens der Außenhaftung nach § 171 I 2. Hs. HGB von der Einlageverbindlichkeit im Innenverhältnis, wie sie sich nach der Vertragstheorie ergibt. Nur soweit im Innenverhältnis „auf die Einlage" geleistet wird, kann im Außenverhältnis die Haftung erlöschen.

Damit kommt eine Aufspaltung des Parteiwillens nicht in Betracht.

(3) Falsa demonstratio non nocet

Gerade die letzten Erwägungen haben gezeigt, daß es nicht möglich ist, beiden Willensbestimmungen des Kommanditisten zur vollen Geltung zu verhelfen, d.h. einerseits eine Anrechnung auf die Haftsumme vorzunehmen (d.h. die Leistung wie eine Einlage iSv § 171 I 2. Hs. HGB zu behandeln),

---

[31] Vgl. allg. zur ergänzenden Vertragsauslegung *Larenz*, (AT), § 29 II (S. 546 ff.); Palandt-*Heinrichs*, § 157 Rdnr. 4.

[32] So *Huber*, ZGR 1988, 1 (21).

[33] Vgl. oben aa) u. BGH NJW 1982, 2253 (2254).

andererseits den Fremdkapitalcharakter voll zu akzeptieren (d.h. Bezeichnung als Darlehen/stille Einlage). Das führt zu einer Aufspaltung des Bewußtseins des Kommanditisten, was auf eine Fiktion hinausläuft oder eine unzulässige Abspaltung der Außenhaftung vom Innenverhältnis (s.o. (2)).

Deshalb tut an dieser Stelle eine eindeutige Entscheidung not, d.h. entweder von einer Einlage iSv § 171 I 2. Hs. HGB auszugehen oder von reinem Fremdkapital (ohne haftungsbefreiende Wirkung nach § 171 I 2. Hs. HGB).

Dazu soll erneut auf die Entscheidung des BGH vom 17.5.1982 (*Beispielsfall 4*) zurückgegriffen werden.

Dort will der Kommanditist ersichtlich den Darlehensbetrag von 22.500 auf die Haftsumme iSv § 171 I 2. Hs. HGB anrechnen lassen. Dieses Darlehen soll auch einen wesentlichen Teil der Kredit- und Haftungsgrundlage der KG ausmachen[34]. Damit läßt sich ein relativ eindeutiger Wille des Kommanditisten entnehmen, die 22.500 als Einlage iSv 171 I 2. Hs. HGB zu leisten[35]. Ein eindeutiger Wille, den Betrag von 22.500 als reines Fremdkapital der KG zu überlassen, läßt sich dagegen nicht entnehmen.Die einzige Willensäußerung des Kommanditisten, die auf die Gewährung reinen Fremdkapitals geht, ist die Bezeichnung des Kapitals als Darlehen. Das aber ist nur eine Bezeichnung durch die Parteien des Gesellschaftsvertrages, während der dahinterstehende Inhalt der Leistung den Charakter einer Einlage hat. Damit läßt sich der Satz „falsa demonstratio non nocet" anwenden[36], nach dem die Bezeichnung der Leistung als Darlehen eine falsche ist und im Sinne des wirklichen Inhalts richtig als Leistung einer Einlage iSv § 171 I 2. Hs. HGB anzusehen ist[37]. Damit liegt hier eine Leistung „auf die Einlage" im Sinne der Vertragstheorie vor, die nach § 171 I 2. Hs. HGB haftungsbefreiend ist.

Das Darlehen (stille Einlage) ist in Wirklichkeit Kommanditeinlage.

(4) Einlagen unterschiedlicher Qualität

Das bisher erzielte Zwischenergebnis macht die Sache nun doch zu einfach. Man wird sich an dieser Stelle zu recht fragen, ob Kommanditisten, die, wie in *Beispielsfall 4*, ein Darlehen gewähren und in Wirklichkeit eine Einlage leisten

---

[34] BGH NJW 1982, 2253 (2254).

[35] Für den „Einlagecharakter" des Darlehens spricht auch der Ausschluß der Kündbarkeit des Darlehens über 10 Jahre vgl. BGH NJW 1982, 2253 (2254).

[36] Vgl. dazu allg. Flume (RG) § 16 2 (S. 302 ff.).

[37] In diese Richtung auch *Sieker*, (Eigenkapital und Fremdkapital), S. 48 f., allerdings mit einer Einordnung des gewährten Kapitals anhand obj. Maßstäbe in den gesetzlichen Typus „Einlage" (m.E. geht das in große Nähe zum „falsa demonstratio"-Satz).

wollen, wirklich nicht wissen, was sie tun. Man wird den Parteien, die meist genau ausgefeilte Gesellschaftsverträge abschließen, nicht unterstellen können, sie kennen den Unterschied zwischen Einlage und Darlehen nicht. Vielmehr muß es für einen Kommanditisten ja irgendeinen Sinn machen, der KG ein Darlehen zu gewähren, das wesentliche Eigenschaften der Einlage hat. Dieser Sinn besteht darin, doch nicht ganz eine Einlage, sondern nur fast eine Einlage zu erbringen, Kapital also, das Einlagemerkmale hat, aber z.B. leichter abrufbar ist. Es handelt sich hier also um Leistungen, die im Grenzbereich zwischen reinem Fremdkapital und reinem Eigenkapital stehen. Wäre der „Darlehensteil“ (der stille Teil) der gesplitteten Einlage reines Eigenkapital, so könnte der Kommanditist sich ja gleich auf die Erbringung einer regulären Kommanditeinlage beschränken.

Da dies nicht der Fall ist, muß der Darlehensteil (stille Teil) der gesplitteten Kommanditeinlage zwar Einlage sein (insofern ändert sich das obige Zwischenergebnis nicht), aber nicht alle Merkmale einer regulären Kommanditeinlage besitzen.

Er muß aber auch gewisse Kennzeichen des Darlehens (der stillen Einlage) haben, was die Bezeichnung als Darlehen/stille Einlage erklärt. Andernfalls machte die Abgrenzung des Darlehensteils von der regulären Einlage keinen Sinn. Es handelt sich bei dem Fremdkapitalteil der gesplitteten Einlage um eine bewegliche Einlage[38]. Das verbirgt sich hinter der Bezeichnung Darlehen/stille Einlage durch die Vertragsparteien, d.h. also eine Einlage 2.Klasse oder ein Darlehen 1.Klasse.

Damit bleibt die Frage: Welche Voraussetzungen muß eine solche bewegliche Einlage im einzelnen erfüllen, um haftungsbefreiende Einlage nach § 171 I 2. Hs. HGB sein zu können?

c) Materielle Kriterien der Kommanditeinlage in Abgrenzung zum Gesellschafterdarlehen und der stillen Einlage

Das führt zu dem weiteren Fragenkreis, wie die bisher etwas vage strukturierten materiellen Einlagekriterien im einzelnen auszusehen haben. Nur dann ist eine endgültige Klärung darüber erreicht, unter welchen Voraussetzungen Haftungsbefreiung nach § 171 I 2. Hs. HGB für Fremdkapitalleistungen (als Darlehen oder stille Einlage bezeichnet) eintreten kann.

Zwei wesentliche Merkmale sollen nach Rechtsprechung und Literatur die Einlage von einem Darlehen unterscheiden. Erstens die unbegrenzte Zurverfügungstellung von Kapital an die Gesellschaft, zweitens die Verlustbeteiligung.

---

[38] Zur bew. Einlage *K. Schmidt*, Anm. zu BGH NJW 1982, 2253 f. in NJW 1982, 2254 (2255).

aa) Unbegrenzte Überlassung von Kapital

Was das erste Kennzeichen der Einlage betrifft, die unbegrenzte Zurverfügungstellung von Kapital, so ist es richtig, daß sie nur im Rahmen der Auseinandersetzung nach § 155 I HGB oder als Abfindung gemäß § 738 I 2 BGB zurückgefordert werden kann[39], während das Darlehen sich durch seine jederzeitige Rückforderungsmöglichkeit auszeichnet[40]. Die Einlage ist also zeitlich mit der Gesellschafterstellung verknüpft[41], was sich bilanzrechtlich in der fehlenden zeitlichen Begrenzung der Überlassung des Kapitals äußert[42]. Beim Darlehen und der stillen Einlage fehlt die Verknüpfung mit der Gesellschafterstellung in der Regel.

Diese scheinbar feste Abgrenzung kann aber aufgeweicht werden, wenn ein Darlehen z.B. bis zur Beendigung der Gesellschafterstellung gestundet wird[43]. Dann ist dieses Kapital zeitlich an die Gesellschafterstellung geknüpft, und es fragt sich dann in solchen Fällen, ob das Darlehen nicht wie Eigenkapital zu behandeln ist. Tatsächlich hat die Rechtsprechung des BGH wiederholt die Verknüpfung von Darlehen und stillen Einlagen mit der Gesellschafterstellung zum Anlaß genommen, solches Fremdkapital wie Einlagen zu behandeln[44].

Da es also an diesem Punkt offenbar zu Überschneidungen kommen kann, ist die zeitliche Bindung der Kapitalgewährung an die Gesellschafterstellung kein festes Kriterium, sondern kennzeichnet lediglich Regelfälle der Abgrenzung von Einlage und Gesellschafterdarlehen. Tatsächlich kann der Gesichtspunkt der zeitlichen Verknüpfung des Fremdkapitals mit der Gesellschafterstellung Indizwirkung für den Einlagecharakter von Darlehen und stillen Einlagen haben.

Aus der nur sehr beschränkten „Verfügbarkeit“ der Einlage im Rahmen der Auseinandersetzung oder Abfindung folgt ein weiterer für die Einlageeigenschaft wesentlicher Gesichtspunkt, nämlich die Sicherstellung der Befriedigung der Gesellschaftsgläubiger durch die Einlage[45]. Das wird dadurch erreicht, daß nur das die Schulden übersteigende Aktivvermögen bei der Liquidation und Abfin-

---

[39] Vgl. *Huber*, (Vermögensanteil) S. 249; *Mundry*, (Darlehen und stille Einlagen), S. 9; *K. Schmidt*, (Einlage und Haftung), S. 82.

[40] BGHZ 25, 174 (177 f.); RGRK-*Ballhaus*, vor § 607 Rdnr. 1; *Esser-Weyers*, (BT) § 26 II 1 (S. 214); *Huber*, (Vermögensanteil), S. 248; MüKo-*H.P. Westermann*, § 607 Rdnr. 28.

[41] BGH LM Nr.14 zu § 16 UmStG; *Huber*, (Vermögensanteil), S. 249; *K. Schmidt*, (Einlage und Haftung), S. 82; *Sudhoff-Sudhoff*, DB 1982, 1238.

[42] *Coenenberg*, (Jahresabschluß), S. 163; *Großfeld*, Rdnr. 270.

[43] Darauf weist *Mundry*, (Darlehen und stille Einlagen) S. 10 hin.

[44] Vgl. BGH NJW 1978, 376 (377); NJW 1980, 1522 (1523); NJW 1981, 2251 (2252).

[45] Vgl. *Mundry*, (Darlehen und stille Einlagen) S. 10.

dung zur Verfügung stehen[46]. Das heißt, die Auseinandersetzung mit den Gesellschaftern darf erst dann erfolgen, wenn die Gesellschaftsgläubiger befriedigt sind. Das führt zu einem Nachrang der Gesellschafter gegenüber den Gesellschaftsgläubigern, der vor allem im Konkursverfahren Bedeutung erlangt[47].

Genau dieser Nachrang besteht für Darlehen und stille Einlage nicht (vgl. § 236 HGB für die stille Einlage). Grundsätzlich sind Darlehen und stille Einlage Fremdkapital und können daher ohne weiteres im Konkurs angemeldet werden[48]. Dieser letzte Gesichtspunkt der Sicherstellung der Gläubigerbefriedigung erscheint damit als taugliches Merkmal zur Abgrenzung von Einlage und Gesellschafterdarlehen.

Wenn also ein Darlehen oder eine stille Einlage vorrangig der Gläubigerbefriedigung zur Verfügung zu stehen hat, dann kann man von einer Einlageeigenschaft dieser Leistung ausgehen[49].

bb) Verlustbeteiligung

Des weiteren wird die Verlustbeteiligung als wesentliches Merkmal der Einlage gegenüber dem Darlehen ins Feld geführt[50].Vereinzelt wird sogar vertreten, eine Verlustbeteiligung sei Wesensmerkmal der Einlage und mit dem Begriff des Darlehens unvereinbar[51].

Dabei wird im Schrifttum nicht immer hinreichend klar, was unter Verlustbeteiligung zu verstehen ist.

Einigkeit besteht darüber, daß Eigenkapital (aus Sicht des Kommanditisten die Einlage) der Gesellschaft durch Verluste unmittelbar gemindert wird[52]. D. h. Verluste der KG mindern unmittelbar den Kapitalanteil, er ist nicht mehr soviel wert wie zuvor. Würde in diesem Zeitpunkt eine Liquidation stattfinden, erhielte der Gesellschafter entsprechend weniger ausbezahlt. Genau das ist beim Fremd-

---

[46] *Hueck*, (OHG), § 29 II 5 (S. 453); *K. Schmidt*, § 50 IV 1 (S. 1214); Jaeger-*Weber*, §§ 209, 210 Anm. 26 (S. 772); *Westermann I*, Rdnr. 439.

[47] Für die nachrangige Befriedigung im Konkurs vgl. BGHZ 69, 274 (280); *Huber*, (Vermögensanteil) S. 250; *Kuhn/Uhlenbruck*, § 209 Rdnr. 64; *Leffson-Rückle-Großfeld*, S. 125; *K. Schmidt*, (Einlage und Haftung), S. 141; GK (3) - *Ulmer*, § 131 Anm. 61; Jaeger-*Weber* §§ 209, 210 Anm. 26 (S. 772).

[48] *Huber*, (Vermögensanteil) S. 250; *K. Schmidt*, § 18 II 2b (S. 419).

[49] Vgl. insb. BGH NJW 1981, 2251 (2252).

[50] Vgl. nur *Huber*, (Vermögensanteil), S. 248; *K. Schmidt*, (Einlage und Haftung), S. 82; *Sudhoff-Sudhoff*, DB 1982, 1238; ähnlich *Mundry*, (Darlehen und stille Einlagen), S. 12.

[51] *Huber*, (Vermögensanteil), S. 248.

[52] Vgl. *Mundry*, (Darlehen und stille Einlagen) S. 11; *K. Schmidt*, § 18 II 2b (S. 419); *Schneider*, DB 1987, 185 (187).

kapital (Darlehen/stille Einlage) nicht der Fall, hier erhält der Darlehensgeber den ganzen Betrag ausbezahlt, solange die Gesellschaft bezahlen kann.

Scheint auch die Verlustbeteiligung ein klares Abgrenzungskriterium zu sein, verwischen sich die Abgrenzungslinien, wenn man Fälle berücksichtigt, in denen einem Kommanditisten intern ein Ausgleich für erlittene Verluste der Gesellschaft versprochen wird[53] oder in denen sich ein Darlehensgeber zur Teilnahme am Verlust verpflichtet[54].Hier scheint das typische Merkmal der Verlustbeteiligung bei der Einlage zu fehlen und beim Darlehen hinzugefügt worden sein.

Doch ist zu bedenken, daß es sich in diesen Fällen nur um schuldrechtliche Abreden handelt. Wenn also der Kommanditist intern für die Verluste einen Ausgleich erhalten soll, ändert das nichts an der Tatsache, daß das Kapital, das er ursprünglich als Einlage zur Verfügung gestellt hat, durch Verluste der KG angegriffen worden ist. Der nachträgliche Ausgleich geschieht unabhängig davon und soll auch nur dann erfolgen, wenn die Gesellschaftsgläubiger vorher befriedigt wurden[55].

Demzufolge ist auch umgekehrt für die Abgrenzung -Darlehen/Einlage- unerheblich, wenn den Darlehensgläubiger (oder den Gläubiger einer stillen Einlage[56]) eine Verlusttragungspflicht trifft, da diese lediglich schuldrechtlicher Natur sein kann und die Einordnung von Darlehen und stiller Einlage als Fremdkapital nicht berührt[57]. Darlehen und stille Einlage werden ja gerade nicht als Eigenkapital in das haftende Gesellschaftsvermögen eingebunden und vermindern sich durch Verluste nicht unmittelbar.

Damit wäre die unmittelbare Verminderung der regulären Einlage durch Gesellschaftsverluste ein weiteres typisches Abgrenzungsmerkmal gegenüber Darlehen und stiller Einlage.

Doch ist die unmittelbare Verlustbeteiligung kein notwendiges Merkmal, um Fremdkapital wie Eigenkapital behandeln zu können. Das ergibt sich aus folgenden Überlegungen: Wenn ein Darlehen (eine stille Einlage) vorrangig der Gläubigerbefriedigung zu dienen hat, d.h. in einer Liquidation bzw. in einem Konkursverfahren zuerst die Forderungen der übrigen Gesellschaftsgläubiger zu befriedigen sind, bevor Darlehen oder stille Einlage zurückgezahlt werden können, dann hat dies im Ergebnis die gleichen Auswirkungen für den Kommanditisten wie eine unmittelbare

---

[53] Vgl. *Mundry*, (Darlehen und stille Einlagen) S. 12.

[54] *Huber*, (Vermögensanteil), S. 249.

[55] *Mundry*, (Darlehen und stille Einlagen) S. 12; siehe auch *Sieker*, (Eigenkapital), S. 29 ff. (31).

[56] Im folgenden wird die stille Einlage dem Darlehen gleichgestellt; vgl. zur Kreditfunktion der stillen Einlage *K. Schmidt*, ZHR 140, 475 ff.

[57] *Mundry*, (Darlehn und stille Einlage) S. 12; anders wohl *Huber*, der der stillen Einlage Eigenkapitalfunktion zusprechen will, (Vermögensanteil), S. 249.

Verminderung der Einlage durch Verluste. Damit ist v. a. das Merkmal der vorrangigen Befriedigung der Gesellschaftsgläubiger die für die Begründung der Eigenkapitaleigenschaft wesentliche Voraussetzung. Die unmittelbare Verminderung der Einlage durch Verluste mag dann noch typisches, aber nicht mehr wesentliches Merkmal der Einlage sein. Der Unterschied zwischen Eigen- und Fremdkapital ist in solchen Fällen (d. h. mit der Gemeinsamkeit der vorrangigen Befriedigung der Gesellschaftsgläubiger) v.a. nur noch bilanzieller Art.

Damit ist unbegrenzte Zurverfügungstellung, verbunden mit der vorrangigen Befriedigung der Gesellschaftsgläubiger, (Merkmal 1) (oben aa) notwendiges, die unmittelbare Verminderung durch Verluste (Merkmal 2) (bb) nur typisches Abgrenzungsmerkmal für die Einlage gegenüber dem Darlehen und der stillen Einlage.

Leistungen auf ein Darlehen, das Merkmal 1 und Merkmal 2 erfüllt, sind dann bei entsprechender Vertragsgestaltung als Leistungen auf die Einlage zu verstehen und führen zur Haftungsbefreiung nach § 171 I 2. Hs. HGB. Solche Leistungen sind ganz reguläre Kommanditeinlagen. Zuwendungen, die nur Merkmal 1 erfüllen, können als Darlehen oder stille Einlagen Einlagefunktionen haben und sind als Leistung „auf die Einlage" nach § 171 I 2. Hs. HGB bei Vorliegen von Indizien für einen entsprechenden Leistungswillen des Kommanditisten als Einlage anzusehen. Trotz Bezeichnung dieses beweglichen Teils der Einlage als Darlehen oder stille Einlage handelt es sich hier um eine Einlage iSv § 171 I 2. Hs. HGB, eine Einlage 2.Klasse oder auch bewegliche Einlage. Die hier so genannte Einlage 1. Klasse unterscheidet sich von der Einlage 2. Klasse dann nur durch das Merkmal 2 (unmittelbare Minderung durch Verluste).

Der scheinbar schizophrene Leistungswille des Kommanditisten ist damit als eindeutiger Wille als Leistung „auf die Einlage" zu verstehen. Dieses Ergebnis hält an der Vertragstheorie und der Akzessorietät von Außenhaftung und Einlageverbindlichkeit fest.

d) Anwendung des gewonnenen Ergebnisses auf die einfachgesetzliche KG

Es ist kein Grund ersichtlich, das ermittelte Ergebnis anhand des „falsa demonstratio"-Satzes und materieller Kriterien für den beweglichen Teil der Einlage nicht auf jede Form der KG anzuwenden. Dafür spricht schon, daß die gesplittete Einlage keineswegs nur bei der Publikums-KG auftreten kann, sondern ein Phänomen jeder Art von Gesellschaft sein kann, unabhängig von Rechtsform und speziellem Erscheinungsbild[58].

---

[58] Vgl. dazu *K. Schmidt*, GmbHR 1986, 337 ff.; *ders.*, ZHR 147, 165 (171 ff.); *ders.*; § 18 III 4b (S. 432); *ders.*, (FS Goredeler), S. 487 (503 f.); *ders.*, JZ 1985, 301 (304); *ders.*, AG 1984, 12 (13), der sich allgemein für die Bildung rechtsformübergreifender Institutionen für die Behandlung von Krediten als Eigenkapital ausspricht.

Vorsicht geboten ist allerdings bei einer Übertragung der Bedenken der Rechtsprechung gegen die Anwendung der allgemeinen Grundsätze über gesplittete Einlagen bei der einfachgesetzlichen KG[59]. Hier geht es nämlich nicht um eine Anwendung der allg. Grundsätze über gesplittete Kommanditeinlagen, sondern lediglich um die Vereinbarkeit der Anrechnung von Fremdkapitalleistungen auf die Haftsumme mit der Vertragstheorie. Insofern sind die Bedenken der Rechtsprechung nur bedingt übertragbar.

Trotzdem ist der Judikatur des BGH neuerdings eine deutliche Tendenz zur rechtsformübergreifenden Betrachtung des Problems gesplitteter Einlagen zu entnehmen[60], so daß auch von dieser Seite kaum mehr Bedenken gegen die Anwendung der oben gewonnenen Ergebnisse auf jede Erscheinungsform der KG bestehen dürften.

e) Ergebnis

Von dem Grundsatz der Nichtanwendbarkeit des § 171 I 2. Hs. HGB auf Darlehensleistungen/stille Einlagen muß keine Ausnahme gemacht werden. Darlehen/stille Einlagen werden nicht „auf die Einlage" geleistet und führen nach der Vertragstheorie nicht zu einer Haftungsbefreiung nach § 171 I 2. Hs. HGB.

Der Darlehensteil/stille Teil einer gesplitteten Kommanditeinlage ist kein Darlehen/stille Einlage im obigen Sinne, sondern eine bewegliche Einlage, eine Einlage 2.Klasse ohne das Merkmal der unmittelbaren Minderung durch Verluste. Die Bezeichnung Darlehen/stille Einlage ist nach dem Satz „falsa demonstratio non nocet" als bewegliche Einlage zu verstehen. Insofern besteht ein Wille des Kommanditisten „auf die Einlage" zu leisten, § 171 I 2. Hs. HGB.

3. Die Unterbewertung von Sacheinlagen sowie das Stehenlassen von Gewinnen

Ebenfalls in Zusammenhang mit dem Prinzip der Einlagenaufbringung steht die Problematik der Unterbewertung von Sacheinlagen sowie die Frage nach der rechtlichen Bewertung des Stehenlassens von Gewinnen. Hier ist zu überlegen, ob der „überschießende" Wert der Sacheinlage oder der nicht entnommene Gewinn „auf die Einlage" gem. § 171 I 1.Hs. HGB geleistet ist. Das ist deshalb problematisch, weil der Umfang der Haftungsbefreiung nach § 171 I 2. Hs. HGB akzesso-

---

[59] Vgl. die bisher ständige Rechtsprechung zu gesplitteten Kommanditeinlagen, die sich nur auf die Publikums-KG bezog und in BGHZ 104, 33 (39) auf die GmbH & Co. KG ausgedehnt wurde. Bisher existiert aber noch keine ausdr. Stellungnahme der Rechtsprechung zu einer Anwendung der Grundsätze über gesplittete Einlagen auf die einfachgesetzliche KG.

[60] Vgl. BGHZ 104, 33 (39).

risch zur Höhe der Tilgung der Einlageverbindlichkeit ist und somit § 171 I 2. Hs. HGB nur insoweit eingreift, als der Kommanditist eine Einlageverbindlichkeit tilgt.

a) Unterbewertung der Sacheinlage

aa) Vertragstheorie

Zur Einführung in die Thematik soll folgender *Beispielsfall 5* vorangestellt werden,

> in dem ein Kommanditist ein mit 50.000.- bewertetes Grundstück bei einer Haftsumme von 100.000.- in die KG einbringt, dessen objektiver Verkehrswert aber bei 100.000.- liegt.

Hier fragt sich natürlich, ob die Haftungsbefreiung nach § 171 I1.Hs. HGB in voller Höhe von 100.000.- eintritt oder ob dies nur für den halben Betrag gelten kann.

Die Rechtsprechung und der überwiegende Teil der Literatur halten allein den wahren Wert der Sacheinlage für ausschlaggebend für die Haftungsbefreiung[61].

Das mag auf den ersten Blick einleuchten. Es liegt nahe, auf den obj. Wert der Zuführung von Vermögen an die KG abzustellen, weil der Kommmanditist wohl in genau dieser Höhe die Haftungsbasis der KG vergrößert. Außerdem kennt man die anscheinend sehr verwandte Problematik der Überbewertung von Sacheinlagen, bei der sich das Ausmaß der Haftungsbefreiung nach § 171 I 2. Hs. HGB ebenfalls an dem objektiven Wert der Einlagen orientieren soll[62].

Doch ist die Ähnlichkeit der Problematik der Überbewertung mit derjenigen der Unterbewertung von Sacheinlagen nur gering ausgeprägt.

Während es dort um die Korrektur einer „zu hohen" Einlagebewertung im Hinblick auf § 171 I 2. Hs. HGB geht (d.h. Verrechnungstheorie als Korrektiv), ist bei der Unterbewertung der Sacheinlage fraglich, ob Haftungsbefreiung auch unabhängig von einem konkreten Tilgungswillen (in *Beispielsfall 5* Tilgungswille nur in Höhe von 50.000.-) bzgl. der Einlageverbindlichkeit (in *Beispielsfall 5* 100.000,-) eintreten kann.

Nimmt man die Vertragstheorie aber ernst, kann Haftungsbefreiung nach § 171 I 1.Hs. HGB nur soweit erfolgen, als intern die Einlageverbindlichkeit getilgt

---

[61] RGZ 150, 163 (166); BGHZ 39, 319 (329) = NJW 1963, 1773; *Baumbach/Duden/Hopt*, § 171 Anm. 2A; *Felix*, NJW 1973, 491 ff.; *Furrer*, S. 209 ff.; *Ritter*, § 171 Anm. 3c; GK (3) - *Schilling*, § 171 Anm. 13; RGRK-*Weipert*, § 171 Anm. 13 (S.623); *Westermann I*, Rdnr. 925.

[62] Vgl. unten IV. 1. a) cc).

wird. Wie oben bereits herausgearbeitet wurde, ist das Erlöschen der Außenhaftung von der Einlage abhängig.

Deshalb kann man im Fall der Unterbewertung der Sacheinlage v.a. mit *K. Schmidt* von einer Beseitigung der Haftung des beschränkt haftenden Gesellschafters nur in Höhe der intern getilgten Einlageverbindlichkeit ausgehen[63]. In *Beispielsfall 5* würde die Haftung in Höhe von 50.000 erlöschen. Das ist eigentlich naheliegend, wenn man sich vor Augen hält, daß KG und Kommanditist nur in dieser Höhe eine Verbindlichkeit tilgen wollten.

Auch bilanziell darf sich nichts anderes ergeben, weil die Einlage nur in Höhe der internen Vereinbarung als solche in der Bilanz erscheint. Der überschießende Wert wird entweder gar nicht verbucht (so im Fall der stillen Reserve), oder erscheint als Gründungsgewinn für die Gesellschafter o.ä.[64].

bb) Erhöhung der Haftsumme

In der Literatur wird teilweise angenommen, eine Vereinbarung über die Unterbewertung einer Sacheinlage könne als Erhöhung der Haftsumme ausgelegt werden[65]. Der überschießende Betrag gelte dann als auf die Haftsumme geleistet und könne den Gläubigern entgegengehalten werden[66]. Dafür wird teilweise sogar eine Eintragung in das Handelsregister für entbehrlich gehalten, wenn nur eine Mitteilung gegenüber den Gesellschaftsgläubigern erfolgt (vgl. § 172 II HGB)[67]. Das zeigt, daß man eine Leistung nur auf die noch nicht erreichte Haftsumme auch ohne entsprechende interne Einlageverbindlichkeit für möglich hält. Hier eröffnet sich eine direkte Parallele zur A.III.4. erörterten Problematik der Leistung „auf die Haftung". Dort wurde die Möglichkeit einer Haftungsbefreiung nach § 171 I 2. Hs. HGB unabhängig von einer internen Einlageverbindlichkeit mit dem Hinweis auf die Akzessorietät von Einlageverbindlichkeit und Außenhaftung abgelehnt. Ohne daß oben A.III.4. der Begriff der Vertragstheorie erwähnt wurde, paßte das dort entwickelte Konzept schon direkt zu den Anforderungen der Vertragstheorie.

Mit den Fällen der „Erhöhung der Haftsumme" werden aber nur solche Konstellationen gemeint sein, in denen die Haftsumme erschöpft ist und gleichzeitig eine

---

[63] *K. Schmidt*, (Einlage und Haftung), S. 41 f.;ebenso im Ergebnis Düringer/Hachenburg-*Flechtheim*, § 171 Anm. 5; *Huber*, (Vermögensanteil), S. 212.

[64] *Huber*, (Vermögensanteil), S. 211.

[65] *Baumbach/Duden/Hopt*, § 171 Anm. 2A; *Felix*, NJW 1973, 491 f.; GK (3) - *Schilling* § 171 Anm. 13; *Westermann I*, Rdnr. 925.

[66] *Felix*, NJW 1973, 491.

[67] So wohl *Baumbach/Duden/Hopt*, § 171 Anm. 2A; a.A. (Eintragung nach § 172 II HGB grds. erforderlich) GK (3) - *Schilling*, § 171 Anm. 13; *Westermann I*, Rdnr. 925.

Unterbewertung der Sacheinlage stattfindet (Beispiel: Kommanditist leistet auf Haftsumme und Einlage von 50.000.- ein mit 50.000.- bewertetes, in Wirklichkeit 100.000.- wertes Grundstück). Nur hier kann die Auslegung der Unterbewertungsvereinbarung als Erhöhung der Haftsumme interessant werden, nicht dagegen in Fällen wie *Beispielsfall 5*, in dem die Haftsumme noch gar nicht erreicht ist.

Trotzdem scheint es auch für die Autoren, die von einer Haftsummenerhöhung ausgehen, selbstverständlich zu sein, daß es bei Unterbewertung der Sacheinlage ausschließlich auf deren objektiven Wert für § 171 I 1.Hs. HGB ankommt[68]. Eine Einlageverbindlichkeit muß dafür weder vorhanden sein noch getilgt werden. Möglich ist nach dieser Ansicht eben auch eine Leistung „auf die Haftung". Damit stellt sich auch hier das Problem der Mißachtung der Vertragstheorie.

cc) Nachträgliche Setzung des Tilgungszwecks

Das Interessante an der Erörterung einer Erhöhung der Haftsumme ist, daß die Autoren offenbar eine nachträgliche Setzung des Tilgungszwecks für möglich halten. So muß man es auffassen, wenn man einen Vermögenswert, der ursprünglich als stille Reserve o.ä. geleistet wurde, nachträglich im Rahmen einer Haftsummenerhöhung für haftungsbefreiend hält.

Tatsächlich muß überlegt werden, ob man dem Kommanditisten bei der Unterbewertung der Sacheinlage nicht die nachträgliche Tilgungsbestimmung zur Angleichung des wahren Werts der Sacheinlage an den vereinbarten Wert ermöglichen kann. Dann wäre auch der überschießende Wert im Sinne der Vertragstheorie erbracht.

Das Problem der nachträglichen Setzung des Tilgungszwecks wird vor allem im Bereicherungsrecht erörtert[69]. Dort geht es vorwiegend um die Erbringung von Leistungen für Dritte, die der Leistende aber irrtümlich auf eine vermeintlich eigene Schuld hin erbringt. In diesen Fällen läßt der BGH eine nachträgliche Änderung der Tilgungsbestimmung auf eine Leistung an Dritte (§ 267 BGB) zu, wenn das mit den Interessen der Beteiligten vereinbar ist, und der Erbringer der Leistung diese mindestens auch für den wahren Schuldner tätigen wollte[70].

---

[68] Vgl. nur *Felix*, NJW 1973, 492.

[69] Vgl. hierzu den Streitstand:

a) Eine nachträgliche Änderung der Tilgungsbestimmung halten für möglich: BGH NJW 1964, 1898 (1899); 1983, 812 (813); 1986, 2700; *v. Caemmerer*, JZ 1962, 385 (386); *ders.*, (FS Dölle), S. 135 (148 ff.);*Ehmann*, NJW 1969, 398 (403); *Flume*, JZ 1962, 282; RGRK-*Heimann-Trosien*, § 812 Rdnr. 31; *Kaehler*, (Bereicherungsrecht und Vindikation), S. 80; *Reuter/Martinek*, (Unger. Bereicherung) § 44 II 3d; Jauernig-*Schlechtriem*, § 812 Anm. II 2d; *Thomä*, JZ 1962, 623 (627); *Zeiss*, AcP 165, 332 (337 f.)

b) a.A.: *Derleder*, AcP 169, 103 ff.; MüKo-*Lieb*, § 812 Rdnr. 31; Staudinger-*Lorenz*, § 812 Rdnr. 59; *Medicus*, (BR), Rdnr. 951; Erman-*H. P. Westermann*, § 812 Rdnr. 31.

Fraglich ist daher, wie sich diese Grundsätze auf die vorliegende Problematik übertragen lassen.

Dazu muß gleich zu Anfang eine Einschränkung auf die Fallgruppe der irrtümlichen Unterbewertung der Sacheinlage gemacht werden, da bei einvernehmlicher Unterbewertung eine feste (und richtige) Tilgungsbestimmung bereits getroffen worden ist (z.B. Halten als stille Reserve). Hier sind die Parteien (d. h. Kommanditist und KG) nicht schutzwürdig, da sie bewußt dem KG-Vermögen Werte als Einlage zur Verfügung stellen, die keine Haftungsbefreiung nach § 171 I 2. Hs. HGB auslösen sollen. Hier kann nachträglich keine Tilgungsbestimmung mehr gesetzt werden, die die bisherige Bewertung ändert.

Für die irrtümliche Unterbewertung ist die Situation aber sehr vergleichbar (d. h. die Parteien gehen fälschlicherweise von einem niedrigeren Wert der Einlage aus). Hier existiert kein Dritter, der aufgrund nachträglicher Setzung der Tilgungsbestimmung der Gefahr eines bereicherungsrechtlichen Rückgriffs ausgesetzt ist. Das spricht hier mehr noch als im Bereicherungsrecht für die nachträgliche Setzung des Tilgungszwecks bzgl. des „überschießenden“ Teils der Sacheinlage. Im Rahmen einer Interessenabwägung sind allenfalls die Belange der Gesellschaftsgläubiger in Rechnung zu stellen. Auch diese sind aber nicht unbedingt durch einen solchen Vorgang benachteiligt, da ihnen nach Änderung der Tilgungsbestimmung nicht weniger Kapital zur Verfügung steht, das als Einlage in das Gesellschaftsvermögen eingebunden ist. Auch § 172 III HGB spricht eine gegen eine nachträgliche Tilgungsbestimmung (man könnte in dem Vorgang einen Erlaß der noch bestehenden Einlageverbindlichkeit gegenüber dem Kommanditisten sehen), da für Kapitalaufbringung bereits durch Einbindung der Sacheinlage in das Gesellschaftsvermögen in Höhe ihres objektiven Werts gesorgt ist. Hier ist der Kommanditist schutzwürdiger als die Gesellschaftsgläubiger, da er sich durch die Unterbewertung unwissentlich der Situation aussetzt, für Kapitalaufbringung bei der KG zwar schon gesorgt zu haben, gleichzeitig aber den Gesellschaftsgläubigern zu haften.

Somit spricht auch von dieser Seite nichts dagegen, den überschießenden Betrag bei einer zu niedrig bewerteten Sacheinlage als auf die Einlage geleistet anzusehen.

Dann wird eine Harmonisierung mit der Vertragtheorie hergestellt. Bei fehlender Einlageverbindlichkeit kommt hier zudem die nachträgliche Vereinbarung einer solchen im Gesellschaftsvertrag in Betracht.

Für die verbleibenden Fälle nicht-irrtümlicher Unterbewertung muß es dagegen bei einer Haftungsbefreiung nur in Höhe des vereinbarten Wertes bleiben.

---

[70] BGH NJW 1986, 2700 (2701).

b) Stehenlassen von Gewinnen

Das Stehenlassen von Gewinnen kann ebenfalls Einlageleistung sein, solange es sich nicht um solche Beträge handelt, die ein beschränkt haftender Gesellschafter nach § 172 IV 2 HGB stehenlassen muß[71]. Auch hier wird man es dem Kommanditisten gestatten können, nachträglich den Tilgungszweck Einlageleistung zu setzen. Nur unter diesen Bedingungen werden die Erfordernisse der Vertragstheorie eingehalten.

c) Ergebnis

Vermögenswerte des Kommanditisten, die ohne die Tilgungsbestimmung „Leistung auf die Einlage" in das KG-Vermögen gelangt sind, führen nicht zu einer Haftungsbefreiung nach § 171 I 2. Hs. HGB (z.B. überbewertete Sacheinlagen, nicht entnommene Gewinne). Das verbietet die Vertragstheorie.

Wenn diesen Leistungen des Kommanditisten aber jegliche Tilgungsbestimmung wegen irrtümlicher Unterbewertung der Sacheinlage oder Stehenlassen von Gewinnen fehlt, dann kann der Kommanditist nachträglich die Tilgungsbestimmung setzen und so die Haftungsbefreiung nach § 171 I 2. Hs. HGB erlangen.

4. Zusammenfassung zu III.

Eine Leistung „auf die Einlage" im Sinne der Vertragstheorie ist notwendig für eine Haftungsbefreiung im Sinne des § 171 I 2. Hs. HGB. Das kann fast als allgemeine Auffassung angesehen werden und wird auch hier zugrundegelegt. Trotzdem weicht die h.M. vereinzelt davon ab, die Vertragstheorie streng durchzuhalten. Hierfür besteht kein Anlaß, wie gerade bei der Unterbewertung von Sacheinlagen gezeigt wurde. Eine Leistung auf die interne Einlageverbindlichkeit ist daher ausnahmslos Voraussetzung für § 171 I 2. Hs. HGB. Wie das Prinzip der Einlageaufbringung durch das der Kapitalaufbringung zu ergänzen ist, wird im nächsten Kapitel dargelegt.

IV. Die Kapitalaufbringung

Neben dem Prinzip der Einlageaufbringung wird bei § 171 I 2. Hs. HGB das Prinzip der Kapitalaufbringung erörtert. Dabei geht es um die Frage, inwieweit der Kommanditist tatsächlich Vermögenswerte zuführen muß, um Haftungsbefreiung

[71] Vgl. *K. Schmidt*, (Einlage und Haftung), S. 41; *Westermann I*, Rdnr. 921.

zu erlangen. Mit dem Kapitalaufbringungsprinzip wird also ein rechnerischer Vergleich zwischen der Vermögenslage der KG vor und nach der Einlageleistung durchgeführt und daraus die Höhe der Haftungsbefreiung nach § 171 I 2. Hs. HGB ermittelt. Nach verbreiteter Auffassung soll das Prinzip der Kapitalaufbringung neben den Grundsatz der Einlageaufbringung treten, § 171 I 2. Hs. HGB also nur zum Zuge kommen, wenn beide Prinzipien erfüllt sind[1]. Das führt zu einer Kombination von Vertrags- und Verrechnungstheorie, erfordert neben der Leistung „auf die Einlage" auch eine tatsächliche Mittelzuführung an die KG.

Die begriffliche Anlehnung an das Recht der Kapitalgesellschaften erfordert aber eine Klärung und Abgrenzung, was das Kapitalaufbringungsprinzip bei der KG beinhalten soll, bzw. ob es überhaupt existieren kann[2]. Sodann ist die mögliche Reichweite des Kapitalaufbringungsprinzips zu untersuchen.

1. Die allgemeine Geltung des Kapitalaufbringungsprinzips

a) Kapitalaufbringungsprinzip in Rechtsprechung und Literatur

Ausgangspunkt der Erörterung ist eine terminologische Klärung des Begriffes Kapitalaufbringung. Diese Bezeichnung stammt aus dem Recht der Kapitalgesellschaften[3].

aa) Kapitalaufbringung bei GmbH und AG

Grund für die zentrale Stellung der Grundsätze über Kapitalaufbringung und -erhaltung bei GmbH und AG ist die fehlende persönliche Haftung der Gesellschafter und die alleinige Haftung der Gesellschaft selbst, §§ 13 II GmbHG, 1 AktG. Das führt aus Gläubigerschutzgesichtspunkten zu einem verstärkten Bedürfnis nach der Sicherung eines Kapitalsockels in der Gesellschaft.

In GmbH und AG wird deshalb ein bestimmtes Mindestkapital vorgeschrieben, §§ 5 I GmbHG, 7 AktG. Die Aufbringung dieses Kapitals wird u.a. durch ein grundsätzliches Verbot von Stundung, Erlaß und Aufrechnung gesichert, §§ 19 II GmbHG, 66 I AktG. Weiterhin der Sicherung der Aufbringung des Kapitals dient das Kaduzierungsverfahren nach §§ 21-25 GmbHG. Das Kapital von GmbH und AG soll erhalten bleiben durch Rückzahlungsverbote, die bei § 30 GmbHG das Stammkapital, bei § 57 AktG das gesamte Kapital betreffen und mit gesellschaftlichen Rückgewähransprüchen bewehrt sind, § 31 GmbHG und § 62 AktG.

---

[1] Vgl. insb. Schlegelberger (5) - *K. Schmidt* §§ 171, 172 Rdnr. 46; *ders.*, § 54 II 1 (S. 1301).

[2] Vgl. die Kritik bei *Müßigbrodt*, (Aufrechnung), S. 61 ff.

[3] Vgl. *Müßigbrodt*, (Aufrechnung), S. 61.

Dieser Überblick zeigt, daß Kapitalaufbringungs- und erhaltungsgarantie im Recht der Kapitalgesellschaften die Sicherung eines bestimmten Kapitals bedeutet. Das Kapital wird mit Hilfe von zwingenden Vorschriften und möglichen Sanktionen aufgebracht.

bb) Grundstruktur der KG

Die KG dagegen ist Personengesellschaft, deren Kredit durch die persönliche Haftung der Gesellschafter, d.h. insbesondere der Komplementäre, gebildet wird.

Diese grundsätzliche Einordnung verwehrt scheinbar ein Kapitalaufbringungsprinzip, auf den ersten Eindruck erscheint ein solches als Fremdkörper im Recht der KG.

Dabei darf aber nicht vergessen werden, daß die KG durch die Kommanditisten eine den Kapitalgesellschaften ähnliche Struktur erhält[4]. Zum einen hat der Kommanditist nämlich die Möglichkeit der summenmäßigen Haftungsbeschränkung, zum anderen kann diese Haftung durch Leistung einer Einlage in Höhe der Haftsumme ausgeschlossen werden. Das führt zu einem Fortfall jeglicher persönlicher Haftung des Kommanditisten[5], die durch eine effektive Vermehrung des Gesellschaftsvermögens erkauft wird. Das ist genau das, was auch die Kapitalgesellschaften auszeichnet, in denen persönliche Haftung durch die Aufbringung von Mitteln in das Gesellschaftsvermögen ersetzt wird. Insoweit hat die KG zumindest Ähnlichkeiten mit Kapitalgesellschaften, die den Kapitalaufbringungsgrundsatz näher bringen.

cc) Rechtsprechung und Literatur zum Kapitalaufbringungsgrundsatz

Die Bezeichnung Kapitalaufbringungsgarantie geht auf *K.Schmidt* zurück[6], der wiederum an das von *Wiedemann* geprägte Prinzip der obj. Vermögensdeckung anknüpft[7]. Kapitalaufpringungsprinzip und obj. Vermögensdeckung sind dabei zwei verschiedene Ausdrücke für ein und denselben Gedanken, nämlich den, einen der eingetragenen Haftsumme wertmäßig wirklich entsprechenden Beitrag zu leisten[8]. Die Existenz einer Kapitalaufbringungsgarantie bei § 171 I 2. Hs.

---

[4] Vgl. nur die kapitalistisch geprägten Sonderformen der KG, Publikums-KG und GmbH & Co.KG.

[5] Vom Sonderfall der sog. Durchgriffshaftung wird hier abgesehen vgl. dazu BGHZ 45, 204 = NJW 1966, 1309; *Hopt/Hehl*, Rdnr. 712 ff.

[6] Vgl. insb. (Einlage und Haftung), S. 26 f.; *ders*, ZGR 1976, 318 ff.

[7] (FS Bärmann), S. 1037 (1038).

[8] *Wiedemann*, (FS Bärmann) S. 1037 (1038).

HGB wird in Rechtsprechung und Literatur beinahe einhellig anerkannt[9] und nur vereinzelt abgelehnt[10].

Dabei wird vielfach betont, daß es sich bei dem KG-rechtlichen Kapitalaufbringungsprinzip nicht um ein kapitalgesellschaftliches Element handle, nach dem eine bestimmte Summe garantiert sei[11]. Vielmehr besagt das Prinzip, daß Haftungsbefreiung nach § 171 I 2. Hs. HGB nur in Höhe des obj.Wertes des Geleisteten eintreten kann[12]. Ein wichtiger Anwendungsbereich für das Kapitalaufbringungsprinzip der h.M. ist in der Überwertung von Sacheinlagen zu sehen. Sacheinlagen sind alle Vermögenswerte, die nicht in Geld bestehen, d.h. Sachen, Forderungen, auch die einzelnen Gegenstände eines Unternehmens etc.. Diese Sacheinlagen können für das Innenverhältnis (d.h. das Einlageverhältnis zwischen KG und Kommanditist) frei bewertet werden, was sich aus der Vertragsfreiheit ergibt. Wenn also ein Kommanditist einen LKW als Sacheinlage einbringt und dieser mit 10.000.- bewertet wird, erlischt die Einlageverbindlichkeit in dieser Höhe, auch wenn der LKW nur 8.000.- wert ist. Das Kapitalaufbringungsprinzip besagt nun, daß Haftungsbefreiung nach § 171 I 2. Hs. HGB (d.h.für das Außenverhältnis) nur in Höhe des obj. Wertes der Sacheinlage, d.h. im Beispiel in Höhe von 8.000.-, eintreten darf. Hier dominiert nicht die Vertragsfreiheit, sondern der Gläubigerschutz.

Woraus ergibt sich aber nun die Geltung des Kapitalaufbringungsprinzips?

b) Geltung des Kapitalaufbringungsprinzips

Die Geltung eines Kapitalaufbringungsgrundsatzes ergibt sich bei der KG nicht so direkt aus dem Gesetz wie bei GmbH und AG (siehe dazu oben). Trotzdem läßt sich erkennen, daß der Gesetzgeber die Vertragsfreiheit des Innenverhältnisses (die sich insbesondere in der freien Bewertung von Sacheinlagen zeigt) nicht auf das Außenverhältnis übertragen wollte, d.h., daß er Haftungsbefreiung nach § 171 I 2. Hs. HGB für den Kommanditisten nur in Höhe der tatsächlichen Wertzuführung in das Gesellschaftsvermögen eintreten lassen wollte.

Das ergibt sich vor allem aus § 172 III HGB, nach dem ein Erlaß oder eine Stundung der Einlageforderung den Gesellschaftsgläubigern gegenüber unwirksam

[9] Ausdr.: BGHZ 95, 188 (197); ebenso *Baumbach/Duden/Hopt*, § 171 Anm. 2A; Düringer/-Hachenburg-*Flechtheim*, § 171 Anm. 5; MüHdbuch-*Neubauer*, KG § 27 Rdnr. 21; GK (4) - *Schilling*, § 171 Rdnr. 15; Schlegelberger (5) - *K. Schmidt*, §§ 171, 172 Rdnr. 52 ff.; *Westermann I*, Rdnr. 925.

[10] *Müßigbrodt*, (Aufrechnung), S. 69 ff.

[11] BGHZ 95, 188 (197); Schlegelberger (5) - *K. Schmidt*, §§ 171, 172 Rdnr. 46; so aber *Müßigbrodt*, (Aufrechnung), S. 69 ff.

[12] BGHZ 95, 188 (197).

ist. Das soll heißen, daß Erlaß und Stundung zwar im Innenverhältnis wirksam sind, die Einlageforderung also erlischt bzw. deren Fälligkeit aufgeschoben wird; daß im Außenverhältnis die Haftung des Kommanditisten aber voll weiterbestehen muß, eben weil tatsächlich keine Werte in das Gesellschaftsvermögen geflossen sind. Erlaß und Stundung können als die Musterfälle angesehen werden, in denen der KG kein Vermögen zufließt, aber das Innenverhältnis abgewickelt wird. Somit wäre es naheliegend, hinter § 172 III HGB ein allgemeines Prinzip zu sehen, nach dem die Abwicklung des Innenverhältnisses (d.h. Erfüllung der Einlageforderung) nicht ausreicht, sondern tatsächliche Wertzuführung an das Gesellschaftsvermögen für die Haftungsbefreiung notwendig ist[13]. Das Erfordernis tatsächlicher Wertzuführung ergibt sich auch aus der Haftsumme (§ 172 I HGB, dort: Haftbetrag), die die Kommaditistenhaftung quantifiziert und wegen der Publizitätswirkung der Handelsregistereintragung auch verobjektiviert, d.h.letztlich auch obj.Wertdeckung verlangt. Deshalb wurde es schon in den Motiven des Gesetzgebers als Selbstverständlichkeit angesehen, daß eine Sacheinlage nur in Höhe ihres obj. Wertes zur Haftungsbefreiung nach § 171 I 2. Hs. HGB führen kann[14]. Somit kann aus § 172 III HGB, der Eintragung einer Haftsumme im Handelsregister und den Motiven des Gesetzgebers eine allgemeine Geltung des Kapitalaufbringungsgrundsatzes in der Form entnommen werden, nach der Haftungsbefreiung nur im Umfang obj. Wertdeckung eintreten kann.

An § 172 III HGB zeigt sich die unterschiedliche Funktionsweise der Kapitalaufbringung bei der KG und den Kapitalgesellschaften. Während z.B. § 19 II 1 GmbHG ein Verbot des Erlasses der Einlageforderung festlegt, erlaubt § 172 III HGB deren Erlaß, verwehrt aber die Befreiung von der Außenhaftung nach § 171 I 2. Hs. HGB. Das HGB arbeitet mit der Alternativität von Einlageleistung und Außenhaftung[15], wobei man natürlich auch die Außenhaftung des Kommanditisten als Sanktion zur Erbringung der Einlage verstehen könnte[16]. Trotzdem hat der Kapitalaufbringungsgrundsatz bei der KG nicht die Strenge, wie sie bei GmbH und AG vorherrscht. Daran zeigt sich der Charakter der KG als Personengesellschaft.

Nach der Anerkennung der allgemeinen Geltung eines Kapitalaufbringungsprinzips bleibt nun zu klären, welche Reichweite dieser Grundsatz hat.

c) Weiterer Gang der Untersuchung

Im folgenden wird die Reichweite des Kapitalaufbringungsgrundsatzes anhand einzelner Fallkonstellationen abgesteckt.

---

[13] So BGHZ 95, 188 (197).

[14] *Hahn/Mugdan*, S. 281.

[15] Vgl. *Müßigbrodt*, (Aufrechnung), S. 70; *K. Schmidt*, (Einlage und Haftung), S. 29.

[16] So *Wiedemann*, (FS Bärmann) S. 1037 (1038).

Es wird am Beispiel der Einbuchung untersucht, ob das Prinzip der Kapitalaufbringung auch Kapitalzuführung verlangt.

Im Zusammenhang mit der Problematik der sog. Nennwertaufrechnung wird sodann erörtert, ob der Kapitalaufbringungsgrundsatz die grundsätzlich geltende Regel der Forderungsaufrechnung zum Nennwert zugunsten eines Prinzips der Aufrechnung zum tatsächlichen Wert der Forderung durchbrechen kann.

Die zeitliche Geltung des Grundsatzes der Kapitalaufbringung ist schließlich das Thema, wenn der Frage nachgegangen wird, ob bei Umwandlung der Einlage eines Personengesellschafters in eine Kommanditeinlage der ursprüngliche Wert der Einlage oder der tatsächliche Wert im Zeitpunkt der Umwandlung maßgebend ist.

Mit Hilfe dieser Untersuchungen wird am Ende dieses Abschnitts die Reichweite des Kapitalaufbringungsgrundsatzes genau strukturiert.

2. Die Einbuchung als Einlageleistung

a) Die fehlende Kapitalzuführung durch die Einbuchung

Wurde eingangs erörtert, daß §§ 171,172 HGB die Kapitalaufbringung garantieren wollen, fragt sich nun, ob diese Garantie auch eine Kapitalzuführung erfassen soll.

Das zeigt sich am besten am Fall der Einbuchung der Kommanditeinlage. Dazu folgender *Beispielsfall 6*:

> Der Kommanditist einer KG zahlt seine Einlage nicht selbst, sondern bekommt vom Komplementär dessen Kapitalanteil in Höhe der Haftsumme übertragen.

Dieser Vorgang, gemeinhin als Einbuchung bezeichnet, wird für zulässig gehalten, und er soll für den Kommanditisten gemäß § 171 I 2. Hs. HGB haftungsbefreiende Wirkung haben.[17] Begründung dafür ist die freie Verfügbarkeit und fehlende Bindung des Kapitalanteils des Komplementärs, soweit das durch den Gesellschaftsvertrag oder das Entnahmerecht nach § 122 HGB gestattet ist[18].

Die Richtigkeit dieser allgemeinen Auffassung wird von *Steckhan* bestritten. Seiner Meinung nach macht auch das haftende Privatvermögen des Komplemen-

---

[17] So die ganz h.M.: BGHZ 93, 246, (250); OLG Düsseldorf GmbHR 1959, 114; OLG Köln OLGZ 1976, 306 (308); *Baumbach/Duden/Hopt*, § 171 Anm. 2A; *Huber*, (Vermögensanteil), S. 200 ff.; *Petzold*, DNotZ, 1975, 529 ff.; GK (4) - *Schilling*, § 171 Rdnr. 7; Schlegelberger (5) - *K. Schmidt*, §§ 171, 172 Rdnr. 44; *ders.*, (Einlage und Haftung), S. 36, 99; *Wagner*, S. 177 f.; *Westermann I*, Rdnr. 919; a.A.: *Steckhan*, DNotZ 1975, 69 ff.

[18] Vgl. OLG Köln OLGZ 1976, 306 (308); *K. Schmidt*, (Einlage und Haftung), S. 36; *Wagner* S. 178.

tärs die Kredit- und Haftungsbasis der Gesellschaft aus. Deshalb könne die Einbuchung zu Lasten des Komplementärvermögens nicht zur Haftungsbefreiung nach § 171 I 2. Hs. HGB führen, da nur eine Vermögensverschiebung (zwischen Komplementär und Kommanditist) stattfinde, die Kredit- und Haftungsbasis sich aber nicht um die Kommanditeinlage erhöhe[19].

Die Auffassung *Steckhans* basiert auf der Annahme, das Privatvermögen des Komplementärs bilde mit dem Gesellschaftsvermögen die Haftungsgrundlage der KG und sei daher ebenso in die gesetzliche Kapitalaufbringung nach § 171 I 2. Hs. HGB eingebunden. Diese Ansicht sieht sich vor allem durch die damalige höchstrichterliche Rechtsprechung bestätigt, die eine Zeitlang die vom Gesetz angelegte Trennung zwischen Gesellschaftsvermögen und Privatvermögen relativiert hat[20]. Daraus hat *Steckhan* geschlossen, die Judikatur wolle die rechtliche Trennung der Vermögensmassen ganz aufheben, soweit es um Fragen der Außenhaftung gehe[21]. Diese Annahme hat sich aber als unzutreffend erwiesen, da der BGH in der späteren Entscheidung BGHZ 93,246 ausdrücklich an der Trennung von Komplementär- und Gesellschaftsvermögen festgehalten und die Einbuchung beim Kommanditisten für haftungsbefreiend gehalten hat[22]. Schon von daher dürfte sich die Argumentation *Steckhans* weitgehend von selbst erledigt haben. Abgesehen davon legen §§ 171,172 HGB grundsätzlich nur eine Bindung des Gesellschaftsvermögens fest, Privatvermögen ist nach dem gesetzgeberischen Plan hiervon nicht erfaßt.

Für die Möglichkeit der Einbuchung des Kapitalanteils des Komplementärs spricht auch, daß § 171 I 2. Hs. HGB nicht festlegt, der Kommanditist habe die Einlage persönlich und aus eigenen Mitteln zu erbringen. Daher ist eine Einlageleistung durch Dritte nach § 267 BGB grundsätzlich möglich. Dritter kann dann auch ein Mitgesellschafter sein, z.B. ein Komplementär[23]. Letztlich kann es nichts mehr ausmachen, ob sich der Komplementär Gewinn auszahlen läßt und dann nach § 267 BGB als Einlage für den Kommanditisten leistet oder ob er den Gewinn stehenläßt und dem Kommanditisten als Kapitalanteil überweist.

Damit muß man die Einbuchung zugunsten des Kommanditisten für haftungsbefreiend halten.

---

[19] *Steckhan*, DNotZ 1974, 69 (71 f.).

[20] Vgl. insb. BGHZ 61, 149 ff.

[21] *Steckhan*, DNotZ 1974, 69 (75 ff.).

[22] BGHZ 93, 246 (250).

[23] *Huber*, (Vermögensanteil), S. 200 ff.

b) Ergebnis

Hieran und an dem ebenfalls haftungsbefreienden Stehenlassen von Gewinnen[24] zeigt sich, daß Kapitalaufbringungsgarantie bei der KG nur die Sicherung der gesellschaftlichen Einbindung eines bestimmten Kapitals bedeutet, nicht die Garantie einer Kapitalzuführung[25]

3. Einlageerbringung durch Aufrechnung

a) Einführung in die Thematik

aa) Ausgangsposition

Nachdem im vorausgegangenen Kapitel festgestellt wurde, daß der Grundsatz der Kapitalaufbringung nicht Garantie einer Kapitalzuführung bedeutet, soll im folgenden die Reichweite des Kapitalaufbringungsprinzips ermittelt werden. Dazu wird die haftungsbefreiende Wirkung einer Aufrechnung des Kommanditisten mit Forderungen aus Umsatzgeschäften oder Sozialverbindlichkeiten gegen die Einlageforderung der Gesellschaft untersucht.

Vorweg sei gesagt, daß die rechtliche Zulässigkeit der haftungsbefreienden Aufrechnung gegen die Einlageforderung der KG als unproblematisch gilt und allgemein befürwortet wird[26]. Das überrascht nicht, da das Recht der KG nicht mit Sanktionen arbeitet (wie das GmbHG oder das AktG), sondern mit der Versagung der Haftungsbefreiung für den Kommanditisten (siehe oben 1.).

Dann liegt es nahe, daß vielmehr die haftungsausschließende Wirkung der Aufrechnung nach § 171 I 2. Hs. HGB problematisch sein kann, wenn die Aufrechnung nicht zu einer tatsächlichen Vermögensmehrung im KG-Vermögen in Höhe der Haftsumme führt (möglich bei wertloser Gegenforderung gegen die KG). Es fragt sich dann, ob Haftungsbefreiung in Höhe des Forderungsnennwertes eintritt oder ob der Wert der Gegenforderung nach Sacheinlagegrundsätzen zu veranschlagen ist. Mit dieser Problematik will sich die folgende Untersuchung befassen.

---

[24] Vgl. *Petzold*, DNotZ 1975, 529 (534).

[25] *K. Schmidt*, (Einlage und Haftung), S. 36.

[26] a) Rechtsprechung: RG Gruchot 26, 718 (vgl. auch RGZ 17, 37 (40); RG Gruchot 49, 977 (978); RGZ 63, 265 ff.; BGHZ 51, 391 (393); 95, 188 (195)
b) Literatur: *Baumbach/Duden/Hopt*, § 171 Anm. 2B; Schlegelberger (4) - *Geßler*, § 171 Rdnr. 15; *Müßigbrodt*, (Aufrechnung) S. 27; Schlegelberger (5) - *K. Schmidt*, §§ 171, 172 Rdnr. 57; *Westermann I*, Rdnr. 923; *Wiedemann*, (FS Bärmann), 1037 (1042).

bb) Einführender Beispielsfall

Die Problematik läßt sich mit folgendem *Beispielsfall 7* verdeutlichen:

Kommanditist K hat gegenüber der KG eine Einlageverbindlichkeit in Höhe von 10.000.- und ist mit dieser Summe auch im Handelsregister eingetragen. Im Laufe seiner Mitgliedschaft erwirbt er aus einer Warenlieferung an die KG eine Kaufpreisforderung in Höhe von 10.000.-. K möchte nun seine noch bestehende Einlageverbindlichkeit durch Aufrechnung mit der Kaufpreisforderung tilgen und sich dadurch in voller Höhe von der Außenhaftung befreien.

Die KG befindet sich aber im Zeitpunkt der Aufrechnung in einer wirtschaftlich schwierigen Lage (allerdings vor Konkursreife) und könnte die Kaufpreisforderung nur in Höhe von 2.000.- erfüllen.

Soll nun in Höhe des geringeren realen Wertes der Gegenforderung von 2.000.- oder in Höhe des Nennwertes der Kaufpreisforderung (10.000.-) Haftungsbefreiung nach § 171 I 2. Hs. HGB eintreten ?

cc) Allgemeine Gültigkeit des Prinzips der Kapitalaufbringung

Zur Ermittlung der Höhe der Haftungsbefreiung ist hier zunächst die allgemeine Gültigkeit des Prinzips der Kapitalaufbringung bei der Aufrechnung gegen eine KG herauszuarbeiten.

Wie oben schon erörtert, kann Kapitalaufbringung bei der KG nicht wie bei GmbH und AG den Zwang zur Aufbringung eines bestimmten Kapitals bedeuten, da die Zurverfügungstellung von Mitteln an die Gesellschaft bei der KG frei ist, und die fehlende Aufbringung dieser Mittel für den Kommanditisten „nur" das Fortbestehen der Außenhaftung gemäß § 171 I 1.Hs. HGB nach sich ziehen kann. Das Haftungssystem ist anders als bei den Kapitalgesellschaften GmbH und AG, die keine persönliche Haftung der Gesellschafter kennen und daher auf eine (notfalls zwangsweise) Finanzierung des einzig haftenden Rechtssubjekts Gesellschaft durch ihre Gesellschafter angewiesen sind. Wegen dieses fehlenden Zwanges zur Kapitalaufbringung im Recht der KG ist es nur folgerichtig, daß kein Verbot der Einlageleistung durch Aufrechnung besteht, wie es § 19 II 2 GmbH und § 66 I 2 AktG vorsehen. Nach völlig unumstrittener Auffassung ist daher die Aufrechnung des Kommanditisten gegen die Einlageforderung (bzw. die Aufrechnung der KG mit der Einlageforderung) zulässig[27].

Die Zulässigkeit der Aufrechnung ist auch nicht das Problem, das im Hinblick auf § 171 I 2. Hs. HGB entstehen kann.

---

[27] s. Fn. 26.

Die Kernfrage liegt vielmehr darin, in welcher Höhe nach § 171 I 2. Hs. HGB Haftungsbefreiung eintreten kann, wenn die Forderung, mit der der Kommanditist gegen die Einlageforderung aufrechnet, z.B. wegen Vermögenslosigkeit der KG nicht mehr vollwertig ist, oder wenn die Aufrechnung aus anderen Gründen nicht zu einer Vermögenszufuhr an die KG in Höhe des Forderungsnennwertes führt.

Zur Lösung dieser Frage stehen sich zwei verschiedene Lösungsansätze einander gegenüber, die zumeist mit gewissen Abweichungen zugunsten des jeweils anderen Ansatzes in Rechsprechung und Literatur vertreten werden:

Auf der einen Seite findet sich das Prinzip der Nennwertaufrechung, nach dem auch in den hier interessierenden problematischen Fällen Haftungsbefreiung nach § 171 I 2. Hs. HGB immer in Höhe des Forderungsnennwertes eintreten soll[28]. Diese Ansicht war herrschend, bis sich die höchstrichterliche Rechtsprechung dazu entschlossen hat, nicht mehr am Prinzip der Nennwertaufrechnung festzuhalten, sondern die Gegenforderung des Kommanditisten nach Sacheinlagegrundsätzen zu bewerten, und nur in Höhe dieses Wertes die Aufrechnungswirkung eintreten zu lassen[29]. Die neue herrschende Auffassung wendet den Kapitalaufbringungsgrundsatz strenger auf die Aufrechnung an. Sie kommt zu einer entsprechend geringeren Haftungsbefreiung nach § 171 I 2. Hs. HGB, wenn die Gegenforderung wegen Vermögenslosigkeit der KG nicht mehr vollwertig ist oder aus anderen Gründen dem KG-Vermögen durch die Aufrechnung kein Kapital in Höhe des Forderungsnennwertes zufließt[30].

Trotz Klärung der Streitfrage durch die Rechtsprechung kann die Problematik der „Nennwertaufrechnung" nicht als erledigt angesehen werden[31]. Es ist daher zu untersuchen, ob und wieweit das allgemein zivilrechtlich geltende Prinzip der Nennwertaufrechung auch auf die Einlageleistung durch Aufrechnung anzuwenden ist oder ob dieser Grundsatz durch den Kapitalaufbringungsgedanken und die Anwendung von Sacheinlagegrundsätzen korrigiert werden muß.

Anders ausgedrückt: Kommt das Kapitalaufbringungsprinzip auch bei der Einlageleistung durch Aufrechnung zum Zuge?

---

[28] RG Gruchot 49, 977 (978); BGHZ 51, 391 (393 ff.); BGHZ 61, 59, (70 f.); *Fromm*, (Gläubigerschutz), S. 220; Schlegelberger (4) - *Geßler*, § 171 Rdnr. 15; *Konietzko*, (Haftung) S. 132 ff.; *Mundry*, (Darlehen und stille Einlagen), S. 26; *Westermann I*, Rdnr. 923.

[29] BGHZ 95, 188 (195 ff.); *Baumbach/Duden/Hopt*, § 171 Anm. 2B; Heymann-*Horn*, § 171 Rdnr. 20; *Kübler*, § 8 III 2c (S. 105); Schlegelberger(5)-*K.Schmidt*, §§ 171, 172 Rdnr. 57 ff.; *ders.*, § 54 II 3c (S. 1306 ff.); *ders.*, (Einlage und Haftung) S. 49 ff.; *Wiedemann*, (FS Bärmann) 1037 (1043); vermittelnd *Müßigbrodt*, (Aufrechnung), S. 80.

[30] BGHZ 95, 188 (195); vgl. dazu die Anm. *K. Schmidt*, ZGR 1986, 152 ff.

[31] Vgl. Gegenstimmen gegen die jetzt h.M. aus jüngster Zeit: *Mundry*, (Darlehen und stille Einlagen) S. 26 ff.

b) Das Prinzip der Nennwertaufrechnung

Da allgemein zivilrechtlich das Prinzip der Nennwertaufrechnung gilt, soll zunächst eine Schilderung dieses Prinzips erfolgen. Sodann soll der Grundsatz der Nennwertaufrechnung auf die hier interessierende Aufrechnung gegen die Einlageverbindlichkeit des Kommanditisten angewendet werden, um schließlich die möglichen Durchbrechungen des Prinzips durch Grundsätze des Gesellschaftsrechts (zugunsten von Sacheinlagegrundsätzen) zu erörtern.

aa) §§ 387 ff. BGB als Ausgangspunkt für das Nennwertprinzip

Alle Erwägungen zur Gültigkeit des Grundsatzes der Nennwertaufrechnung beginnen bei den allgemeinen Regeln über die Aufrechnung in §§ 387 ff. BGB.

Nach diesen Normen vollzieht sich auch die Aufrechnung des Kommanditisten zur Erbringung der Einlage. Sie enthalten die Grundprinzipien, nach denen vorzugehen ist.

Unter ihnen legt § 389 BGB fest, daß sich Haupt- und Gegenforderung zum Nennwert gegenüberstehen und in dieser Höhe jeweils erlöschen.

Damit ist in den §§ 387 ff. BGB das Prinzip der Nennwertaufrechnung verankert.

Das führt zu einer Bevorzugung des Aufrechnungsberechtigten, da in Fällen wie in *Beispielsfall 7* (d.h.bei Vermögenslosigkeit des Aufrechnungsgegners) aus einer schlechten (weil höchstens teilweise durchsetzbaren) Forderung eine gute Forderung gemacht wird, indem diese zum Nennwert anzusetzen ist[32]. Diese Bevorzugung ist vom Gesetzgeber beabsichtigt. Sie zeigt sich in § 389 BGB, der für das Erlöschen der Forderungen auf die Aufrechnungslage, nicht dagegen auf den Zeitpunkt der Aufrechnungserklärung abstellt, d.h. also eine zwischenzeitliche Verringerung der Wertigkeit der Gegenforderung gerade nicht berücksichtigen will[33]. Auch in anderen Vorschriften kommt die Begünstigung des Aufrechnenden zum Ausdruck, so in §§ 392,406 BGB sowie § 53 KO und § 54 VerglO, die durchweg die einmal entstandene Aufrechnungslage schützen wollen[34]. Das Prinzip der Nennwertaufrechnung ist damit Teil der vom Gesetzgeber beabsichtigten Bevorzugung des Aufrechnungsberechtigten. Dieser Intention des Normgebers würden allgemein-

---

[32] *K. Schmidt*, (Einlage und Haftung), S. 48; vgl. auch *Ritter*, § 171 Anm. 3c.

[33] Dies gilt zumindest dann, wenn beide Parteien die Möglichkeit der Aufrechnung besitzen; vgl. Jauernig-*Stürner*, § 389 Anm. 1; ebenso *Konietzko*, (Haftung), S. 135 f.; *Müßigbrodt*, (Aufrechnung), S. 84 ff.

[34] Vgl. *Konietzko*, (Haftung), S. 136; *Müßigbrodt*, (Aufrechnung), S. 84.

zivilrechtliche Einschränkungen des Nennwertprinzips widersprechen. Im allgemeinen Zivilrecht gilt es daher ohne Durchbrechungen.

bb) Interessenlage in der KG

Der Grundsatz der Nennwertaufrechnung müßte dann auch auf die hier zu erörternde Problematik der Aufrechnung des Kommanditisten gegen die Einlageforderung der KG mit einer nicht vollwertigen Gegenforderung Anwendung finden. Im *Beispielsfall 7* wäre die Vermögenslosigkeit der KG und ein damit verbundener Wertverlust für die Gegenforderung des beschränkt haftenden Gesellschafters K ohne Belang. Die Haftungsbefreiung würde in voller Höhe, d.h. des Nennwerts der Kaufpreisforderung von 10.000.-, eintreten.

Die hierin liegende Bevorzugung des Kommanditisten K (ohne Aufrechnung hätte er nur 2.000.- für seine Forderung erhalten, selbst aber an die Gesellschaft eine Einlage in Höhe von 10.000.- leisten müssen) wäre konsequentes Ergebnis der in §§ 387 ff. BGB angelegten Begünstigung des Aufrechnungsberechtigten.

Während die §§ 387 ff. BGB aber im Regelfall nur die Interessen zweier Parteien im Auge haben, nämlich die des Aufrechnungsberechtigten und des Aufrechnungsgegners, und zwischen diesen einen gerechten Ausgleich schaffen, gestaltet sich die Interessenlage bei der Aufrechnung gegen die Einlageforderung schwieriger. Hier gibt es nicht nur die zwei Parteien, von denen §§ 387 ff. BGB ausgehen mögen, das hieße hier Kommanditist als Aufrechnungsberechtigter und KG als Gegner der Aufrechnung. Die Aufrechnung soll ja auch Wirkungen auf die Außenhaftung des Kommanditisten haben, § 171 I 2. Hs. HGB, und damit werden die Interessen einer dritten „Partei" durch den Vorgang berührt, die der Gesellschaftsgläubiger.

Diese Interessenlage mit drei Parteien könnte eine Einschränkung des Grundsatzes der Nennwertaufrechnung durch gesellschaftsrechtliche Prinzipien erfordern. Gerade § 171 I 2. Hs. HGB und der ihn ihm verankerte Schutz der Gesellschaftsgläubiger könnten deshalb zur Anwendung von Sacheinlagegrundsätzen führen[35].

---

[35] Vgl. diesen Gedankengang auch bei *Konietzko*, (Haftung), S. 137; ähnlich *Müßigbrodt*, (Aufrechnung), S. 84.

c) Einschränkung des Prinzips der Nennwertaufrechnung durch Sacheinlagegrundsätze

aa) Ähnlichkeit mit Einlageleistung durch Forderungsabtretung

Die vorausgegangenen Ausführungen legen nahe, daß die Aufrechnungswirkung immer nur in Höhe des objektiven Werts der verrechneten Forderung eintreten könnte.

Eine Anwendung der Sacheinlagegrundsätze erscheint bei einem ersten Hinsehen in der vorliegenden Fallkonstellation beinahe auf der Hand zu liegen. Das liegt daran, daß die hier zu untersuchende Fallgruppe der Aufrechnung gegen die Einlageforderung der KG gegen den Kommanditisten der Einlageleistung durch Abtretung einer Forderung des Kommanditisten an die KG sehr ähnlich ist[36]. So läßt sich die Aufrechnung des Kommanditisten gegen die Einlageforderung prinzipiell auch immer gegen die Leistung der Sacheinlage durch Abtretung einer Drittforderung austauschen, da beide Vorgänge mit ähnlichen Mitteln zu denselben Ergebnissen führen. Und bei der Einlageleistung durch Forderungsabtretung ist allgemein anerkannt, daß die Forderung für § 171 I 2. Hs. HGB mit ihrem Realisationswert anzusetzen ist.

Doch ist die Erbringung der Kommanditeinlage durch Aufrechnung der Forderungsabtretung „nur" ähnlich. Das führt dazu, daß die Anwendung der Sacheinlagegrundsätze doch nicht so nahe liegt, wie es zunächst scheint. Es ist daher auch möglich, für die vorliegende Fallkonstellation an der Aufrechnungswirkung nur zum Forderungsnennwert festzuhalten.

Im Endergebnis ist jedoch von einer Anwendung der Sacheinlagegrundsätze auf die Einlageleistung durch Aufrechnung auszugehen. Wie man zu diesem Resultat gelangt, soll im folgenden gezeigt werden.

bb) Überprüfung des „Ähnlichkeitsarguments"

Es ist allgemein anerkannt, daß der Kapitalaufbringungsgrundsatz auch für die hier zu untersuchende Einlageleistung durch Aufrechnung gilt. Das ergibt sich als selbstverständliches Ergebnis für die Auffassung, die die Gegenforderung des Kommanditisten nach Sacheinlagegrundsätzen in Rechnung stellt, es wird aber auch von den Vertretern der reinen Nennwertaufrechnung vorausgesetzt.

---

[36] BGHZ 95, 188 (195) rechtfertigt die Anwendung von Sacheinlagegrundsätzen wegen der direkten Vergleichbarkeit der Einlageleistung durch Aufrechnung mit der Einlageerbringung durch Forderungsabtretung; zum „Vergleichsargument" siehe näher unten.

Niemand bestreitet also die allgemeine Geltung des Kapitalaufbringungsprinzips. Es fragt sich in der vorliegenden Fallgruppe nur, ob das Kapitalaufbringungsprinzip zum Zuge kommt. Das wird von den Befürwortern einer Anwendung der Sacheinlagegrundsätze angenommen, von den Anhängern des reinen Nennwertprinzpis abgelehnt.

Ausgangspunkt für alle weiteren Überlegungen in Richtung Kapitalaufbringungsprinzip ist die Frage, was die KG durch die Aufrechnung des Kommanditisten gegen die Einlageforderung bekommt und wie diese Vermehrung des KG-Vermögens zu bewerten ist. Hiernach entscheidet sich, ob das Kapitalaufbringungsprinzip bei der vorliegenden Problematik zum Zuge kommt.

cc) Tatsächliche Vermehrung des Gesellschaftsvermögens

Das Gesellschaftsvermögen wird durch die Aufrechnung des Kommanditisten gegen die Einlageforderung nicht um eine Forderung vermehrt, wie das bei der Einlageleistung durch Forderungsabtretung (Sacheinlage) der Fall ist (vgl.oben die Ähnlichkeit der Aufrechnung mit der Forderungsabtretung). Es ist vielmehr vom Gegenteil auszugehen.

Die Aufrechnung führt nicht zu einer Vermehrung des Forderungsbestandes bei einem der Beteiligten (hier:Gesellschaft), sondern zu einem Erlöschen von Forderungen, jeweils beim Aufrechnungsgegner (hier: Gesellschaft) und beim Aufrechnungsberechtigten (hier:Kommanditist). Bei der Einlageleistung durch Aufrechnung erlangt die KG also keine Forderung, sondern sie wird von einer Schuld befreit[37]. Die Gesellschaft erhält eine Schuldbefreiung. Bei Einlageleistung durch Abtretung einer Forderung gegen einen Dritten wird das Gesellschaftsvermögen dagegen um diese Forderung vermehrt. Es findet dort ein Wechsel auf der Gläubigerseite statt.

Damit ist klar, daß die KG bei der Einlageleistung durch Aufrechnung keine Forderung, sondern eine Schuldbefreiung erlangt.

dd) Wert der Schuldbefreiung

Wie ist diese Schuldbefreiung nun zu beziffern, wenn die Gegenforderung des Kommanditisten wegen Vermögenslosigkeit der KG nicht mehr vollwertig ist (in *Beispielsfall 7 2.000,- statt 10.000,-)?*

Eine Forderung ist (für den Fall der Einlageleistung durch Forderungsabtretung) nach Sacheinlagegrundsätzen zu bewerten.Nach § 171 I 2. Hs. HGB tritt die

---

[37] So *Mundry*, (Darlehen und stille Einlagen), S. 27.

Haftungsbefreiung bei der Einlageleistung durch Forderungsabtretung nur in Höhe des objektiven Werts der Forderung ein. Bilanzrechtlich wirkt sich das in einer aktivischen Bewertung aus, d.h. eine Wertminderung der Forderung durch Zahlungsschwierigkeiten beim Schuldner ist nach dem in § 252 I Nr.4 HGB verankerten Vorsichtsprinzip in Rechnung zu stellen[38]. Die Forderung ist nur so viel wert, wie der Gläubiger vom Schuldner tatsächlich erhalten kann.

Ist eine Schuldbefreiung nun in gleicher Weise zu bewerten wie eine Forderung?

Hier gilt, daß es keinen Rechtssatz gibt, nach dem eine Schuldbefreiung wie eine Forderung zu bewerten wäre, da eine Schuldbefreiung immer aus Schuldnersicht zu bewerten ist. Eine Schuldbefreiung ist immer so viel wert, wie der Schuldner bezahlen muß, und das ist der volle Nennwert. Durch eine Verschlechterung der Vermögenssituation beim Schuldner wird der Umfang der Schuld nicht verkürzt. Das könnte also dafür sprechen, eine Schuldbefreiung für die KG immer zum Nennwert anzusetzen, gleich, wieviel die dazugehörige Forderung des Kommanditisten wert ist. In *Beispielsfall 7* würde die Haftungsbefreiung nach § 171 I 2. Hs. HGB für K in Höhe des Nennwerts der Schuldbefreiung eintreten (10.000.-), obwohl die dazugehörige Forderung nur einen tatsächlichen Wert von 2.000.- hat. Dann würde bei der Einlageleistung durch Aufrechnung der Kapitalaufbringungsgrundsatz in der Situation der Vermögenslosigkeit der KG nicht zum Zuge kommen.

Die grundsätzliche Bewertung einer Schuldbefreiung zum Nennwert könnte auch durch die bilanzrechtliche Bestimmung des § 252 I 2 HGB unterstützt werden, wonach Schuldbefreiungen immer zu ihrem Nennwert anzusetzen sind[39]. Während die schlechte Vermögenslage eines Schuldners zu einer Wertminderung bei einer Forderung führen kann, ist die Vermögenslage des Schuldners für seine Verbindlichkeit und damit für eine eintretende Schuldbefreiung grundsätzlich unerheblich[40]. Andernfalls würde sich ein Schuldner durch die eigene Zahlungsunfähigkeit selbst von seinen Schulden befreien.

ee) Wertmäßige Entsprechung von Schuldbefreiung und Forderung

Es ist aber fraglich, ob die sehr bilanzrechtlich orientierte ausschließliche Anwendung des Nennwertprinzips in dem hier interessierenden besonderen Fall

---

[38] *Baumbach/Duden/Hopt*, § 252 Anm. 5A; Heymann-*Jung*, § 252 Rdnr. 15 ff., vgl. auch *Mundry*, (Darlehen und stille Einlagen) S. 27.

[39] *Baumbach/Duden/Hopt*, § 253 Anm. 2A; Heymann-*Jung*, § 253 Rdnr. 270; vgl. auch *Mundry*, (Darlehen und stille Einlagen) S. 27.

[40] *Konietzko*, (Haftung), S. 142; *Mundry*, (Darlehen und stille Einlagen) S. 27; siehe auch *Müßigbrodt*, (Aufrechnung), S. 82.

der Einlageleistung durch Aufrechnung beibehalten werden kann. Zwar erlangt die KG durch die Aufrechnung eine Schuldbefreiung, die grundsätzlich nach dem Nennwert in Rechnung zu stellen ist; doch wirkt es allzu formalistisch, diesen Grundsatz ohne Ausnahme auch in der vorliegenden Fallgruppe anzuwenden[41], in der es um die Sicherung einer Haftungsbasis für die Gesellschaftsgläubiger geht.

Vielmehr sind die Sacheinlagegrundsätze im Ergebnis auch auf die durch die Aufrechnung eingetretene Schuldbefreiung anzuwenden.

Das rechtfertigt sich aus folgenden Überlegungen:

Man kann überlegen, ob die ursprüngliche Forderung des Kommanditisten aus dem Umsatzgeschäft (im *Beispielsfall 7* die Kaufpreisforderung in Höhe von 10.000.-) und die Verbindlichkeit der KG aus dieser Forderung, von der die Gesellschaft durch Aufrechnung dann befreit wird, zwei Seiten ein und derselben Medaille sind. Die eine Seite wäre dann die nicht zu bestreitende Verminderung der Forderung des Kommanditisten gegen die KG (in *Beispielsfall 7* von ihrem Nennwert 10.000.- auf 2.000.-). Diese Verminderung könnte auf die andere Seite, d. h. den Wert der Befreiung von der Verbindlichkeit durchschlagen, so daß diese auch nach Sacheinlagegrundsätzen zu bewerten wäre (in *Beispielsfall 7* Wert der Schuldbefreiung gleich 2.000.-). Anders ausgedrückt: Eine Schuldbefreiung wäre soviel wert wie die dazu gehörige Forderung[42].

Das würde das Nennwertprinzip aufheben und zur Anwendung von Sacheinlagegrundsätzen führen. Im *Beispielsfall 7* würde die Aufrechnung nur zu einer Haftungsbefreiung in Höhe von 2.000.- führen, weil die Schuldbefreiung nur soviel wert wäre.

Diese Durchbrechnung des Nennwertprinzips bei der Schuldbefreiung ist aber ausschließlich auf die vorliegende Fallkonstellation der Leistung der Kommanditeinlage durch Aufrechnung zu beschränken, weil es hier um die Schaffung einer Haftungsbasis für die Gläubiger der KG geht.

Diese Überlegungen werden durch einen Vergleich der Einlageleistung durch Aufrechnung mit der Einlageleistung durch Forderungsabtretung unterstützt.

Jede Aufrechnung des Kommanditisten mit einer Forderung gegenüber der KG gegen deren Einlageanspruch läßt sich auch als Einlageleistung durch Forderungsabtretung darstellen, für die die Sacheinlagegrundsätze unstreitig gelten. Beide Vorgänge sind damit sehr ähnlich und gegeneinander austauschbar. Das rechtfertigt die Anwendung von Sacheinlagegrundsätzen auf die Bewertung der

---

[41] So auch *Müßigbrodt*, (Aufrechnung), S. 82.

[42] So auch BGHZ 95, 188 (195).

Schuldbefreiung bei der Einlageleistung durch Aufrechnung[43]. Das „Vergleichsargument“ aus Rechtsprechung und Literatur läßt sich durch die Anwendung auf *Beispielsfall 7* verdeutlichen: Man kann dort die Aufrechnung des K gegen die KG als Abtretung der Kaufpreisforderung des K gegen die Gesellschaft an die KG ansehen, d.h. im Hinblick auf 171 I 2. Hs. HGB als Einlageleistung durch Abtretung der Kaufpreisforderung. Das wäre eine Sacheinlage, die nach den allgemeinen Sacheinlagegrundsätzen zu bewerten wäre. Die Kaufpreisforderung würde durch Konfusion untergehen und würde zur Erfüllung der Einlageschuld gegenüber der KG führen. Wegen des wirtschaftlichen Werts der Forderung von 2.000.- würde eine Haftungsbefreiung nach 171 I 2. Hs. HGB nur in dieser Höhe eintreten.

Die Austauschbarkeit der Vorgänge -Einlageleistung durch Aufrechnung und Einlageleistung durch Forderungsabtretung- unterstützt die oben schon befürwortete Bewertung der Schuldbefreiung der KG nach Sacheinlagegrundsätzen im Fall der Einlageleistung des Kommanditisten durch Aufrechnung. Hierüber erlangt der Kapitalaufbringungsgrundsatz Eingang in die hier zu untersuchende Problematik der Einlageleistung durch Aufrechnung.

d) Einschränkung des Prinzips der Nennwertaufrechnung durch Besonderheiten der Gesellschafterstellung

Der Vollständigkeit halber soll ein zweites wichtiges Argument aus Rechtsprechung und Literatur aufgegriffen werden, nach dem sich ebenfalls die Anwendung der Sacheinlagegrundsätze auf die vorliegende Problematik rechtfertigt. Danach soll sich aus den Besonderheiten der Gesellschafterstellung, d.h. einer wirtschaftlichen Vorzugsstellung des Kommanditisten gegenüber den übrigen Gesellschaftsgläubigern, dessen anderweitige Benachteiligung, d.h. die Anwendung der Sacheinlageprinzipien ergeben[44]. Dieses Argument stützt das bisher erzielte Zwischenergebnis. Im folgenden soll untersucht werden, worin genau die Vorzugsstellung des Kommanditisten zu sehen ist und wie sich aus ihr die Anwendung der Sacheinlagegrundsätze auf die Einlageleistung durch Aufrechnung ergibt.

aa) Gesellschafter als Gläubiger

Anerkannt ist, daß ein Gesellschafter nicht nur die Rolle als Mitglied der Gesellschaft hat, sondern unabhängig von seiner Mitgliedschaft als natürliche Person gesehen wird, die auch gegenüber der Gesellschaft die Stellung eines gewöhnli-

---

[43] BGHZ 95, 188 (197); das „Vergleichsargument“ findet sich auch bei *Müßigbrodt*, (Aufrechnung), S. 82 f.

[44] BGHZ 95, 188 (197); *K. Schmidt*, (Einlage und Haftung), S. 49; *Wiedemann*, (FS Bärmann) 1037 (1042 f.); kritisch dazu *Mundry*, (Darlehen und stille Einlagen) S. 31 f.

chen Gläubigers einnehmen kann. So ist K im *Beispielsfall 7* auch Gläubiger einer Kaufpreisforderung in Höhe von 10.000.-.

Als Gesellschaftsgläubiger ist der Gesellschafter den übrigen Gläubigern grundsätzlich bzgl. der Inanspruchnahme gleichzustellen[45].

bb) Gesellschafter als Insider

Von dieser Regel machen Rechtsprechung und Literatur Ausnahmen, in denen der Gesellschafter wegen seiner Nähe zur Gesellschaft als Gesellschaftsgläubiger zahlreiche Nachteile hinzunehmen hat.

Nach einer Schilderung dieser Ausnahmetatbestände soll versucht werden, daraus allgemeingültige Prinzipien abzuleiten. Sodann ist zu erörtern, ob solche Prinzipien für das vorliegende Problem der haftungsbefreienden Wirkung der Einlageleistung durch Aufrechnung das oben gewonnene Ergebnis der Anwendung von Sacheinlagegrundsätzen unterstützen.

Als erster Ausnahmetatbestand von der Gleichstellung des Gesellschaftergläubigers mit den übrigen Gesellschaftsgläubigern läßt sich die fehlende Geltung des § 126 II HGB für Gesellschaftergläubiger nennen. Weil der Gesellschaftergläubiger als Gesellschafter regelmäßig die gesellschaftsvertraglich geregelte Beschränkung der Geschäftsführungsbefugnisse kennt, muß er sich Beschränkungen aus dem Innenverhältnis für die Vertretungsmacht im Außenverhältnis entgegenhalten lassen, während für Gesellschaftsgläubiger allgemein die Regelung des § 126 II HGB gilt[46].Das erklärt sich aus dem für den Gesellschafter nicht geltenden Prinzip des verobjektivierten Verkehrsschutzes.

Ein weiteres Beispiel für eine Benachteiligung des Gesellschafters ist das von den Gerichten praktizierte „Zurücktreten“ des Kommanditisten im Gesellschaftskonkurs. Wegen der erhöhten Gefahr eines (vorzeitigen) Zugriffs des Kommanditisten, der als Gesellschafter die internen Verhältnisse der KG besser kennt als andere Gesellschaftsgläubiger, verlangt die h.M., daß er mit seinen Ansprüchen gegen die KG im Konkurs nicht als gleichberechtigter Gläubiger neben die übrigen Gesellschaftsgläubiger tritt, sondern mit seinen Ansprüchen „zurücktritt“, d.h. sich nachrangig befriedigt[47]. Begründung für das „Zurücktreten“ des Kom-

---

[45] BGH LM Nr. 30 zu § 705 BGB; Soergel (11) - *Hadding*, § 705 Rdnr. 57; *Hueck*, (OHG), § 21 V (S. 327 f.); Staudinger-*Keßler*, § 705 Rdnr. 83; *Schneider/Schneider*, ZGR 1972, 52 (68); MüKo-*Ulmer*, § 705 Rdnr. 167 f.; *Walter*, JuS 1982, 81 (85).

[46] *Baumbach/Duden/Hopt*, § 126 Anm. 3A; *Hueck*, § 15 II 3 (S. 121); siehe auch BGHZ 38, 32 ff.; BGH DB 1973, 1117.

[47] So BGH NJW 1976, 751 (752), allerdings liegt der Fall dort im Ergebnis anders siehe unten C. III. 3. d.; vgl. auch Düringer/Hachenburg-*Flechtheim*, § 172 Anm. 10; Schlegelberger (4) - *Geßler*, § 172 Rdnr. 19; GK (3) - *Schilling*, § 172 Anm. 31.

manditisten im Konkurs ist seine potentielle Außenhaftung, d.h. die Haftung, die wiederaufleben würde, wenn er sich den einen Betrag von der KG auszahlen lassen würde[48].

Die zwei genannten Beispiele für eine Benachteiligung des Gesellschaftergläubigers, die aus seiner Doppelstellung als Gesellschafter und Drittgläubiger resultiert, sind unterschiedlichen Bereichen des Gesellschaftsrechts zuzuordnen. Sie zeigen verschiedene gesellschaftsrechtliche Prinzipien (Verkehrsschutz, Gläubigerschutz), denen durch die fallweise Durchbrechung der Gleichstellung des Gesellschaftergläubigers mit den übrigen Gläubigern zur Geltung verholfen werden soll.

Hinter diesen Prinzipien steht aber ein gemeinsames, sie übergreifendes, Merkmal: Der Gesellschafter hat eine bessere Kenntnis von den internen Vorgängen in der Gesellschaft, er ist „näher dran“[49], oder, wie es *Wiedemann* sagt, er ist „insider“[50].

So ist im ersten Beispiel die Anwendung der Verkehrschutzvorschrift § 126 II HGB nicht mehr gerechtfertigt, weil der Gesellschafter als Mitglied die interne Verteilung der Geschäftsführungsbefugnisse kennt.

Das „Zurücktreten“ im Konkurs erklärt sich aus der größeren Nähe des Gesellschaftergläubigers zu den Schulden der Gesellschaft.

Die Benachteiligung des Gesellschaftergläubigers gegenüber den übrigen Gläubigern der Gesellschaft als Ausgleich für die Vorteile aus der größeren Nähe zur Gesellschaft kann damit als allgemeines Prinzip angesehen werden.

Dieses Prinzip paßt auch auf die vorliegende Problematik der Einlageleistung durch Aufrechnung mit Forderungen aus Drittgeschäften gegen die Einlageforderung der KG. Der Kommanditist genießt aufgrund seiner größeren Nähe oder „insider“-Stellung Vorteile, die es zugunsten der anderen Gesellschaftsgläubiger und Mitgesellschafter auszugleichen gilt, indem für die Gegenforderung des beschränkt haftenden Gesellschafters Sacheinlagegrundsätze anzuwenden sind.

Das läßt sich wie folgt begründen:

Im Gegensatz zu seinen Gläubiger-Konkurrenten kennt der Kommanditist regelmäßig die finanzielle Situation der KG und kann seine Forderungen aus dem Drittgeschäft zu einem möglichst günstigen Zeitpunkt geltend machen[51]. Diese

---

[48] Vgl. Schlegelberger (4) - *Geßler*, § 172 Rdnr. 19; *Gursky*, DB 1978, 1261 (1264); ebenso *Furrer*, S. 231.

[49] Vgl. zu dieser Begriffsbildung (allerdings in etwas anderem Zusammenhang) *Kornblum*, JZ 1985, 1004.

[50] (FS Bärmann) 1037 (1043).

[51] *Wiedemann*, (FS Bärmann) 1037 (1043).

wirtschaftliche Vorzugsstellung kann von einem beschränkt haftenden Gesellschafter auch bewußt zum Nachteil der Gläubiger-Konkurrenten ausgenutzt werden: Er kann z.B. kurz vor dem Konkurs der KG durch Vereinbarung mit der Gesellschaft künstlich die Fälligkeit herbeiführen und sich so vorzeitig befriedigen, was ihm im Konkurs nicht mehr gelingen könnte[52]. In solch einem Fall würden die Anwendung des § 826 BGB zugunsten der Gläubiger (der an schwer zu beweisende subj.Voraussetzungen geknüpft ist) oder die Regeln über die Konkursanfechtung keinen ausreichenden Schutz für die Gläubiger bieten[53].

Hier hilft nur ein allgemeiner Ausgleich der wirtschaftlichen Vorzugsstellung des Kommanditisten durch die Anwendung von Sacheinlagegrundsätzen bei der Aufrechnung.

Die vorangegangenen Erörterungen zeigen, daß auch bei Einlageleistung durch Aufrechnung der Kommanditist nicht allein als Gesellschaftsgläubiger gesehen und damit den übrigen Gesellschaftsgläubigern gleichgestellt werden darf.

Seine (Vorzugs-)stellung als Gesellschafter kann nicht von der Gläubigerrolle getrennt betrachtet werden.

Das zeigt gerade der Vorgang der Aufrechnung.

Soweit diese dazu führt, daß die Drittforderung des Kommanditisten gegen die KG (in *Beispielsfall 7* die Kaufpreisforderung) erlischt, ist der Kommanditist Dritter. Im Hinblick auf das Erlöschen der Einlageforderung der KG ist aber von einem gesellschaftsrechtlichen Vorgang auszugehen (hier ist der Kommanditist Mitglied der KG).

Zwar sind die Vorgänge (gesellschaftsrechtlicher-umsatzgeschäftlicher Vorgang) logisch trennbar, doch ist die Aufrechnung als einheitlicher Ablauf zu sehen, bei dem der Kommanditist nicht aus seiner Gesellschafterrolle herauskommt.

Dann kann es auch wertungsmäßig nicht mehr erlaubt sein, die Schuldbefreiung der KG gegenüber dem beschränkt haftenden Gesellschafter aus der Drittverbindlichkeit wie bei Verbindlichkeiten gegenüber anderen Gesellschaftsgläubigern immer zum Nennwert anzusetzen.

Wenn es gegenüber den „normalen" Gesellschaftsgläubigern richtig ist, eine Verbindlichkeit zum Nennwert zu berechnen, kann das gegenüber Kommanditisten als Gläubigern nicht mehr der Fall sein. Diese Gesellschafter wissen aufgrund ihrer „insider"-Stellung, daß die Verbindlichkeit nicht mehr voll befriedigt

---

[52] *Mundry*, (Darlehen und stille Einlagen), S. 32.

[53] A.A. *Mundry*, (Darlehen und stille Einlage), S. 32.

werden kann, und -das ist das Wichtigste- sie haben (mittelbar) für die Verbindlichkeit aufgrund ihrer Haftung einzustehen.

Das rechtfertigt endgültig die Abkehr vom Nennwertprinzip für die Bewertung der Schuldbefreiung der KG und die Zuwendung zu Sacheinlagegrundsätzen.

Damit wird durch die Besonderheiten der Kommanditistenstellung ein Erfordernis nach der Bewertung der Schuldbefreiung der KG nach Sacheinlagegrundsätzen (durch Bewertung der entsprechenden Gegenforderung des Kommanditisten) bei der Einlageleistung durch Aufrechnung mit Forderungen aus Drittgeschäften unterstützt.

Dadurch wird die Abkehr vom Grundsatz der Nennwertaufrechnung durch die Besonderheiten der Gesellschafterstellung verfestigt.

Für *Beispielsfall* 7 bedeutet das: Im Sinne des § 171 I 2. Hs. HGB hätte K das Vermögen der KG durch Aufrechnung um eine Schuldbefreiung vermehrt. Die Nennwertberechnung ist nach Sacheinlagegrundsätzen auf 2.000.- zu korrigieren, weil sich der Wert der Schuldbefreiung aufgrund der Verknüpfung der Gläubigerposition des Kommanditisten mit seiner Gesellschafterstellung vermindert.

Im Ergebnis ist daher die Schuldbefreiung, die die KG durch die Aufrechnung des Kommanditisten gegen die Einlageforderung erlangt, grundsätzlich nach Sacheinlagegrundsätzen zu bewerten.

e) Verbleibende Bereiche für das Prinzip der Nennwertaufrechnung

Durch die Anwendung von Sacheinlagegrundsätzen für die Aufrechnung soll hier ein Regelprinzip übernommen werden. Damit kann sich das entsprechende Problem stellen, das sich für die ehemals h.M. ergab, die zwar von der Nennwertaufrechnung ausging, jedoch zahlreiche Korrekturen zugunsten von Sacheinlagegrundsätzen vornehmen mußte[54]. Es wäre möglich, daß vom Verkehrswertprinzip Ausnahmen zugunsten des Nennwertprinzips gemacht werden müßten.

Die Ausnahmebildung von Sacheinlagegrundsätzen ist daher im folgenden Teilkapitel zu erörtern.

---

[54] Vgl. hierzu die Kritik an der fallweise Begrenzung des Nennwertprinzips bei *K. Schmidt*, (Einlage und Haftung) S. 51 ff.; ebenso *Müßigbrodt*, (Aufrechnung) S. 37 f. zu BGHZ 61, 59 ff. und BGH NJW 1976, 418 f.

aa) Mittelbare Befriedigung aus der eigenen Haftung

Für das Nennwertprinzip wurde, insbesondere in der damaligen höchstrichterlichen Rechtsprechung, vorgetragen, der Kommanditist befriedige sich (mittelbar) aus seiner eigenen Haftung und dies habe immer zum Nennwert zu geschehen[55].

Fraglich ist, ob sich daraus Ausnahmen zugunsten des Nennwertprinzips ergeben.

Dazu soll anhand des *Beispielsfalles 7* verdeutlicht werden, wie diese Befriedigung aus der eigenen Haftung im einzelnen erfolgen soll.

Der Kommanditist K hätte auch die Möglichkeit, sich statt durch Erbringung der Einlage auch durch Befriedigung eines Gesellschaftsgläubigers von seiner Außenhaftung zu befreien. Auch wenn dessen Forderung gegen die KG wegen Vermögenslosigkeit der Gesellschaft wirtschaftlich wertlos wäre, würde Haftungsbefreiung in Höhe des Forderungsnennwertes eintreten. Das ist für die Haftungsbefreiung durch Gläubigerbefriedigung unumstritten[56]. Bei direkter Gläubigerbefriedigung erfüllt die Kommanditistenhaftung ja die Funktion der Sicherung eben dieser Gläubigerbefriedigung, bei der natürlich das Präventionsprinzip gilt. Im Gegensatz dazu wird die Gläubigerbefriedigung bei Einlageleistung an die KG nur mittelbar gesichert, indem der Haftungsfond vergrößert wird. Diese nur mittelbare Sicherung der Gläubiger kann gleiche Wirkung wie die unmittelbare Sicherung bei direkter Gläubigerbefriedigung nur deshalb haben, weil § 171 I 2. Hs. HGB die Aufbringung von Kapital auch tatsächlich garantiert.

Auf *Beispielsfall 7* übertragen, fragt sich nun, ob K durch Aufrechnung bei der KG mittelbar aus seiner eigenen Haftung befriedigt wird. Das könnte man dann annehmen, wenn man einerseits K als Gläubiger mit seiner Forderung gegen die KG sieht, die er nun über § 171 I 1.Hs. HGB bei sich selbst geltend macht, andererseits diesem Vorgang Haftungsbefreiung durch Gläubigerbefiedigung (sich selbst als Gläubiger) folgen läßt. Diese Haftungsbefreiung müßte dann immer zum Nennwert eintreten, gleich welchen Wert die Forderung gegen die KG tatsächlich hat (s.o.).

Doch beruht die Annahme der mittelbaren Befriedigung des Kommanditisten aus seiner eigenen Haftung auf einer Fiktion. Der beschränkt haftende Gesellschafter wählt ja gerade nicht den Weg der Haftungsbefreiung durch Gläubigerbefriedigung, sondern den durch Einlageleistung nach § 171 I 2.H.HGB. Als Gläubiger der KG befriedigt er sich durch Aufrechnung auch gerade aus dem Gesellschaftsvermögen und nicht aus seiner eigenen Haftung. Eine solche Auffassung verkennt auch die mittlerweile anerkannte Trennung von Gesellschafts-

[55] Vgl. BGHZ 51, 393 (394); *Müßigbrodt*, (Aufrechnung), S. 80.

[56] Vgl. *Müßigbrodt*, (Aufrechnung), S. 80 und S. 77, Fn. 3 mit weiteren Nachweisen.

vermögen und Privatvermögen der Gesellschafter[57], weil sie nicht genügend zwischen der Gläubigerbefriedigung aus der Gesellschafterhaftung und aus dem Gesellschaftsvermögen differenziert.

Sie kann kann daher keine teilweise Rückkehr zum Nennwertprinzip begründen, da sich der Kommanditist bei der Aufrechnung gegen die Einlageforderung nicht aus der eigenen Haftung befriedigt.

bb) Aufrechnung bei vorheriger Vergrößerung des Haftungsfonds

Es bleibt zu fragen, ob eine Zuwendung zum Nennwertprinzip dann angebracht ist, wenn der Kommanditist vor der Aufrechnung das Gesellschaftsvermögen durch eine Leistung aufgrund eines Drittgeschäfts vermehrt hat, oder auf eine andere Weise bereits eine Leistung an die KG bewirkt wurde, die der Gläubigerbefriedigung dienen kann. Was darunter im einzelnen zu verstehen ist, soll im folgenden anhand von Beispielsfällen erörtert werden.

(1) Vermehrung des Haftungsfonds durch Drittgeschäft

Zunächst läßt sich wieder *Beispielsfall 7* heranziehen. Dieser soll im Hinblick auf die nach § 171 I 2. Hs. HGB erforderliche Kapitalaufbringung unter einem neuen Blickwinkel betrachtet werden.

Es ist nämlich zu überlegen, ob nicht schon die Warenlieferung des Kommanditisten K aufgrund des Kaufvertrages zu einer Mehrung des Gesellschaftsvermögens geführt hat, die dem Kapitalaufbringungsprinzip genügt. Dann wäre die später eingetretene Verminderung des Werts der Kaufpreisforderung gegen die KG gleichgültig, weil K schon vorher durch die Warenlieferung dem Erfordernis nach Kapitalaufbringung genüge getan hätte. Das könnte dann zu einer Aufrechnung in Höhe des Nennwerts der Gegenforderung und zu einer vollen Haftungsbefreiung in Höhe von 10.000.- zurückführen.

So würde hier die Lösung des *Beispielfalles 7* nach *Müßigbrodt* aussehen[58], der dem Grundsatz nach die Anwendung von Sacheinlagegrundsätzen für die Aufrechnung des Kommanditisten befürwortet, im Falle der vorherigen Warenlieferung aber zum Nennwertprinzip zurückkehrt.

Müßigbrodt begründet seine Ansicht wie folgt: Er anerkennt, daß die Forderung des Kommanditisten aus dem Drittgeschäft nicht mehr vollwertig ist und

---

[57] Vgl. *Müßigbrodt*, (Aufrechnung), S. 49 gegen das Argument der Befriedigung aus der eigenen Haftung.

[58] (Aufrechnung), S. 93 ff.

eine Aufrechnung gegen die Einlageforderung der KG an sich nur in Höhe des tatsächlichen Werts der Forderung erfolgt. Trotzdem könne die Aufrechnungswirkung zum Nennwert der Forderung eintreten, weil der Kommanditist durch die ursprüngliche Warenlieferung an die KG (auf der die Drittforderung gegen die KG beruht) dem Kapitalaufbringungsprinzip des § 171 I 2. Hs. HGB genüge getan habe[59]. Die ursprüngliche Leistung (hier: Warenlieferung) sei zwar aufgrund der „causa" Kaufvertrag und nicht auf gesellschaftsvertraglicher Grundlage erfolgt; trotzdem möchte er keinen Unterschied darin sehen, ob eine solche Leistung von Anfang an auf gesellschaftsvertraglicher Grundlage erfolgt (dann Sacheinlage) oder ob sie zunächst in Vollzug eines Verkehrsgeschäftes geschieht, und dann später durch die Aufrechnung eine Anrechnung auf die Haftsumme erfolgt[60]. Vielmehr seien Leistung und Forderung (aufgrund des Drittgeschäftes) als eine Einheit zu sehen[61], die eine kontokorrentartige Verrechnung im Sinne der Verrechnungstheorie erlauben und somit den ursprünglich abweichenden Rechtsgrund ganz bedeutungslos machen[62]. Damit werde dem Kapitalaufbringungsprinzip Rechnung getragen. Eine erneute Berücksichtigung des Kapitalaufbringungsprinzips durch die Anwendung von Sacheinlagegrundsätzen bei der Aufrechnung des Kommanditisten sei in diesen Fällen nicht mehr nötig. Hier könne wieder das Nennwertprinzip gelten[63].

Müßigbrodt macht von diesem Prinzip aber wiederum eine Gegenausnahme. Die Anrechnung der Leistung aus dem Verkehrsgeschäft auf die Haftsumme sei nur erlaubt, wenn sie der Kommanditist schon während seiner Mitgliedschaft, d.h. nach seinem Beitritt, erbracht habe. Leistungen aufgrund eines Drittgeschäftes vor der Mitgliedschaft können also nicht im Sinne des § 171 I 2. Hs. HGB berücksichtigt werden. Das ergebe sich daraus, daß für die Haftungsbefreiung nach § 171 I 2. Hs. HGB nicht die Erbringung einer Leistung zu irgendeinem Zeitpunkt ausreiche, sondern die im Handelsregister beurkundete Garantieerklärung des Kommanditisten (die eingetragene Haftsumme) besage, daß Leistungen an die Gesellschaft nur nach dem Beitritt des Kommanditisten zu einer Haftungsbefreiung führen könnten[64].

Damit will *Müßigbrodt* insbesondere die früher rechtlich sehr umstrittenen sog. Sanierungsgründungen aus dem Anwendungsbereich des Nennwertprinzips herausnehmen[65]. Eine Sanierungsgründung wird von Gläubigern einer illiquide

---

[59] (Aufrechnung), S. 94 f.

[60] (Aufrechnung), S. 94.

[61] (Aufrechnung), S. 95.

[62] (Aufrechnung), S. 94.

[63] (Aufrechnung), S. 94.

[64] (Aufrechnung), S. 99.

[65] Vgl. zur Problematik der „Sanierungsgründung" *K. Schmidt*, (Einlage und Haftung) S. 53 ff.; vgl. auch schon die Einschränkung des Nennwertprinzips durch die Rechtsprechung in BGHZ 61, 59 (70 f.); vgl.auch *Mundry*, (Darlehen und stille Einlagen) S. 42 f.

gewordenen Gesellschaft vorgenommen, indem die Gläubiger der Gesellschaft als Kommanditisten beitreten und ihre (natürlich vor dem Beitritt entstandenen) Forderungen gegen die Einlageschuld gegenüber der KG aufrechnen. Damit besteht für die (Gläubiger-)Kommanditisten die Aussicht, die Gesellschaft ohne neues Risiko zu sanieren und tatsächlich Geld für die ursprünglichen Forderungen zu erhalten. Für die anderen Gläubiger der neuen KG besteht dagegen die Gefahr, einen Schuldner zu haben, dem im Falle der Nennwertaufrechnung der (Gläubiger-) Kommanditisten mit ihren ursprünglich wertlosen Forderungen gegen die Gesellschaft kein Kapital zugeführt worden ist und deren Kommanditisten (wegen § 171 I 2. Hs. HGB) nicht mehr persönlich haften.

Hier möchte auch *Müßigbrodt* trotz ursprünglicher Mittelzuführung durch (Gläubiger-) Kommanditisten keine Nennwertaufrechnung zulassen, weil die ursprüngliche Leistung nicht nach, sondern vor dem Beitritt erfolgt sei, was den Anforderungen des § 171 I 2. Hs. HGB nicht genüge[66].

Die von *Müßigbrodt* vorgenommene Differenzierung zwischen Leistungen aufgrund eines Verkehrsgeschäftes vor oder nach Beitritt des Kommanditisten braucht jedoch nicht vorgenommen zu werden, weil die von *Müßigbrodt* teilweise befürwortete Anrechnung dieser Leistungen auf die Haftsumme nach § 171 I 2. Hs. HGB im Rahmen einer späteren Aufrechnung gegen die Einlageforderung insgesamt abzulehnen ist.

Die Anrechnung von Leistungen im Rahmen eines Verkehrsgeschäftes verstößt nämlich im Grundsatz gegen die oben befürwortete Vertragstheorie. Wie schon erörtert, sind Abweichungen von der Vertragstheorie nur in engen Grenzen möglich, so z.B. bei nachträglicher Setzung der Tilgungsbestimmung (siehe oben I.3.). Im Rückgriff auf die allgemeinen Regeln des BGB ist das aber nur der Fall, soweit die ursprüngliche Tilgungsbestimmung irrtümlich erfolgt ist oder gänzlich gefehlt hat. Beides ist hier nicht gegeben, da die Leistung von Anfang an als Erfüllung im Rahmen eines Verkehrsgeschäftes gewollt ist.

Damit können solche Leistungen aufgrund eines Verkehrsgeschäfts keine Ausnahmen von Sacheinlagegrundsätzen bei der Aufrechnung gegen die Einlageforderung durch den Kommanditisten rechtfertigen.

(2) Vermehrung des Haftungsfonds durch Gläubigerbefriedigung

Etwas anders können die Dinge dagegen in folgendem *Beispielsfall 8* liegen:

Kommanditist K, wieder mit Einlageverbindlichkeit und Haftsumme in Höhe von 10.000,-, befriedigt den Gesellschaftsgläubiger G in Höhe von 10.000,-. Anschließend rechnet er mit seiner Regreßforderung aus §§ 161 II,110 HGB gegen die Einlageverbindlichkeit gegenüber der

---

[66] (Aufrechnung), S. 99.

KG auf, als sich diese bereits in einer finanziell schwierigen Situation befindet, die den Verkehrswert seiner Regreßforderung auf 2.000,- zurückgehen läßt.

Es stellt sich hier die Frage, ob der Kommanditist aus der Haftungsbefreiung durch Gläubigerbefriedigung (die in *Beispielsfall 8* zweifellos in Höhe des Nennwertes von 10.000.- eingetreten ist, s.o.) eine Haftungsbefreiung durch Einlageleistung nach § 171 I 2. Hs. HGB machen kann[67]. Ein Interesse daran könnte sich für den Kommanditisten daraus ergeben, daß die Einlageleistung an die KG leichter zu beweisen ist. Das würde in *Beipielsfall 8* nur gehen, wenn K zum Nennwert seiner Regreßforderung aufrechnen könnte. Nach dem bisher Gesagten wäre das nicht möglich, da die Regreßforderung Sacheinlagegrundsätzen zu unterwerfen wäre und dann nur eine Haftungsbefreiung in Höhe von 2.000.- einträte.

Das wäre aber ungerecht, da der Kommanditist sich hier schon die Haftungsbefreiung durch Gläubigerbefriedigung verdient hat, und lediglich den haftungsbefreienden Tatbestand austauschen möchte. Der Gläubigerbefriedigung, die § 171 I 2. Hs. HGB und der Kapitalaufbringungsgrundsatz verwirklichen wollen, ist schon durch Erfüllung der Forderung des G gegen die KG gedient[68]. Deshalb ist hier zum Grundsatz der Nennwertaufrechnung zurückzukehren.

In allen übrigen Fällen bleibt es bei der Anwendung von Sacheinlagegrundsätzen für die Einlageleistung durch Aufrechnung.

f) Das Surrogationsprinzip

aa) Einführender Beispielsfall

In Zusammenhang mit der Problematik der „Nennwertaufrechnung" wird in Rechtsprechung und Literatur das sog. Surrogationsprinzip erörtert[69]. Dabei geht es um die Unzulässigkeit der Einlageerbringung durch Aufrechnung zum Nennwert, wenn zwar die Forderung des Kommanditisten aus einem Verkehrsgeschäft vollwertig ist, die an die Gesellschaft erbrachte Leistung aber nicht den Wert der Forderung erreicht, also überbewertet ist.

Es soll hier der Frage nachgegangen werden, inwieweit sich der „Surrogationsgedanke" in das bisher gewonnene Ergebnis der umfassenden Geltung von Sacheinlagegrundsätzen bei der Aufrechnung des Kommanditisten gegen die Einlageforderung einordnen läßt.

---

[67] Vgl. zum ganzen *K. Schmidt*, (Einlage und Haftung), S. 58 f.

[68] Vgl. zum ganzen *K. Schmidt*, (Einlage und Haftung), S. 58 f.

[69] Die Bezeichnung Surrogationsprinzip geht auf *K. Schmidt*, (Einlage und Haftung), S. 52 zurück; vgl. dazu die Darstellungen von *Konietzko*, (Haftung), S. 137 ff.; *Müßigbrodt*, (Aufrechnung), S. 88 ff.; *Mundry*, (Darlehen und stille Einlagen) S. 38 ff.; Rspr. seit RGZ 63, 265 (267).

Zur Veranschauung folgender *Beispielsfall 9*:

Kommanditist K liefert der KG aufgrund eines Kaufvertrages Waren im Verkehrswert von 8.000.- für den Kaufpreis von 10.000.-. Seine noch nicht beglichene Einlageforderung beträgt, ebenso wie die Haftsumme, 10.000.-. K rechnet gegen die KG mit seiner Kaufpreisforderung gegen die Einlageforderung in Höhe von 10.000.- auf. Als ihn Gesellschaftsgläubiger G wegen einer Schuld der KG in Höhe von 2.000.- in Anspruch nehmen will, beruft sich K auf vollständige Haftungsbefreiung nach § 171 I 2. Hs. HGB. G meint, in Höhe von 2.000.- sei die Haftung nicht erloschen, weil der KG durch den Gesamtvorgang nur eine Leistung mit dem obj. Wert von 8.000.- zugeflossen sei.

bb) Prinzip der objektiven Vermögensdeckung

Eine derartige Manipulation wie in *Beispielsfall 9* soll dem Kommanditisten nicht gestattet sein. Er soll nicht besser gestellt werden, als hätte er die ursprüngliche Leistung (hier: Warenlieferung) als Sacheinlage erbracht[70]. Diese Auffassung ergibt sich aus der konsequenten Anwendung des Kapitalaufbringungsprinzips bzw. des Prinzips der obj. Vermögensdeckung[71]. Mit der Anwendung von Sacheinlagegrundsätzen müßte man für die Berechnung der Aufrechnungswirkung neben dem Korrektiv der Bewertung der Forderung nach der Vermögenslage des Schuldners KG ein zweites Korrektiv einbauen, das der Bewertung der ursprünglichen Leistung. Dann käme man mit der h.M. in *Beispielsfall 9* zu einer Haftungsbefreiung in Höhe von 8.000.-. Nach der nunmehr h.M. hätte das „Surrogationsprinzip" keine eigenständige Bedeutung mehr, sondern würde nur noch einen Unterfall des Kapitalaufbringungsprinzips beschreiben, für den die schon entwickelten Sacheinlagegrundsätze gelten[72].

Die h.M. müßte auch mit der bisher gewonnenen eigenen Auffassung in Einklang stehen und brächte zu den bisherigen Ergebnissen nichts Neues, da sie den Kapitalaufbringungsgrundsatz nur auch auf diesen Fall der Aufrechnung anwendet. Das ergibt sich jedoch nur aus einem ersten flüchtigen Eindruck.

Die Berücksichtigung der ursprünglichen Leistung aufgrund des Verkehrsgeschäftes als „Negativposten" im Rahmen des § 171 I 2. Hs. HGB für die Einlageleistung durch Aufrechnung bereitet Schwierigkeiten auf der Grundlage der hier befürworteten Vertragstheorie. Wie oben d) aa) ausgeführt wurde, ist die Leistung im Rahmen des Drittgeschäftes nicht „auf die Einlage" im Sinne der Vertragstheorie erfolgt, sondern aufgrund eines Drittgeschäftes. Wenn oben d) aa) die Leistung nicht in positiver Weise für den Kommanditisten berücksichtigt

[70] *K. Schmidt*, (Einlage und Haftung), S. 52.

[71] Vgl. *Wiedemann*, (FS Bärmann) 1037 (1042).

[72] Anders nach der früher h.M.: dort wurde das „Surrogationsprinzip" als selbständige Ausnahme vom Grundsatz der Nennwertaufrechnung betrachtet; vgl. die Darstellung bei *K. Schmidt*, (Einlage und Haftung), S. 51 ff.

werden konnte (um trotz Wertverminderung der zur Aufrechnung gestellten Forderung aus Verkehrsgeschäft durch die ursprüngliche Zuwendung im Rahmen des Verkehrsgeschäftes (Warenlieferung) die volle Kapitalaufbringung nach § 171 I 2. Hs. HGB zu bejahen), so kann das auch nicht in für den Kommanditisten nachteiliger Weise geschehen, wenn, wie hier, der umgekehrte Fall eintritt, in dem die zur Aufrechnung gestellte Forderung aus Verkehrsgeschäft vollwertig ist, die ursprüngliche Leistung aber nicht dem Wert der Forderung entspricht.

Die Vertragstheorie verbietet in diesem Fall eine direkte Berücksichtigung der fehlenden Gleichwertigkeit der ursprünglichen Leistung zu Lasten des Kommanditisten.

Das führt in *Beispielsfall 9* dazu, daß sich K in voller Höhe von seiner Haftung durch Aufrechnung befreit hat. Der Minderwert der Warenlieferung in Höhe von 2.000.- bliebe zunächst unberücksichtigt.

Das ist nicht das Ergebnis der h.M., die mit dem Surrogationsprinzip als Teil des Grundsatzes der objektiven Vermögensdeckung, den Minderwert der Leistung aus dem Verkehrsgeschäft zu Lasten des Kommanditisten berücksichtigen will[73]. Sie käme in *Beispielsfall 9* nur zu einer Haftungsbefreiung für K in Höhe von 8.000.-.

Die h.M. ist in dieser Frage folgerichtig, solange sie ausschließlich der reinen Verrechnungstheorie folgt, soweit es um die Haftungsbefreiung nach § 171 I 2. Hs. HGB geht[74]. Dann kann sie nicht der Vertragstheorie widersprechen. Sie kann nämlich die Vorgänge des Verkehrsgeschäftes und der Einlageleistung durch Aufrechnung als eine Einheit betrachten und eine kontokorrentmäßige Verrechnung der Vermögensbewegungen vornehmen[75]. Die abweichende „causa“ der Leistung aufgrund des Verkehrsgeschäftes ist dann für § 171 I 2. Hs. HGB bedeutungslos. Der Minderwert dieser Leistung wird dem Kommanditisten bei der Höhe der Haftungsbefreiung nach § 171 I 2. Hs. HGB in Rechnung gestellt.

Mit der hier vertretenen Vertragstheorie ist das aus den oben geschilderten Gründen nicht möglich.

Ebenso läßt sich nicht denken, den Wert der Leistung aufgrund des Drittgeschäfts indirekt bei der Aufrechnung zu berücksichtigen, indem man z.B. eine

---

[73] *Müßigbrodt*, (Aufrechnung) S. 88 f.; *K. Schmidt*, (Einlage und Haftung), S. 52; *Wiedemann*, (FS Bärmann) 1037 (1042); eine direkte Stellungnahme der Rspr. zum Teilproblem „Surrogationsprinzip“ existiert nicht. Die Entscheidung RGZ 63, 265 (267) hat lediglich den Vermögenszufluß an die KG aufgrund des Verkehrsgeschäfts als Begründung genommen, um zur Zulässigkeit der Aufrechnung gegen die Einlageforderung zu kommen.

[74] So *Müßigbrodt*, (Aufrechnung) S. 95, 94; *Wiedemann*, (FS Bärmann) 1037 (1043); anders (auch auf Grundlage der Vertragstheorie) und deshalb inkonsequent (s.u.) *K. Schmidt*, (Einlage und Haftung) S. 52 f.

[75] So *Müßigbrodt*, (Aufrechnung), S. 95, 94.

Verminderung der Wertigkeit der Gegenforderung bei der Aufrechnung nach Sacheinlagegrundsätzen annimmt. Erstens bestimmt sich der Wert einer Forderung nicht nach dem Wert der Gegenleistung, zweitens kommt es bei der Aufrechnung gegen die Einlageforderung auf den Wert der Schuldbefreiung für die KG an, der erst recht nicht in Abhängigkeit zur Wertigkeit der Leistung aufgrund des Verkehrsgeschäftes steht.

Damit kann die Anwendung von Sacheinlagegrundsätzen bei fehlender Gleichwertigkeit der Zuwendung im Rahmen des Drittgeschäftes nicht zu einem Ausschluß der Nennwertaufrechnung führen, wenn die Gegenforderung wirtschaftlich vollwertig ist. Das Surrogationsprinzip kommt daher nicht zur Anwendung.

In *Beispielsfall 9* tritt für K zunächst Haftungsbefreiung nach § 171 I 2. Hs. HGB in voller Höhe ein.

Trotzdem ist der h.M. im Endergebnis zuzustimmen.

Die Minderwertigkeit der Warenlieferung ist dem Kommanditisten für seine Außenhaftung in Rechnung zu stellen, weil die Überbewertung von Leistungen des Kommanditisten aus Umsatzgeschäften mit der KG allgemein nicht zu einer Bevorzugung des beschränkt haftenden Gesellschafters im Hinblick auf die Außenhaftung führen darf[76].

Wie *Konietzko* richtig feststellt, geht es hier um einen Fall der verdeckten Gewinnausschüttung, der in die Problematik der Einlagerückgewähr nach § 172 IV HGB einzuordnen ist. Allgemein gehören Fragen der Überbewertung von Leistungen des Kommanditisten im Rahmen von Umsatzgeschäften in den Anwendungsbereich des § 172 IV HGB (mehr dazu unten). In Höhe des Minderwerts der Leistung muß dann eine Einlagerückgewähr angenommen werden[77].

Hier stellt sich natürlich die Frage, ob es möglich ist, die Einlagerückgewähr nach § 172 IV 1 HGB vor der Einlageleistung nach § 171 I 2. HGB eintreten zu lassen. In *Beipielsfall 7* wäre der die Einlagerückgewähr auslösende Tatbestand der minderwertigen Warenlieferung zeitlich vor der Einlageleistung durch Aufrechnung anzusiedeln. Ein solches Ergebnis wäre paradox, da eine Einlagerückgewähr nur vorliegen kann, wenn vorher eine Einlage iSv § 171 I 2. Hs. HGB geleistet wurde.

Deshalb ist in der vorliegenden Fallkonstellation die Minderwertigkeit der Warenlieferung zunächst nicht im Sinne von § 172 IV 1 HGB zu berücksichtigen, da eine Einlageleistung gem. § 171 I 2. Hs. HGB erst mit der Aufrechnung eintritt. Ab diesem Zeitpunkt kann aber das für die KG nachteilige Umsatzgeschäft kontokorrentartig im Rahmen des § 172 IV 1 HGB berücksichtigt

---

[76] *Konietzko*, (Haftung), S. 137 f.; *Mundry*, (Darlehen und stille Einlagen), S. 39 f.

[77] *Konietzko*, (Haftung), S. 137 f.; ebenso *Mundry*, (Darlehen und stille Einlagen) S. 40.

werden. Die Einlageleistung ist dann die Bedingung, unter der der Tatbestand der Einlagerückgewähr wirksam wird. Auf diese Weise folgt die Einlagerückgewähr zeitlich der haftungsbefreienden Einlageleistung.

Damit ist *Beispielsfall 7* wie folgt zu lösen:

K wird nur für eine logische Sekunde in voller Höhe von der Außenhaftung nach § 171 I 2. Hs. HGB befreit, weil er mit einer vollwertigen Kaufpreisforderung in Höhe von 10.000.- gegen die Einlageforderung (ebenfalls 10.000.-) aufgerechnet hat. Die Überwertung der Warenlieferung aufgrund des Kaufvertrages in Höhe von 2.000.- stellt aber eine Einlagerückgewähr nach § 172 IV 1 HGB dar, die in dieser Höhe zu einem Wiederaufleben der Haftung des K gegenüber G nach § 172 IV 1 HGB führt[78].

Das „Surrogationsprinzip" hat damit mit dem Kapitalaufbringungsgrundsatz und der Haftungsbefreiung nach § 171 I 2. Hs. HGB nichts zu tun. Es ist vielmehr in die Problematik der Umsatzgeschäfte und verdeckten Gewinnausschüttungen, d. h. in die Einlagerückgewähr nach § 172 IV 1 HGB einzuordnen. Die bisher gewonnenen Ergebnisse werden hierdurch nicht beeinflußt.

g) Ergebnis

Bei der Aufrechnung gegen die Einlageforderung einer Gesellschaft mit einer Forderung des Gesellschafters aus einem Drittgeschäft ist für die Höhe der Aufrechnungswirkung grundsätzlich auf den Wert der Schuldbefreiung abzustellen. Diese Schuldbefreiung, die eine Gesellschaft durch Aufrechnung erlangt, ist mit ihrem Nennwert anzusetzen. Von diesem Grundsatz gilt für die KG und die Aufrechnung durch den Kommanditisten insofern eine Ausnahme, als bei Verschlechterung der wirtschaftlichen Verhätnisse der KG die Schuldbefreiung nach Sacheinlagegrundsätzen zu bewerten ist. Das führt zu einer Anwendung des Kapitalaufbringungsgrundsatzes, die sich aus dem Vergleich mit der Einlageleistung durch Forderungsabtretung und der wirtschaftlichen Vorzugstellung des Kommanditisten gegenüber anderen Gesellschaftsgläubigern ergibt. Davon gibt es nur dann eine Ausnahme, wenn der Kommanditist mit einer Regreßforderung wegen Befriedigung eines Gesellschaftsgläubigers aufrechnet. Hier rechtfertigt sich die Anwendung des Nennwertprinzips, weil der Kommanditist durch direkte Gläubigerbefriedigung bereits einen haftungsbefreienden Tatbestand erfüllt hat und diesen nur gegen einen anderen Tatbestand der Haftungsbefreiung (Einlageleistung) austauscht.

Ansonsten bleibt es bei der Anwendung von Sacheinlagegrundsätzen für die Berechnung des Umfanges der Aufrechnungswirkung, wenn die Forderung des

---

[78] Obwohl bei diesem Vorgang direkt keine Einlage „zurückgewährt" wird, greift der Tatbestand des § 172 IV 1 HGB hier ein; vgl. zur „Funktionsweise" des § 172 IV 1 HGB näher unten C.

Kommanditisten gegen die KG (und damit die von dieser durch die Aufrechnung erlangte Schuldbefreiung) wirtschaftlich nicht mehr vollwertig ist.

Die Einbeziehung des ursprünglich aufgrund eines Verkehrsgeschäftes geleisteten Vermögenswertes, aus dem die aufzurechnende Gegenforderung des Kommanditisten resultiert, verbietet sich dagegen. Sie hat keine Wirkung auf die Höhe der Einlageleistung durch Aufrechnung nach § 171 I 2. Hs. HGB. Der Minderwert dieser Leistung kann nur bei der Einlagerückgewähr nach § 172 IV HGB berücksichtigt werden. Damit entfällt die selbständige Bedeutung des Surogationsprinzips.

Insgesamt ist damit das Kapitalaufbringungsprinzip bei dem Problem der sog. Nennwertaufrechnung voll anzuwenden.

4. Die Abtretbarkeit der Einlageforderung und der Kapitalaufbringungsgrundsatz

Die Abtretung der Einlageforderung an einen Dritten (etwa einen Gläubiger der KG) kann im Hinblick auf den Kapitalaufbringungsgrundsatz dann problematisch werden, wenn der Kommanditist den Einlagebetrag an den Dritten leistet und der Gesamtvorgang der Abtretung der Einlageforderung zu einer (gemessen an der Haftsumme) nicht ausreichenden Vermögenmehrung bei der KG führt.

Der Ausschluß der Abtretbarkeit der Einlageforderung kann sich aus zwei gedanklichen Ansätzen ergeben. Zum einen ist es möglich den Gesamtvorgang Abtretung wegen mangelnder Kapitalzufuhr an die KG nicht zuzulassen. Zum anderen kann die Abtretung der Einlageforderung zu einer unberechtigten Bevorzugung des Zessionars gegenüber den Gläubigerkonkurrenten führen, die den Ausschluß der Abtretbarkeit der Einlageforderung notwendig macht.

a) Der Ausschluß der Abtretbarkeit der Einlageforderung wegen mangelnder Kapitalzufuhr an die KG

aa) Die Abtretung der Einlageforderung aufgrund eines Verkehrsgeschäftes mit einem Dritten

Im Hinblick auf den Kapitalaufbringungsgrundsatz kann sich die Abtretbarkeit des Anspruchs der KG auf Leistung der Kommanditeinlage als problematisch erweisen.

Dies aus dem Grunde, weil der Kapitalaufbringungsgrundsatz verlangen könnte, daß durch Erfüllung der Einlageschuld seitens des Kommanditisten auch tatsächlich das KG-Vermögen als Haftungsbasis für die Gesellschaftsgläubiger vermehrt wird und nicht das Vermögen eines beliebigen Dritten, der durch die Abtretung (oder Pfändung) Gläubiger der Einlageschuld wird.

Orientiert am Recht der Kapitalgesellschaften[79], schließt *K. Schmidt* die Abtretbarkeit und Pfändbarkeit des Anspruchs auf Leistung der Kommanditeinlage aus[80].

Dagegen hält die h.M. die Abtretbarkeit und Pfändbarkeit der Einlageforderung für zulässig[81] und sieht die Erfordernisse des Kapitalaufbringungsgrundsatzes und § 171 I 2.HGB dann als erfüllt an, wenn und soweit der Gegenwert für die Abtretung der Einlageforderung der KG zufließt[82]. Bei Abtretung an einen Gesellschaftsgläubiger ist der Gegenwert grundsätzlich in der Befreiung der KG von der (in der Regel) vollwertigen Verbindlichkeit zu sehen[83]. Dabei ist nach der Abtretung grundsätzlich davon auszugehen, daß der Kommanditist wegen Erfüllung der Einlageforderung gegenüber dem Dritten den Gesellschaftsgläubigern nicht mehr haftet.

Dieser h.M. ist zumindest für den Fall der Abtretung aufgrund eines gewöhnlichen Verkehrsgeschäftes mit einem Dritten zuzustimmen. Hier ist dem Kapitalaufbringungsgrundsatz genüge getan, wenn man die Haftungsbefreiung nach § 171 I 2. Hs. HGB nur soweit eintreten läßt, als der KG der Gegenwert aus dem Verkehrsgeschäft zufließt (Bsp.:Die KG kauft von D einen 5.000.- werten LKW und begleicht ihre Verpflichtung auf Bezahlung von 5.000.- mit der Abtretung ihrer Einlageforderung gegen Kommanditist K in Höhe von 5.000.- an D (§ 364 I BGB). Hier ist die Kapitalaufbringung gegeben, sobald die KG den LKW erhält).

Ein Ausschluß der Möglichkeit der Abtretung ist hier zur Einhaltung des Kapitalaufbringungsgebots nicht notwendig.

bb) Die Abtretung der Einlageforderung sicherungshalber oder deren Pfändung

Schwieriger gestaltet sich die Lage beim Einsatz der Einlageforderung als Sicherungsmittel.

---

[79] Vgl.dazu die Problematik der nur eingeschränkten oder gar gänzlich ausgeschlossenen Abtretbarkeit der Einlageforderung in der GmbH bei *K. Schmidt*, (Einlage und Haftung), S. 64 f. mit weiteren Nachweisen; siehe auch BGHZ 63, 338 (339).

[80] § 54 II 2b (S. 1303 f.); *ders.*, in Schlegelberger §§ 171, 172 Rdnr. 51, 12; *ders.*, (Einlage und Haftung), S. 63 ff., 115 ff.

[81] BGHZ 63, 338 ff. = WM 1975, 346 = NJW 1975, 1022 = JuS 1975, 531 mit Anm. *K. Schmidt*; BGH BB 1981, 1909 = NJW 1982, 35; BGH NJW 1984,874; OLG Hamburg ZIP 1983, 59 (63); *Baumbach/Duden/Hopt*, § 171 Anm. 2D; Heymann-*Horn*, § 171 Rdnr. 23; GK (4) - *Schilling*, § 171 Rdnr. 13.

[82] Vgl. BGH BB 1981, 1909 = NJW 1982, 35; Heymann-*Horn*, § 171 Rdnr. 23.

[83] Vgl. BGHZ 63, 338 (341).

Denkbar ist z.B. die Übertragung der Einlageforderung gegen den Kommanditisten sicherungshalber, um eine Kaufpreisforderung eines Dritten gegen die KG zu sichern oder einfach die Pfändung der Einlageforderung.

Hier kommt eher eine Verletzung des Kapitalaufbringungsprinzips durch Abtretung oder Pfändung in Betracht, weil die Sicherungsabtretung bzw. die Pfändung zunächst gar nicht zu einer Vermehrung des KG- Vermögens führt, da diese Vorgänge noch keine direkte Schuldbefreiung für die KG zur Folge haben. Wenn sodann die Verwertung der Einlageforderung als Sicherungsmittel erfolgt (indem der Kommanditist an den Dritten leistet) besteht im Hinblick auf den Kapitalaufbringungsgrundsatz immer noch die Gefahr, daß der Wert der Schuldbefreiung (die die KG durch die Verwertung erlangt) und der Verlust der Einlageforderung in einer für die KG nachteiligen Weise voneinander abweichen[84].

Das könnte insbesondere dann der Fall sein, wenn die gesicherte Forderung des Dritten gegen die KG wegen Vermögenslosigkeit der KG weniger wert ist, als der Dritte durch Sicherungsabtretung oder Pfändung erlangt[85].

Diese Situation ist schon aus dem vorausgegangenen Kapitel über die „Nennwertaufrechnung" bekannt. Die Lage ist beinahe dieselbe. Die KG „verliert" den vollwertigen Anspruch auf Leistung der Kommanditeinlage, und im Gegenzug kann bei Verwertung der Einlageforderung eine Forderung gegen die KG erlöschen, die nicht mehr vollwertig ist. Die KG hat in beiden Fällen als Äquivalent für den verlorenen Einlageanspruch eine Schuldbefreiung erlangt (hier:Befreiung von der Schuld gegenüber dem Dritten).

Oben, bei der Aufrechnung, wurde der Kapitalaufbringungsgrundsatz durch einen solchen Vorgang als tangiert angesehen, und eine entsprechend geringere Haftungsbefreiung nach § 171 I 2.HGB angenommen. Das geschah aber unter anderem nur deshalb, weil der Kommanditist als Gesellschafter nicht vor anderen Gläubigern bevorzugt werden durfte, da er für eine ordnungsgemäße Kapitalausstattung der KG zu sorgen hat, wenn er die Haftungsbefreiung nach § 171 I 2. Hs. HGB erlangen will. Das ist hier nicht der Fall, da nicht der Kommanditist der KG das Äquivalent Befreiung von einer Verbindlichkeit zukommen läßt, sondern ein Dritter, ein Nichtgesellschafter. Hier ist die Schuldbefreiung als Äquivalent mit ihrem Nennwert anzusetzen, gleich in welcher finanziellen Situation sich die KG befindet.

Damit ist auch im Fall eines Wertverlustes der gesicherten Forderung des Dritten davon auszugehen, daß die Schuldbefreiung in Höhe ihres Nennwertes einen Ausgleich für die Abtretung der Einlageforderung darstellt. Dem Kapitalerhaltungsgrundsatz ist auch in dieser Fallkonstellation genüge getan. Auch hier

---

[84] Vgl. dazu *K. Schmidt*, (Einlage und Haftung), S. 64 f.

[85] *K. Schmidt*, (Einlage und Haftung), S. 64.

ist ein Ausschluß der Abtretbarkeit der Einlageforderung abzulehnen. Zu einer Unwirksamkeit der Abtretung der Einlageforderung kann man nur in den Fällen der Übersicherung des Gläubigers zu Lasten der KG kommen. Diese ergibt sich dann schon aus § 138 I BGB[86].

b) Der Ausschluß der Abtretbarkeit wegen unberechtigter Bevorzugung des Drittgläubigers gegenüber Gläubigerkonkurrenten

Die Abtretung der Einlageforderung an einen Gesellschaftsgläubiger beschert diesem eine doppelte Zugriffsmöglichkeit. So kann er zum einen aus der Einlageforderung gegen den Kommanditisten vorgehen, zum anderen bleibt er ein gewöhnlicher Gesellschaftsgläubiger, der gegen den Kommanditisten aus § 171 I 1.Hs. HGB vorgehen kann, solange dieser die Einlageforderung nicht erfüllt hat[87].

Darin könnte eine unberechtigte Bevorzugung des Forderungserwerbers gegenüber den übrigen Gläubigern der KG liegen[88], die die Abtretbarkeit und Pfändbarkeit der Einlageforderung ausschließt. Diese Frage wird zunächst allgemein und dann für den Konkurs der KG untersucht.

aa) Allgemeine Haftungslage

Die Abtretung der Einlageforderung an einen Gesellschaftsgläubiger führt dazu, daß der Kommanditist an diesen leisten muß, um sich von seiner Haftung über § 171 I 2. Hs. HGB befreien, während er bei einem Vorgehen aus der Kommanditistenhaftung nach § 171 I 1. Hs. HGB Gefahr läuft, daß ihm ein anderer Gesellschaftsgläubiger zuvorkommt[89]. Insofern liegt also in der Möglichkeit des direkten und alleinigen Zugriffs auf die Kommanditeinlage ein Vorteil gegenüber den Gläubigerkonkurrenten.

Dieser Vorteil erweist sich aber bei näherem Hinsehen als nicht allzu groß. Solange der Kommanditist die Einlageforderung nicht erfüllt, besteht für die anderen Gesellschaftsgläubiger die Möglichkeit aus der Haftung des Kommanditisten vorzugehen, da der Vorgang der Abtretung der Einlageforderung an den Gesellschaftsgläubiger keine Auswirkungen auf die persönliche Haftung des Kommanditisten nach § 171 I 2. Hs. HGB hat[90]. Die Befriedigung eines anderen

---

[86] Vgl. dazu für das unechte Factoring Schlegelberger (5) - *K. Schmidt*, §§ 171, 172 Rdnr. 12 und LG München II DB 1977, 443; bestätigt durch BGH WM 1978, 1400.

[87] Vgl. *K. Schmidt*, § 54 II 2b (S. 1303).

[88] Vgl. dazu *K. Schmidt*, (Einlage und Haftung), S. 116.

[89] Vgl. *K. Schmidt*, (Einlage und Haftung), S. 115.

[90] Vgl. *K. Schmidt*, (Einlage und Haftung), S. 116; a.A. wohl BGHZ 63, 338 (341) = JuS 1975, 531; *Gramlich*, NJW 1967, 1447 (1450 f.).

Gesellschaftsgläubigers kann der Kommanditist nun über § 406 BGB im Wege der Aufrechnung der Einlageforderung entgegenhalten[91]. Dadurch wird der Vorteil für den Gesellschaftsgläubiger durch Erwerb der Einlageforderung so stark reduziert[92], daß er nicht als unberechtigt angesehen werden kann. Damit kommt unter diesem Gesichtspunkt kein Ausschluß der Abtretbarkeit und Pfändbarkeit der Einlageforderung in Betracht.

bb) Haftungssituation im Konkurs

Anders ist die Situation dagegen im Konkurs der KG zu beurteilen. Hier will § 171 II HGB, daß alle Zahlungen aus der Kommanditistenhaftung in die Konkursmasse erfolgen, um die bevorzugte Befriedigung einzelner Gesellschaftsgläubiger zu Lasten der gesamten Konkursmasse zu vermeiden. Dieser Gedanke läßt sich auch auf den hier zu untersuchenden Fall der Abtretung der Einlageforderung auf einen Gesellschaftsgläubiger übertragen, bei dem ebenfalls eine bevorzugte Befriedigung dieses Gläubigers droht. Zwar ist § 171 II HGB direkt nur auf die Kommanditistenhaftung nach § 171 I 1.Hs. HGB anwendbar und nicht auf den Fall der Geltendmachung der Einlageforderung durch einen Dritten zugeschnitten. Das liegt daran, daß § 171 II HGB davon ausgeht, daß die Einlageforderung (wie regelmäßig) in der Hand der KG liegt und damit eine Geltendmachung durch den Konkursverwalter für die Konkursmasse gesichert ist. Wenn aber der seltene Fall eintritt, daß die Einlageforderung nicht der KG zusteht, erfordern der Zweck des Konkurses und § 171 II HGB, daß der Betrag der Einlage der Konkursmasse zur gleichmäßigen Befriedigung aller Gesellschaftsgläubiger zufließt[93]. Das kann nur durch einen Ausschluß der Abtretbarkeit und Pfändbarkeit der Einlageforderung erreicht werden. Hier kommt der Kapitalaufbringungsgrundsatz zum Zuge.

Außerhalb des Konkurses führt der Kapitalaufbringungsgrundsatz nicht zu einem Ausschluß der Abtretbarkeit und Pfändbarkeit des Anspruchs auf Leistung der Kommanditeinlage.

5. Umwandlung in Kommanditeinlage

Um den Zeitpunkt der Kapitalaufbringung geht es bei der Frage, ob eine vormals stille Einlage, bzw. die Einlage in einer Gesellschaft bürgerlichen Rechts, voll in dem Wert anzurechnen ist, den sie ursprünglich hatte, oder ob es auf den Wert im Zeitpunkt der Umwandlung in eine Kommanditeinlage ankommt.

---

[91] Vgl. dazu BGHZ 51, 391 (392); *K. Schmidt*, (Einlage und Haftung), S. 116.

[92] So auch *K. Schmidt*, (Einlage und Haftung), S. 116.

[93] Vgl. dazu *K. Schmidt*, (Einlage und Haftung), S. 117, sowie *Keuk*, ZHR 135, 410 (434).

a) Umwandlung einer stillen in eine Kommanditeinlage

Für die Umwandlung einer stillen Einlage in eine Kommanditeinlage läßt sich als *Beispielsfall 10* folgender Sachverhalt denken:

Ein ehemals stiller Gesellschafter möchte nun als Kommanditist an einer KG teilnehmen, bei der er vorher schon die stille Einlage hielt. Diese stille Einlage, die ursprünglich einen Wert von 10.000.- hatte, ist wegen der schlechten finanziellen Situation der KG nur noch 5.000.- wert. Die Frage ist nun, ob bei einer Haftsumme von 10.000.- volle Haftungsbefreiung in Höhe von 10.000.-eintritt (ursprünglicher Wert der stillen Beteiligung) oder ob das nur in Höhe von 5.000.- geschieht (späterer Wert der stillen Einlage)[94].

Anders ausgedrückt, ist zu überlegen, ob Kontinuität zwischen stiller Einlage und Kommanditeinlage besteht.

Dabei ist es eigentlich irreführend, der Kommanditeinlage begrifflich eine stille „Einlage" gegenüberzustellen. Wie oben II. 2. c. schon festgestellt wurde, ist die stille Einlage keine Einlage wie die Kommanditeinlage oder die Beteiligung an einer Außengesellschaft bürgerlichen Rechts. Sie ist nicht Teil des rechtlich teilweise verselbständigten Gesamthandsvermögens, was bedeutet, daß sie durch Verluste nicht unmittelbar gemindert, durch Gewinne nicht unmittelbar vermehrt wird, sondern daß es sich lediglich um eine rein schuldrechtlich wirkende Beteiligung an einem Unternehmen handelt. Damit ist die stille Einlage dem Darlehen wesensmäßig wesentlich näher als der Einlage als Beteiligung an einer Außengesellschaft[95].

Der Kommanditist hat damit auch im *Beispielsfall 10* lediglich eine Forderung aus stiller Beteiligung gegen die KG, nicht dagegen eine Einlage im hier vertretenen Sinn, d. h., daß die Einlageerbringung durch Verrechnung dieser Forderung mit der Einlageforderung der Gesellschaft geschieht. Damit liegt hier nichts anderes vor als ein Fall aus der Problematik der „Nennwertaufrechnung[96]", für den das oben Gesagte gilt. Die Verrechnung ist nur insoweit haftungsbefreiend, als die KG von einer Schuld gegenüber dem Kommanditisten befreit wird. Diese Schuldbefreiung wäre nach Sacheinlagegrundsätzen in Höhe des Forderungswertes bei Erbringung der Kommanditeinlage anzusetzen, d.h. in *Beispielsfall 10* mit 5.000.-. Eine Kontinuität zwischen stiller und Kommanditeinlage kann schon wegen der fehlenden Identität nicht vorliegen[97].

---

[94] Vgl. hierzu den ähnlichen Fall RGZ 63, 265 ff.

[95] Vgl. zum ganzen *K. Schmidt*, (Einlage und Haftung), S. 69; ebenso *ders.*, ZHR 140, 475 ff.

[96] *K. Schmidt*, (Einlage und Haftung), S. 70.

[97] *K. Schmidt*, (Einlage und Haftung), S. 70.

b) Umwandlung der Einlage in einer Gesellschaft bürgerlichen Rechts in eine Kommanditeinlage

Anders liegen die Dinge dagegen bei Umwandlung eines Anteils an einer Gesellschaft bürgerlichen Rechts in einen Kommanditanteil.

Eine solche Umwandlung kann insbesondere dann eintreten, wenn schon ein Vertrag über die Bildung einer KG vorliegt und die entstandene Gesellschaft sich betätigt, aber die Voraussetzungen für die Erlangung des Status einer KG noch nicht vorliegen, etwa weil die Gesellschaft kein Grundhandelsgewerbe nach § 1 II HGB betreibt und ihre Eintragung ins Handelsregister noch nicht erfolgt ist, oder zwar ein Grundhandelsgewerbe vorliegt, dieses aber noch im Umfang eines minderkaufmännischen Unternehmens betrieben wird (vgl. § 4 II HGB). Hier liegt im Zwischenstadium bis zur Entstehung der KG eine Gesellschaft bürgerlichen Rechts vor[98], die aber mit der späteren KG rechtlich identisch ist, d.h. es findet lediglich ein Formwechsel statt, das Gesellschaftsvermögen ist identisch und braucht nicht übertragen zu werden[99]. Das spricht für eine Kontinuität zwischen der ursprünglichen Einlage und der späteren Kommanditeinlage und dafür, diese Einlage mit ihrer ursprünglichen Wertigkeit anzusetzen[100].

Das wird in der Rechtsprechung anders gesehen. Danach soll die ursprüngliche Einlage bei Gründung der KG (d.h. erst bei ihrer Entstehung) nach Sacheinlagegrundsätzen bewertet werden, d.h. es kommt auf den sachlichen Wert der Einlage bei Entstehung der KG an[101].

Die Auffassung der Judikatur setzt aber eine Übertragung der Einlagen voraus, d.h., daß KG-Vermögen nur durch Übertragung des Vermögens der vorherigen Gesellschaft bürgerlichen Rechts entstehen kann. Das ist aber gerade nicht der Fall, da zwischen der Vor-KG und der späteren KG rechtliche Identität besteht. Diese Identität führt zu Kontinuität und erfordert gerade keinen Übertragungsakt.

Die Auffassung der Rechtsprechung ist daher abzulehnen.

Damit käme es bei „Umwandlung" einer Beteiligung an einer Gesellschaft bürgerlichen Rechts in eine Kommanditeinlage grundsätzlich auf die Wertigkeit der Einlage bei deren Einbringung in die bürgerlichrechtliche Gesellschaft an.

Dagegen könnte höchstens sprechen, daß der Kapitalaufbringungsgrundsatz eine wertmäßige Deckung im Zeitpunkt der Handelsregistereintragung verlangt.

---

[98] Vgl. dazu *K. Schmidt*, DB 1973, 653 ff., 703 ff.: „bürgerlichrechtliche Kommanditgesellschaft".

[99] *Baumbach/Duden/Hopt*, § 123 Anm. 2C; *Huber*, (Vermögensanteil) S. 76 f.; *Kraft/Kreutz*, C VI 2a (S. 54); Schlegelberger (5) - *K. Schmidt*, § 123 Rdnr. 13; *ders.*, § 44 II 3 (S. 1073 f.).

[100] *K. Schmidt*, (Einlage und Haftung), S. 71.

[101] Vgl. BGH WM 1956, 284 (285).

Das ist aber nicht der Fall, da die Handelsregistereintragung ein Umstand ist, den der Kommanditist nicht mehr in der Hand hat. Entscheidend für die wertmäßige Deckung ist daher der Zeitpunkt der Einbringung der Einlage in das Gesellschaftsvermögen.

c) Ergebnis

Wird eine stille Einlage in eine Kommanditeinlage umgewandelt, ist deren Wert im Zeitpunkt der Umwandlung für die Höhe der Haftungsbefreiung nach § 171 I 2. Hs. HGB in Rechnung zu stellen, da zwischen der stillen Einlage und der späteren Kommanditeinlage keine Kontinuität besteht. Bei der Umwandlung einer Einlage in einer Gesellschaft bürgerlichen Rechts (GbR) in eine Kommanditeinlage ist dagegen der ursprüngliche Wert bei Gründung der GbR für § 171 I 2. Hs. HGB anzusetzen, da es sich hier um ein und dieselbe Einlage handelt und nur die Rechtsform der Personengesellschaft sich ändert.

6. Zusammenfassung zu IV.

Der Kapitalaufbringungsgrundsatz im Recht der Kommanditgesellschaft besagt, daß Haftungsbefreiung nach § 171 I 2. Hs. HGB nur eintreten kann, soweit durch die Leistung der Einlage eine objektive Wertdeckung erfolgt. Das Prinzip der Kapitalaufbringung läßt sich aus § 172 III HGB, der Haftsumme und den Motiven zur Gesetzgebung ableiten. Es verwirklicht den Gläubigerschutz als Ausgleich für die bei § 171 I 2. Hs. HGB fehlende Haftung.

Das Kapitalaufbringungsprinzip führt nicht zur Garantie eines bestimmten Vermögens. Es beinhaltet nicht die Sicherung einer Kapitalzuführung, wie sich am Beispiel der Einlageleistung durch Einbuchung zeigt.

Im Falle der Einlageleistung durch Aufrechnung führt es aber zu einem Ausschluß des Nennwertprinzips und einer Bewertung der Gegenforderung nach Sacheinlagegrundsätzen.

Es führt, außer im Fall des Konkurses, nicht zu einem Ausschluß der Abtretbarkeit und Pfändbarkeit der Einlageforderung.

Was den Zeitpunkt betrifft, ab dem das Kapitalaufbringungsprinzip wertmäßige Deckung nach § 171 I 2. Hs. HGB verlangt, so ist hier auf den Moment der Einbringung in das Gesamthandsvermögen, nicht dagegen auf den der tatsächlichen Entstehung der KG (z.B. durch deren Eintragung) abzustellen.

V. Einbeziehung von Drittvermögen in die Einlageleistung nach § 171 I 2. Hs. HGB

Möglich ist auch die Einbeziehung von Drittvermögen in die Leistung einer haftungsbefreienden Einlage nach § 171 I 2. Hs. HGB. Anders als bei der Einschaltung fremder Vermögensmassen in den Vorgang der Einlagerückgewähr (vgl. dazu unten C.IV) ergeben sich hier keine großen rechtlichen Probleme, da die engen Voraussetzungen des § 171 I 2. Hs. HGB (Einlageaufbringung + Kapitalaufbringung) wenig Raum für Manipulationen lassen.

Denkbar ist zunächst die Erbringung der Kommanditeinlage durch einen Dritten, der gesellschaftsfremd, aber auch Mitgesellschafter sein kann. So kann es sein, daß der Dritte für Rechnung des Kommanditisten den Betrag der Einlage in das KG-Vermögen leistet. In diesem Fall muß die Leistung die Erfordernisse der Einlageaufbringung und der Kapitalaufbringung erfüllen, d.h. der Dritte muß auf die Einlage leisten, wozu er einen Tilgungszweck im Sinne des § 267 BGB setzen muß, und er muß für objektive Vermögensdeckung sorgen, was er durch tatsächliche Mittelzuführung erreicht.

Diese Fallkonstellation läßt sich dahingehend umdrehen, daß man untersucht, ob die Leistung des Kommanditisten an einen Dritten Einlage im Sinne des § 171 I 2. Hs. HGB sein kann. Hierzu müßte der Kommanditist einen Tilgungszweck im Sinne der Vertragstheorie setzen, d.h. er kann mit Hilfe des § 362 II BGB auf die Einlage leisten. Der Kapitalaufbringung ist aber nicht unbedingt schon mit der Zuwendung des Einlagebetrages an den Dritten genüge getan, vielmehr ist hier zu verlangen, daß das Gesellschaftsvermögen auch tatsächlich vermehrt wird, was z.B. durch eine unmittelbare Verrechnung von Forderungen zwischen der KG und dem Dritten geschehen kann.

Als eine weitere Fallkonstellation der Beteiligung von Drittvermögen sei noch einmal die oben III.2 besprochene Einbuchung erwähnt. Dort wurde bereits festgestellt, daß § 171 I 2. Hs. HGB nicht Kapitalzuführung im Sinne einer Vergrößerung der Gesamthaftungsmasse aus KG-Vermögen und Gesellschaftervermögen verlangt. Zuletzt soll auf die Ausführungen zur Übertragbarkeit der Einlageforderung (oben III 4) als eines weiteren Falles der Beteiligung von Drittvermögen an der Einlageleistung nach § 171 I 2. Hs. HGB verwiesen werden.

VI. Zusammenfassung zu B.

Die Erfüllung des Tatbestandes der haftungsbefreienden Einlageleistung nach § 171 I 2. Hs. HGB setzt die Erfüllung zweier Komponenten voraus.

Zum einen muß die Leistung des Kommanditisten „auf die Einlage“ erfolgen, d.h. sie muß aufgrund des Gesellschaftsvertrages, genauer, aufgrund der Verpflichtung des Kommanditisten zur Erbringung der Einlage, erbracht werden. Diese Erfordernis fußt auf der Vertragstheorie. Von ihm kann keine Ausnahme zugelassen werden.

Des weiteren muß die Leistung des Kommanditisten zu einer Kapitalaufbringung führen bzw. zu einer objektiven Vermögensdeckung, d. h. der Kommanditist verdient sich seine Haftungsbefreiung nach § 171 I 2. Hs. HGB nur insoweit, als er der KG tatsächlich Werte zuführt. Dieses Erfordernis fußt auf der Verrechnungstheorie, wobei hier in Abweichung zur reinen Verrechnungstheorie natürlich eine Leistung „auf die Einlage“ verlangt wird. Insofern wird die Verrechnungstheorie nur teilweise übernommen.

Im Endergebnis wird daher wie von der h.M. eine Kombination von Vertragstheorie und Verrechnungstheorie befürwortet, wobei hier eine insgesamt strengere Einhaltung der Vertragstheorie für nötig befunden wird (siehe oben III. 2. und 3.).

C. Die Rückgewähr der Kommanditeinlage

I. Allgemeines zur Rückgewähr der Einlage

1. Ausgangsnorm § 172 IV HGB

Die Einlagerückgewähr ist der umgekehrte Vorgang zur haftungsbefreienden Einlageleistung nach § 171 I 2. Hs. HGB.

Die Rechtsfolgen für die Außenhaftung des Kommanditisten bei Rückgewähr seiner Einlage sind in § 172 IV 1 HGB geregelt: Danach gilt die Einlage den Gläubigern gegenüber als nicht geleistet, soweit sie dem Kommanditisten zurückbezahlt wird.

Die Vorschrift knüpft durch die Wendung „gilt...als nicht geleistet" unmittelbar an den Tatbestand der haftungsbefreienden Einlageleistung in § 171 I 2. Hs. HGB an[1]. Sie kann damit als Gegenstück zur Einlageleistung angesehen werden.

Wie § 171 I 2. Hs. HGB regelt § 172 IV 1 HGB das Verhältnis des Kommanditisten zu den Gesellschaftsgläubigern, indem er den Umfang der Außenhaftung festlegt[2]. Diese lebt in dem Maß wieder auf, wie die Einlage „zurückbezahlt" wird; es wird insoweit also der Zustand der Außenhaftung nach § 171 I 1.Hs. HGB wiederhergestellt.

§ 172 IV 1 HGB dient wie § 171 HGB der Verwirklichung des Gläubigerschutzes[3], der bei Entzug von Mitteln aus dem haftenden Gesellschaftsvermögen durch entsprechende Kommanditistenhaftung ausgeglichen werden soll.

Dieser Gläubigerschutz wird nicht durch Auszahlungsverbote wie in § 30 GmbHG oder § 57 AktG verwirklicht, vielmehr ist jede Zahlung aus dem KG-Vermögen an den Kommanditisten erlaubt und wirksam[4]. Es tritt dafür der Zustand der Außenhaftung des beschränkt haftenden Gesellschafters in Höhe der Rückgewähr der Einlage wieder ein. Hieran zeigt sich die Alternativität von Einlageaufbringung und Außenhaftung[5], oder, nach anderer Auffassung, der sank-

---

[1] GK (4) - *Schilling*, § 172 Rdnr. 8; Schlegelberger (5) - *K. Schmidt*, §§ 171, 172 Rdnr. 62; vgl. auch *Konietzko*, (Haftung), S. 103.

[2] Schlegelberger (5) - *K. Schmidt*, §§ 171, 172 Rdnr. 62.

[3] BGHZ 47, 149 (155 f.); *Immenga*, ZGR 1975, 487 (488); *Konietzko*, (Haftung) S. 104; *Priester*, BB 1976, 1004 (1007); *K. Schmidt*, (Einlage und Haftung), S. 72; *Winkler*, NJW 1969, 1009 (1012).

[4] Vgl. GK (4) - *Schilling*, § 172 Rdnr. 8; Schlegelberger (5) - *K. Schmidt*, §§ 171, 172 Rdnr. 62.

[5] *Müßigbrodt*, (Aufrechnung), S. 70; *K. Schmidt*, (Einlage und Haftung), S. 29.

tionsähnliche Charakter der Außenhaftung, der den Kommanditisten zur Einlageleistung motivieren soll[6].

Seinem Wortlaut nach setzt § 172 IV 1 HGB ein „Zurückbezahlen" der Einlage voraus, während § 171 I 2. Hs. HGB von deren Leistung spricht. Doch ist allgemein anerkannt, daß die Vorschrift insoweit zu eng gefaßt ist, da nicht nur ein Zahlungsvorgang die Rechtsfolge des § 172 IV 1 HGB auslösen kann, sondern jede Zuwendung eines Vermögenswertes aus dem Gesellschaftsvermögen an den beschränkt haftenden Gesellschafter[7]. Daher ist im folgenden bei § 172 IV HGB von der „Einlagerückgewähr" die Rede.

Einer speziellen gesetzlichen Regelung unterliegen die Gewinne der Gesellschaft. Nach § 172 IV 2 HGB dürfen diese ohne Haftungssanktion ausbezahlt werden, solange dadurch nicht der Kapitalanteil des Kommanditisten unter den Betrag der Haftsumme gemindert wird.

2. Einlageerhaltung und Kapitalerhaltung

Da § 172 IV 1 HGB das Gegenstück zu § 171 I 2. Hs. HGB ist, wiederholt sich die dort besprochene Problematik der Vertragstheorie und Verrechnungstheorie sinngemäß[8], d. h., der Vorgang der Einlagerückgewähr kann auch in 2 Komponenten zerlegt werden.

Die erste Komponente beruht auf der Vertragstheorie. Mit ihr ist zu untersuchen, ob ein Vermögenswert, den der Kommanditist ursprünglich als haftungsbefreiende Einlage nach § 171 I 2. Hs HGB an die KG geleistet hat, weiterhin aufgrund des Gesellschaftsvertrages der Gesellschaft überlassen wird. Dabei muß keine tatsächliche Vermögensminderung bei der KG eintreten (wobei auch eine tatsächliche Vermögensminderung nach der Vertragstheorie Einlagerückgewähr ist, wenn diese Leistung aufgrund des Gesellschaftsvertrages erfolgt), es kann auch lediglich der Rechtsgrund der Vermögensüberlassung geändert werden (Bsp.: Der Kommanditist wandelt seine bisherige Einlage in ein Darlehen für die KG um)[9]. Die erste Komponente beinhaltet die Erhaltung eines Vermögenswertes als Einlage, weshalb man mit *K. Schmidt* hier von einem Prinzip der Einlageerhaltung sprechen kann[10].

Die zweite Komponente basiert auf der Verrechnungstheorie. Hier ist ein rechnerischer Vergleich der Vermögenssituation von KG und Kommanditist vor und

---

[6] *Wiedemann*, (FS Bärmann) 1037 (1038).

[7] GK (4) - *Schilling*, § 172 Rdnr. 9; Schlegelberger (5) - *K. Schmidt*, §§ 171, 172 Rdnr. 63.

[8] Vgl. Schlegelberger (5) - *K. Schmidt*, §§ 171, 172 Rdnr. 63.

[9] Vgl. dazu insb. *Keuk*, ZHR 135, 410 (420 ff.).

[10] (Einlage und Haftung), S. 72 ff.

nach einem zu untersuchenden Vorgang vorzunehmen. Wenn diese Saldierung eine Verminderung des KG-Vermögens zugunsten des Kommanditisten ergibt, ist nach der Verrechnungstheorie von einer Einlagerückgewähr im Sinne des § 172 IV 1 HGB auszugehen, gleich auf welchem Rechtsgrund die Vermögensbewegung zwischen KG und Kommanditist erfolgt (z.B. auch bei einer Vermögensbewegung nicht aufgrund des Gesellschaftsvertrages, sondern aufgrund eines Umsatzgeschäftes bei überteuerter Warenlieferung des Kommanditisten). Die zweite Komponente beinhaltet die Erhaltung des KG-Kapitals. Mit *K. Schmidt* und der h.M. kann sie als Prinzip der Kapitalerhaltung bezeichnet werden[11].

Nach der h.M. ist § 172 IV 1 HGB, anders als § 171 I 2. Hs. HGB , nur die zweite Komponente der Kapitalerhaltung zugrundezulegen[12].

Sie nimmt also ausschließlich einen rechnerischen Vergleich im oben beschriebenen Sinne vor, ohne auf den Rechtsgrund der Vermögensbewegung abzustellen. Der Rechtsgrund einer Vermögensbewegung hat bei § 172 IV 1 HGB nach der h.M. nur in Dreipersonenverhältnissen Bedeutung (mehr dazu unten IV.).

Teilweise wird in der Literatur auch nur auf die erste Komponente der Einlageerhaltung abgestellt, nach der § 172 IV 1 HGB nur dann eingreift, wenn das Einlagekapital aus seiner gesellschaftlichen Bindung herausgelöst wird[13]. Danach würden z.B. für die KG nachteilige Umsatzgeschäfte mit dem Kommanditisten nicht unter § 172 IV 1 HGB fallen, weil dort nicht Einlagekapital (sondern anderes Gesellschaftskapital) abgezogen wird.

K. Schmidt befürwortet entsprechend zu § 171 I 2. Hs HGB eine Kombination der beiden Komponenten Einlageerhaltung und Kapitalerhaltung. Ausgehend davon, daß sich der Kommanditist nach § 171 I 2. Hs HGB die Haftungsbefreiung durch Erfüllung der Einlageaufbringung und Kapitalaufbringung „verdiene", ist er der Auffassung, daß die Haftung wiederaufleben müsse, wenn später nur eine der beiden Komponenten Einlageaufbringung oder Kapitalaufbringung wegfalle[14].

Hier gilt es, in der folgenden Untersuchung zu klären, wie die beiden Komponenten der Vertrags- und der Verrechnungstheorie bei der Einlagerückgewähr anzuwenden sind.

---

[11] BGHZ 93, 246 (251); *K. Schmidt* (Einlage und Haftung) S. 78 ff.

[12] BGHZ 39, 319 (331) = WM 1963, 831 (833 f.) = NJW 1963, 1873 (1876); BGHZ 47, 149 (155 f.); BAG ZIP 1983, 170 (172); *Baumbach/Duden/Hopt*, § 171, 172 Anm. 2B; Heymann-*Horn*, § 172 Rdnr. 10; GK (4) - *Schilling*, § 172 Rdnr. 9; RGRK-*Weipert*, § 172 Rdnr. 29.

[13] *Keuk*, ZHR 135, 410 (420 ff.).

[14] Schlegelberger (5) - *K. Schmidt*, §§ 171, 172 Rdnr. 63; vgl. *ders.*, (Einlage und Haftung), S. 72 ff.; *ders.*, ZGR 1976, 330 ff.

Gemessen an den Ergebnissen des Abschnitts B für die Voraussetzungen der haftungsbefreienden Einlageleistung ist vor allem zu fragen, ob auch die Einlagerückgewähr nach § 172 IV 1 HGB nach einer Kombination von Vertrags- und Verrechnungstheorie zu bewerten ist.

Insofern wird sich die Untersuchung an den Aufbau aus Abschnitt B halten.

3. Einbeziehung von Drittvermögen

Im Vergleich zur Einlageleistung im Sinne des § 171 I 2. Hs HGB tritt bei der Erörterung des § 172 IV 1 HGB die zusätzliche Schwierigkeit der Einbeziehung von Drittvermögen in den Vorgang der Einlagerückgewähr hinzu. Hier besteht die Gefahr, durch die Umleitung des Vermögensflusses von der Gesellschaft über einen gesellschaftsfremden Dritten an den Kommanditisten den Vorgang der Einlagerückgewähr zu Lasten der Gläubiger zu verschleiern.

Dieser besonderen Fallkonstellation wird daher ebenfalls Aufmerksamkeit gewidmet.

II. Das Prinzip der Einlageerhaltung

1. Einführung in die Problematik

a) Fehlende Vermögensbewegung

Es liegt nahe, in § 172 IV 1 HGB das Prinzip der Kapitalerhaltung verankert zu sehen, da Gläubigerschutz im Sinne der §§ 171, 172 HGB nur dann erreicht werden kann, wenn ein Ausgleich für den tatsächlichen Abfluß von Vermögen der KG an den Kommanditisten geschaffen wird (durch Wiederaufleben der Haftung).

Fraglich ist aber, ob § 172 IV 1 HGB auch dann eingreifen soll, wenn eine solche tatsächliche Vermögensbewegung zwischen KG und beschränkt haftendem Gesellschafter überhaupt nicht stattfindet, wenn die Gesellschaft rein betragsmäßig überhaupt kein Vermögen verliert, aber der Rechtsgrund der Überlassung von Vermögen an die KG geändert wird. Es ist also zu fragen, ob allein die Umwandlung einer Einlage (Eigenkapital) in Fremdkapital Einlagerückgewähr nach § 172 IV 1 HGB ist. Anders ausgedrückt: Beinhaltet § 172 IV 1 HGB das Prinzip der Einlageerhaltung[1]?

---

[1] Vgl. zu diesem Begriff *K. Schmidt*, (Einlage und Haftung), S. 72 ff.

b) Beispielsfall (Umwandlung der Einlage in Darlehen, stille Einlage und Abfindungsguthaben)

Hierzu folgender *Beispielsfall 11:*

K, Kommanditist in der A-KG, ist mit einer Haftsumme von 10.000,- ins Handelsregister eingetragen und hat in dieser Höhe eine Bareinlage erbracht. Nach einer gewissen Zeit wird die Einlage in Höhe von 10.000,- in ein Darlehen umgewandelt und steht der KG fortan als solches zur Verfügung.

Die Frage ist, ob in dem Vorgang eine Einlagerückgewähr nach § 172 IV 1 HGB zu erblicken ist. Der *Beispielsfall 11* läßt sich auch dahingehend abwandeln, daß die Einlage in eine stille Einlage umgewandelt wird, die ähnliche Kreditfunktionen wie das Darlehen erfüllt und als Fremdkapital zu behandeln ist (vgl. oben B III 2c). Die Umwandlung der Einlage in ein Darlehen oder eine stille Einlage dürfte auch für die vorliegende Problematik keinen Unterschied machen.

Eine weitere Abwandlung des *Beispielsfalles 11* liegt in dem schlichten Tatbestand des Ausscheidens des Kommanditisten K aus der A-KG, verbunden mit dem Stehenlassen des Abfindungsbetrages. Hier mag auf Anhieb nicht einleuchten, warum schon das Ausscheiden des K aus der A-KG den Tatbestand der Einlagerückgewähr erfüllen soll. Doch muß man sich vergegenwärtigen, daß mit dem Ende der Mitgliedschaft die ursprüngliche Einlage nicht mehr „als Einlage" der KG zur Verfügung stehen kann, da die Einlage an die Mitgliedschaft geknüpft ist[2]. Daher verwandelt sich die ehemalige Einlage bei Ausscheiden des Kommanditisten in Fremdkapital, das einem Abfindungsanspruch des Gesellschafters nach §§ 161 II, 105 II HGB, 738 I 2 BGB ausgesetzt ist[3]. Das gleicht der Situation der Umwandlung einer Kommanditeinlage in ein Darlehen oder eine stille Einlage, denn auch dort liegt im Ergebnis Fremdkapital vor, das einem Rückgewähranspruch ausgesetzt ist. Somit kann die Abwandlung „Ausscheiden des Kommanditisten" mit dem *Beispielsfall 11* der Umwandlung in ein Darlehen oder der ersten Abwandlung der Umwandlung in eine stille Einlage grundsätzlich für die folgende Erörterung gleichgestellt werden.

2. Die zwei Lösungsansätze

Für die Lösung der Problematik der Umwandlung einer Einlage in Fremdkapital als Fall des § 172 IV 1 HGB werden im wesentlichen zwei grundverschiedene Ausgangspositionen vertreten.

---

[2] Vgl. Schlegelberger (5) - *K. Schmidt*, §§ 171, 172 Rdnr. 72 f.; *K. Schmidt*, (Einlage und Haftung), S. 73; ebenso *Huber*, (Vermögensanteil), S. 149, 228.

[3] So *K. Schmidt*, (Einlage und Haftung), S. 73; vgl. auch *Huber*, (Vermögensanteil), S. 142.

a) Vertragstheorie

Der erste Ansatz fußt auf der Vertragstheorie[4]. Nach dieser Ansicht soll der Kommanditist seine Befreiung von der Haftung „nicht mehr verdienen"[5], wenn die ursprüngliche Einlage nicht mehr als Eigenkapital im Gesellschaftsvermögen vorhanden ist, sondern nur noch als Fremdkapital, und damit nicht mehr unmittelbar am Verlust der KG teilnimmt[6].

Die Auslösung der Rechtsfolge des § 172 IV 1 HGB bei Umwandlung einer Einlage in Fremdkapital erscheint auch mit der hier für den Tatbestand der Einlageleistung nach § 171 I 2. Hs. HGB befürworteten Kombination von Vertrags- und Verrechnungstheorie als konsequentes Ergebnis. Sie würde sich in das oben B III 1 gefundene Resultat zum Ausbleiben der Haftungsbefreiung nach § 171 I 2. Hs. HGB bei Gewährung eines Darlehens durch den Kommanditisten an die KG einfügen. Hier könnte man sagen, die Überlassung eines Betrages als Darlehen an die Gesellschaft und die Umwandlung einer Einlage in ein Darlehen seien letztendlich dasselbe, weshalb sie auch haftungsrechtlich gleich zu behandeln seien.

Außerdem würde das Ergebnis des Wiederauflebens der Kommanditistenhaftung bei Umwandlung einer Einlage in Fremdkapital zu einer Symmetrie zwischen Einlageleistung im Sinne des § 171 I 2. Hs HGB und Einlagerückgewähr nach § 172 IV 1 HGB führen. Beide Tatbestände (haftungsbefreiende Einlageleistung - Einlagerückgewähr) würden nach einander entsprechenden Prinzipien funktionieren. Doch setzt dieses „runde" Ergebnis die Prämisse voraus, daß der Gesetzgeber eine Symmetrie zwischen Einlageleistung und Einlagerückgewähr im Gesetz angelegt hat. Das erscheint zwar naheliegend, ist aber in Wirklichkeit sehr problematisch (Weiteres siehe unten). Die Untersuchung wird sich daher auch mit der Frage befassen, ob § 171 I 2. Hs. HGB und § 172 IV 1 HGB spiegelbildlich zueinander sind.

Die hier geschilderte Ansicht sieht in § 172 IV 1 HGB das Prinzip der Einlageerhaltung verankert.

b) Verrechnungstheorie

Die ganz h.M. scheint auf die Symmetrie der Tatbestände der haftungsbefreienden Einlageleistung und der Einlagerückgewähr nicht abzustellen. Während sie

---

[4] *Keuk*, ZHR 135, 410 (420 ff.); ähnlich wohl auch *Konietzko* ,(Haftung), S. 110; Schlegelberger (5) - *K.Schmidt*, §§ 171, 172 Rdnr. 63 f.; *ders.*, (Einlage und Haftung), S. 72 ff. ; ihm folgend *Mundry* (Darlehen und stille Einlagen), S. 19.

[5] Zum Begriff der Haftungsbefreiung als „Verdienst" vgl. Schlegelberger (5) - *K. Schmidt*, §§ 171, 172 Rdnr. 63.

[6] Vgl. zur Verlustbeteiligung als Merkmal der Einlage: *K. Schmidt*, (Einlage und Haftung), S. 73 und oben B. III. 2. c).

bei der Auslegung des § 171 I 2. Hs. HGB (zumindest tendenziell) einer Kombination von Vertrags- und Verrechnungstheorie folgt (s.o.), sieht sie § 172 IV 1 HGB als reine Kapitalerhaltungsnorm an, die nur eingreifen soll, wenn eine tatsächliche Vermögensbewegung von der KG zum Kommanditisten erfolgt ist.

Demnach wäre die Umwandlung einer Einlage in ein Darlehen oder eine stille Einlage bzw. schlicht das Ausscheiden[7] des beschränkt haftenden Gesellschafters wie im *Beispielsfall 11* keine Rückgewähr der Kommanditeinlage nach § 172 IV 1 HGB.

Ob diese Auffassung inkonsequent ist, weil sie die Tatbestände der Einlageleistung und der Einlagerückgewähr nach unterschiedlichen Prinzipien abwickelt (keine „Symmetrie"), soll im folgenden geklärt werden.

Die h.M. sieht in § 172 IV 1 HGB nicht das Prinzip der Einlageerhaltung festgeschrieben.

c) Verankerung der Einlageerhaltung

Zentrale Frage bleibt die Verankerung des Prinzips der Einlageerhaltung in der Vorschrift des § 172 IV 1 HGB. Das soll zunächst an einer Untersuchung der Norm § 172 IV 1 HGB erörtert werden. Sodann ist zu überlegen, ob sich aus der Zusammenschau des § 172 IV 1 HGB mit den allgemeinen Prinzipien der Kommanditistenhaftung eine Einbeziehung des Grundsatzes der Einlageerhaltung in den Normbereich ergeben kann oder nicht.

3. Der Gesetzeswortlaut des § 172 IV 1 HGB

Zunächst ist zu erörtern, ob der Wortlaut des § 172 IV 1 HGB zu einer Verankerung des Prinzips der Einlageerhaltung führen kann.

Nach § 172 IV 1 HG löst der Vorgang des „Zurückbezahlens" der Einlage das Wiederaufleben der Kommanditistenhaftung aus. Die Vorschrift nennt als Modus nur den Vorgang des Zurückbezahlens, während in § 171 I 2. Hs HGB (das Gegenstück der zu untersuchenden Norm) von der „Leistung" der Einlage die Rede ist. Die unterschiedliche Wortwahl für scheinbar zwei einander entsprechende Vorgänge mit unterschiedlichen Vorzeichen[8] deutet auf eine verschiedene Qualität der Vorgänge Einlageleistung und Einlagerückgewähr hin. Das könnte schon

---

[7] Vgl. dazu BGHZ 39, 319 (331); *Baumbach/Duden/Hopt*, § 172 Anm. 2B; *Fischer*, LM Nr. 2-4 zu § 171; Düringer/Hachenburg-*Flechtheim*, § 172 Anm. 10; Heymann-*Horn*, § 172 Rdnr. 10; *Schneider/Schneider*, ZGR 1972, 67; *Wiedemann*, (FS Bärmann) 1037 (1044 f.).

[8] *Westermann I*, Rdnr. 926; vgl. auch *Bälz*, BB 1977, 1481 (1483); *Konietzko*, (Haftung), S. 104.

dafür sprechen, daß Einlageleistung und -rückgewähr nicht direkt einander entsprechen, somit in § 172 IV 1 HGB nicht entsprechend zu § 171 I 2. Hs HGB das Prinzip der Einlageerhaltung festgelegt sein muß.

Der sachliche Unterschied dieser Tatbestände relativiert sich allerdings etwas, wenn man fragt, woher die unterschiedliche sprachliche Version der § 172 IV 1 und § 171 I 2. Hs HGB rühren kann. Dazu bietet es sich an, einen Ausdruck zu suchen, der die Wendung „zurückbezahlt" in § 172 IV 1 HGB ersetzen kann. Wollte man wirklich für den Vorgang der Einlagerückgewähr einen Ausdruck finden, der sprachlich unmittelbar an die Einlageleistung nach § 171 I 2. Hs HGB anknüpft (um eben eine sachliche Entsprechung der entgegenlaufenden Vorgänge zum Ausdruck zu bringen), dann müßte man von einer „Zurückleistung" o.ä. sprechen, was sich aus Gründen sprachlicher Ästhetik schon verbietet. Daher ist es nicht weiter überraschend, daß der Gesetzgeber den Vorgang der Rückerstattung der Einlage sprachlich anders ausdrückt als den der Einlageleistung. So gesehen muß der sprachliche Unterschied zwischen § 171 I 2. Hs HGB und § 172 IV 1 HGB nicht auch für eine qualitative Abweichung zwischen Einlageleistung und -rückgewähr sprechen.

Für eine qualitative Differenz der beiden Vorgänge (und damit auch für eine Ausklammerung des Prinzips der Einlageerhaltung aus § 172 IV 1 HGB) spricht aber die Tatsache, daß der Gesetzgeber durch die Wendung „gilt...als nicht geleistet" (also eine gesetzliche Fiktion) die Einlagerückgewähr der fehlenden Leistung der Einlage gleichstellt. Das ergibt sich aus folgenden Überlegungen: Die Gleichstellung der Einlagerückgewähr mit der Einlageleistung über eine gesetzliche Fiktion erscheint auf den ersten Eindruck als eine komplizierte und künstliche Konstruktion. Statt z.B. schlicht von einem Wiederaufleben der Haftung bei Einlagerückgewähr zu sprechen (etwa: „soweit die Einlage zurückgewährt wird, lebt die Außenhaftung des Kommanditisten wieder auf"), sieht der Gesetzgeber die Einlagerückgewähr als Negation der Einlageleistung[9]. Diese schwierige Konstruktion hat der Gesetzgeber m.E. deswegen gewählt, weil er von einer grundsätzlichen strukturellen Verschiedenheit der Einlageleistung und -rückgewähr ausging. Er wollte gerade den Eindruck vermeiden, die beiden Tatbestände verhalten sich spiegelbildlich zueinander. Eine gesetzliche Fiktion (hier: „gilt als") wird nur dann verwendet, wenn man einen in Wirklichkeit nicht bestehenden Sachverhalt (die Zurückbezahlung der Einlage als deren Nichtleistung) in den Rechtsfolgen dem anderen Sachverhalt (Nichtleistung der Einlage) angleichen will[10]. Das ist aber für den Fall des § 172 IV 1 HGB nur dann notwendig, wenn Einlageleistung und Einlagerückgewähr ihrem Grunde nach verschiedene Tatbestände sind[11]. Sonst hätte der Gesetzgeber einfacher vorgehen können und bei Einlage-

[9] Vgl. *Konietzko*, (Haftung), S. 107.

[10] *Creifelds*, S. 410.

rückgewähr einfach das Wiederaufleben der Kommanditistenhaftung anordnen können.

D.h. im Ergebnis, daß § 172 IV 1 HGB nicht davon ausgeht, daß Einlageleistung und Einlagerückgewähr zwei einander spiegelbildlich entsprechende Tatbestände sind. Vielmehr sind die beiden entgegenlaufenden Vorgänge strukturell verschieden. Das spricht dafür, bei § 172 IV 1 HGB nicht notwendig einen dem Prinzip der Einlageaufbringung des § 171 I 2. Hs HGB entsprechenden Grundsatz der Einlageerhaltung festzuschreiben.

Wenn an dieser Stelle die grundsätzliche Verschiedenheit von Einlageleistung und -rückgewähr festgestellt ist, so ist damit noch nicht geklärt, welche Qualität die Einlagerückgewähr nach § 172 IV 1 HGB haben muß.

Auch hier hilft der Wortlaut der Vorschrift weiter. Zwar ist dieser zu eng gefaßt, wenn von einem „Zurückbezahlen" die Rede ist (siehe dazu oben I.1.). Daher dürfte das Zurückbezahlen, also ein Zahlungsvorgang, nur ein beispielhafter Regelfall sein, so daß auch jede andere Vermögensverschiebung zwischen KG und Kommanditist unter die Norm fallen kann.

Doch drückt sich durch die Wendung „zurückbezahlt" eine gewisse qualitative Anforderung an den Vorgang der Einlagerückgewähr aus, nämlich das Erfordernis nach einer tatsächlichen Vermögensbewegung zwischen Gesellschaft und Kommanditist[12]. Das spricht für die Verrechnungs- und gegen die Vertragstheorie, d.h. auch gegen die gesetzliche Verankerung des Grundsatzes der Einlageerhaltung.

Damit würde die Analyse des Wortlauts des § 172 IV 1 HGB für den *Beispielsfall 11* dagegen sprechen, die Umwandlung von Eigen- in Fremdkapital als Einlagerückgewähr zu sehen. Das würde auch der h.M. entsprechen.

Solch eine grammatische und formale Argumentation behält aber nur einen Wert, wenn ihr Ergebnis mit den allgemeinen Haftungsgrundsätzen des Rechts der Kommanditgesellschaft in Einklang steht. Deshalb wird im folgenden untersucht, ob eine Einbeziehung des hier gewonnenen Zwischenergebnisses in allgemeine Prinzipien der Kommanditistenhaftung zu einem gleichlautenden Endergebnis führt oder ob § 172 IV 1 HGB doch vom Prinzip der Einlageerhaltung ausgeht.

Hierbei stellt sich die Überprüfung des bisher ermittelten Resultats anhand der Haftungssituation im Konkurs praktisch als Bewährungsprobe für ein in sich stimmiges Haftungskonzept dar, weil im Konkurs in besonderem Maße auf eine

---

[11] Vgl. *Konietzko*, (Haftung), S. 107, die aus der Technik der gesetzlichen Fiktion in § 172 IV 1 HGB genau die umgekehrte Schlußfolgerung zieht, d.h. unmittelbares Anknüpfen an § 171 I 2. Hs. HGB, deshalb Entsprechung von Einlageleistung und Einlagerückgewähr .

[12] Das räumt ähnlich auch Schlegelberger (5) - *K.Schmidt*, §§ 171, 172 Rdnr. 73 ein, indem er das Prinzip der Einlageerhaltung als nicht vom Wortlaut des § 172 IV 1 HGB erfaßt sieht.

gerechte Verteilung der knappen Vermögensmasse zwischen KG, Gesellschaftern und Gläubigern Wert zu legen ist.

4. Die Problematik der Einlageerhaltung im Konkursfall

Die folgenden Erörterungen werden zeigen, daß die fehlende haftungsrechtliche Sanktionierung der Umwandlung von Eigen- in Fremdkapital nach § 172 IV 1 HGB gerade im Fall des Konkurses der Gesellschaft zu Haftungsproblemen führen kann. Es fragt sich dann, ob diese Haftungsprobleme nach einem Prinzip der Einlageerhaltung bei § 172 IV 1 HGB verlangen.

a) Allgemeine Haftungslage

Vor der Schilderung der Haftungssituation im Konkurs der Gesellschaft soll zunächst die allgemeine Haftungslage geschildert werden, die sich ergibt, wenn der KG statt Eigen- nunmehr Fremdkapital des Kommanditisten zur Verfügung steht.

Das oben ermittelte Zwischenresultat würde dem Kommanditisten erlauben, aus der KG auszuscheiden und das bei der Gesellschaft eingelegte Kapital stehenzulassen oder seine Einlage in ein Darlehen oder eine stille Einlage umzuwandeln, ohne dem Wiederaufleben der Haftung nach § 172 IV 1 HGB zu unterliegen.

Obwohl § 172 IV 1 HGB nicht eingreifen würde, hielte der Kommanditist nur Fremdkapital bei der KG, kein Eigenkapital (zumindest im *Beispielsfall 11*). Mit diesem Fremdkapital würde der Kommanditist nicht mehr unmittelbar an Gewinn und Verlust teilnehmen[13].

Das Fremdkapital würde aber als Bestandteil des Gesellschaftsvermögens zur Haftungsmasse gehören und der Gläubigerbefriedigung dienen können, allerdings mit einer Einschränkung gegenüber dem Eigenkapital: Das Fremdkapital steht nicht uneingeschränkt der Gläubigerbefriedigung zur Verfügung, der Kommanditist tritt als Konkurrent mit seinem Anspruch aus §§ 738 I 2 BGB, 607 BGB oder 235 HGB neben die Gesellschaftsgläubiger[14]. Er wäre Gesellschaftergläubiger.

Dieser „Nachteil“ des Fremdkapitals aus Gläubigersicht gegenüber dem Eigenkapital ist so lange unschädlich, als die Gesellschaft fähig ist, alle Gesellschaftsgläubiger zu befriedigen. Insofern begegnet das hier gefundene Zwischenergebnis keinen Bedenken im Hinblick auf den Gläubigerschutz.

---

[13] Vgl. *K. Schmidt*, (Einlage und Haftung) S. 73 u. oben B. II. 2. c).

[14] Vgl. oben B. II. 2. c).

b) Haftungslage im Konkurs

aa) Zurücktreten im Konkurs

Anders ist die Situation dagegen im Gesellschaftskonkurs. Hier reicht die Haftungsmasse nicht mehr aus, um alle Gläubiger zu befriedigen, so daß die verbleibende Haftungsmasse unter die Gläubiger gleich zu verteilen ist. Dazu gehört auch das Fremdkapital, das der Kommanditist als Abfindungsguthaben, Darlehen oder stille Einlage stehenläßt. Dieses Kapital ist ebenfalls gleichmäßig unter die Gläubiger zu verteilen. Der Verteilung kann aber entgegenstehen, daß der beschränkt haftende Gesellschafter ebenfalls als Gläubiger eines Abfindungsanspruchs, eines Darlehensrückzahlungsanspruchs o.ä. auf dieses Kapital zugreifen kann.

Wegen dieser Gefahr des (vorzeitigen) Zugriffs verlangt die h.M. von dem Kommanditisten, daß er mit seinen Ansprüchen nicht als gleichberechtigter Gläubiger neben die übrigen Gesellschaftsgläubiger tritt, sondern daß er im Konkurs gegenüber diesen Gläubigern „zurücktritt"[15], d.h. sich nachrangig befriedigt. Begründung für das Zurücktreten des Kommanditisten im Konkurs ist seine potentielle Außenhaftung, d.h. die Haftung, die wiederaufleben würde, wenn er sich den Betrag des Darlehens (der stillen Einlage) oder den Abfindungsbetrag auszahlen lassen würde[16].

Nach der h.M. würde im *Beispielsfall 11* die Umwandlung der Einlage in ein Darlehen (stille Einlage) oder ein Abfindungsguthaben nicht zum Wiederaufleben der Haftung nach § 172 IV 1 HGB führen. Im Konkursfall müßte aber K mit seiner Forderung aus § 607 BGB (235 HGB) oder §§ 161 II, 105 II, 738 I 2 BGB hinter die übrigen Gesellschaftsgläubiger zurücktreten. Seine Forderung könnte erst nachrangig befriedigt werden, was im praktischen Ergebnis häufig zu gar keiner Befriedigung führt, da die Konkursmasse dann verbraucht ist.

bb) Sanktionierung durch § 172 IV 1 HGB

Fraglich ist aber, ob der Konstruktion der h.M. über das Zurücktreten im Konkurs nicht eine Lösung überlegen ist, die die Umwandlung von Fremd- in Eigenkapital nach § 172 IV 1 HGB sanktioniert. Das könnte für das Eingreifen des Prinzips der Einlageerhaltung sprechen. Der h.M. wird Inkonsequenz vorgeworfen, weil sie letztendlich doch das Fremdkapital wie Eigenkapital behandle, indem sie es im Konkurs voll der Verteilung unter die Gesellschaftsgläubiger unterwerfe[17].

---

[15] So BGH NJW 1976, 751 (752); vgl. auch Düringer/Hachenburg-*Flechtheim*, § 172 Anm. 10; Schlegelberger (4) - *Geßler*, 172 Rdnr. 19; GK(3)-*Schilling*, § 172 Anm. 31.

[16] Schlegelberger (4) - *Geßler*, § 172 Rdnr. 19; vgl. auch *Gursky*, DB 1978, 1261 (1264); ebenso *Furrer*, S. 231, nach dem dem Kommanditisten der Einwand „dolo facit..." entgegenzuhalten ist.

[17] So *K. Schmidt*, (Einlage und Haftung) S. 73 f.

Das muß aber nicht unbedingt als Unschlüssigkeit der h.M. verstanden werden. Indem sie nämlich im Konkurs einen Vorrang der Gesellschaftsgläubiger gegenüber den Gesellschaftergläubigern festschreibt, nimmt sie nur das vorweg, was § 172 IV 1 HGB ihrer Ansicht nach bei Auszahlung des Darlehens (der stillen Einlage) oder des Abfindungsguthabens ohnehin realisieren würde, die Haftung des Kommanditisten.

Man könnte sagen, die h.M. wird durch die Figur des „Zurücktretens im Konkurs" der Zwischenstellung des belassenen Fremdkapitals zwischen Eigen- und Fremdkapital gerecht. So ist das Darlehen im *Beispielsfall 11* Fremdkapital, indem es z.B. nicht unmittelbar am Verlust teilnimmt. Andererseits ist es wie Eigenkapital, da es im Konkurs der vollen Befriedigung der Gesellschaftsgläubiger zur Verfügung zu stehen hat. Auf diese Zwischenstellung solchen belassenen Fremdkapitals wird später noch einzugehen sein.

Festhalten läßt sich, daß die teilweise Behandlung von Fremdkapital als Eigenkapital durch die h.M. nicht unbedingt Inkonsequenz ist, sondern im Haftungssystem begründet liegen kann.

cc) § 237 HGB

Ein weiterer Kritikpunkt gegen die „konkursrechtliche" Lösung der h.M. für die Umwandlung von Eigen- in Fremdkapital besteht in der Unklarheit über die Herkunft der Figur des „Zurücktretens im Konkurs". Hier ist *Keuk* der Auffassung, die h.M. mache eine unberechtigte Anleihe bei § 237 HGB[18].

Diese Vorschrift sei für das Recht der stillen Gesellschaft konzipiert und betreffe die Konkursanfechtung bezüglich der Rückerstattung der stillen Einlage innerhalb eines Jahres vor Konkursanfechtung. Sie rechtfertige sich als Sanktion gegenüber dem stillen Gesellschafter, weil dieser einen besseren Einblick in die Geschäftslage des Inhabers des Gewerbebetriebs habe und daher den Zeitpunkt der Geltendmachung seiner Forderung günstiger auswählen könne[19].

§ 237 HGB passe jedoch nicht für den Kommanditisten, der Eigen- in Fremdkapital umwandelt, weil es hier nicht um die Verhinderung einer Bevorzugung eines Gläubigers (hier: des stillen Gesellschafters) gehe, da der Kommanditist ohnehin für die Schulden der Gesellschaft hafte, entweder mittelbar über das Gesellschaftsvermögen oder unmittelbar aus seiner persönlichen Haftung[20]. § 237

---

[18] Vgl. ZHR 135, 410 (422 f.); dort wird der h.M. vorgeworfen, sie trenne nicht zwischen dem Recht der stillen Gesellschaft und dem KG-Recht, wo es um völlig verschiedene Aspekte gehe.

[19] *Keuk*, ZHR 135, 410 (422 f.); vgl. diese Argumentation mit der „insider-Stellung" des Kommanditisten schon oben B. III. 3. c) bb).

[20] *Keuk*, ZHR 135, 410 (423).

HGB sei wegen des grundsätzlichen Unterschieds zwischen KG und stiller Gesellschaft nicht auf den Kommanditisten anwendbar[21].

An der Kritik der h.M. durch *Keuk* müssen jedoch erhebliche Bedenken vorgebracht werden. Tatsächlich ist § 237 HGB nach Umwandlung der regulären Einlage in eine stille Einlage direkt und auf die Umwandlung in ein Darlehen und auch in ein Abfindungsguthaben zumindest analog anwendbar und kann somit die Figur des „Zurücktretens im Konkurs" für den vorliegenden Fall begründen. Das ergibt sich aus folgenden Überlegungen: Wenn der Kommanditist seine Einlage in eine stille Einlage umwandelt und diese stille Einlage innerhalb eines Jahres vor Konkurseröffnung zurückerhält, ist § 237 HGB problemlos anwendbar. Die Rückgewähr der stillen Einlage kann vom Konkursverwalter angefochten werden. Das Zurücktreten des Kommanditisten mit seiner Forderung aus § 235 I HGB stellt sich dann als Vorwegnahme des § 237 HGB dar und läßt sich aus dieser Vorschrift ableiten. Im Falle der Rückgewähr der stillen Einlage an den Kommanditisten würde auch eine Rückgewähr der Kommanditeinlage nach der h.M. vorliegen, da hierin ja erst die tatsächliche Vermögensbewegung zwischen KG und beschränkt haftendem Gesellschafter zu sehen ist, die die Norm des § 172 IV 1 HGB auslösen kann.

Es ist kein Grund ersichtlich, die Anwendung des § 237 HGB neben § 172 IV 1 HGB auszuschließen, da beide Normen völlig unterschiedlich funktionieren und andere Regelungsbereiche betreffen, hier aber zufällig aufeinandertreffen[22]. Wenn man das Darlehen bzgl. seiner Kreditfunktion in die Nähe der stillen Einlage einordnet[23], muß es auch möglich sein, § 237 HGB analog auf Darlehen anzuwenden, zumindest, wenn Darlehen der Gesellschaft längerfristig überlassen werden[24]. In diesem Fall ist die Ähnlichkeit zur stillen Einlage am größten.

Auch der Regelungszweck des § 237 HGB ist ohne Probleme auf Darlehensgewährung durch Kommanditisten übertragbar. Wie der stille Gesellschafter genießt auch ein Kommanditist (der ein Darlehen an die KG gewährt) den Vorteil, daß er die Vermögenssituation der KG kennt und sich den Zeitpunkt der Geltendmachung seiner Rückzahlungsforderung (zu Lasten der übrigen Gesellschaftsgläubiger) aussuchen kann[25]. Genau diesen Vorteil gilt es, durch die analoge

---

[21] So im Erg. *Keuk*, ZHR 135, 410 (422).

[22] A.A. wäre hier *K. Schmidt*, (Einlage und Haftung) S. 77, der es für unmöglich hält, Kapital „doppelt", d.h. nach dem Recht der stillen Einlage und nach §§ 171, 172 HGB zu binden.

[23] Die enge Verwandtschaft zwischen Darlehen und stiller Einlage zeigt sich an den Schwierigkeiten bei der Abgrenzung der stillen Einlage vom partiarischen Darlehen, vgl. dazu BGH WM 1957, 1335 (1336); WM 1965, 1052 (1053); Heymann-*Horn*, § 230 Rdnr. 16; Schlegelberger (5) - *K. Schmidt*, § 335 (230 n.F.) Rdnr. 55; GK (4) - *Zutt*, § 335 Rdnr. 22.

[24] Vgl. Schlegelberger (5) - *K. Schmidt*, § 342 (237 n. F.) Rdnr. 34; *ders.*, ZHR 140, 475, (490); *ders.*, ZIP 1981, 689 (697).

Anwendung des § 237 HGB auszuschließen. § 237 HGB ist daher zumindest auf längerfristige Darlehen analog anwendbar.

Ebenso dürfte sich eine Analogie zu § 237 HGB bei längerfristigem Stehenlassen eines Abfindungsguthabens bei der KG nicht verbieten, da dieses ebenso Kreditfunktionen wahrnimmt und von Kommanditisten wegen ihres besseren Einblicks in die Vermögensverhältnisse der Gesellschaft zu einem für sie günstigeren Zeitpunkt abgezogen werden kann. Entgegen *Keuk* kann die Figur des „Zurücktretens im Konkurs" klar an § 237 HGB festgemacht werden, der analog auch für längerfristige Darlehen und stehengelassene Abfindungsguthaben gilt.

dd) Zwischenergebnis

Die Kritik an der Methode des „Zurücktretens im Konkurs" vermag daher insgesamt nicht zu überzeugen und spricht eher für die h.M. Damit würden auch die Haftungsprobleme im Konkurs der Gesellschaft nicht dazu führen, ein Prinzip der Einlageerhaltung in § 172 IV 1 HGB festzuschreiben. Das oben gewonnene Zwischenergebnis der Nichtanwendung von § 172 IV 1 HGB bei der Umwandlung von Eigen- in Fremdkapital wäre aufrechtzuerhalten.

Trotzdem soll die Lösung der Gegenauffassung für die Problematik der Umwandlung von Eigen- in Fremdkapital im Konkursfall untersucht werden. Es ist zu überprüfen, ob jener Ansatz eher mit den allgemeinen Prinzipien der Kommanditistenhaftung harmoniert als die Lösung der h.M.

5. Lösung der Konkursproblematik nach der Gegenauffassung

a) *Beispielsfall 11* nach der Lösung der Gegenauffassung

Die oben schon erwähnte Gegenauffasung läßt sich am besten anhand einer Übertragung der Lösung der Konkursproblematik auf *Beispielsfall 11* darstellen[26].

Danach wäre die Umwandlung der Einlage in ein Darlehen (bzw. stille Einlage) oder ein Abfindungsguthaben Einlagerückgewähr nach § 172 IV 1 HGB. Die Haftung des Kommanditisten K würde in Höhe von 10.000,- wiederaufleben. Diese Haftung gegenüber den Gesellschaftsgläubigern wird nun nach § 171 II HGB dem Konkursverwalter gegenüber bestehen, der für die Gläubiger deren

---

[25] Vgl. *Elsing*, (Erweiterte Kommanditistenhaftung), S. 137 f. Düringer/Hachenburg-*Flechtheim*, § 342 Anm. 1; *Mundry*, (Darlehen und stille Einlagen) S. 87; *K. Schmidt*, ZHR 140, 475 (490); RGRK-*Weipert*, § 342 Anm. 1; a.A. *Keuk*, ZHR 135, 410, (423), die die Ähnlichkeit von Darlehen und stiller Einlage nicht erörtert.

[26] Vgl. die Darstellung der Kommanditistenhaftung im Konkurs bei *Keuk*, ZHR 135, 410 (424).

Anspruch geltend macht. Gleichzeitig haftet den Gesellschaftsgläubigern das stehengelassene Fremdkapital. Auch K kann als Gesellschaftsgläubiger auf dieses zurückgreifen. Er ist jetzt gleichberechtigt mit den übrigen Gesellschaftsgläubigern. Ein „Zurücktreten im Konkurs" braucht nicht stattzufinden, da K über seine wiederaufgelebte Kommanditistenhaftung in Höhe von 10.000,- genug Haftungspotential zur Verfügung stellt. Selbst wenn es ihm gelingen sollte, das Fremdkapital (Darlehen etc.) voll abzuziehen (10.000,-), würde die wiederaufgelebte Außenhaftung für die Gläubiger genug Ausgleich bieten.

D.h. im Ergebnis, daß die Gegenauffassung statt dem „Zurücktreten im Konkurs" ein Wiederaufleben der Kommanditistenhaftung nach § 172 IV 1 HGB bevorzugt.

b) Risikokumulation durch Anwendung des § 172 IV 1 HGB

Diese Lösung der Gegenauffassung würde aber nicht nur für den Fall des Konkurses gelten, sondern sie würde immer dann anzuwenden sein, wenn der Kommanditist seine Einlage in Fremdkapital umwandelt. Wie auch im Konkurs führt das aber immer zur Gefahr einer Kumulation von Risiken[27].

Der Kommanditist haftet ja einerseits unmittelbar nach §§ 172 IV 1, 171 I 2. Hs. HGB den Gesellschaftsgläubigern, andererseits steht den Gläubigern sein bei der KG belassenes Fremdkapital als Haftungsmasse zur Verfügung. Im *Beispielsfall 11* würde der Kommanditist also Gefahr laufen, in Höhe von 10.000,- aus der Außenhaftung in Anspruch genommen zu werden und sein Fremdkapital in Höhe von 10.000,- an die Gläubiger zu verlieren. Das würde zu einer Haftung in Höhe von 20.000,- führen, obwohl die Haftsumme nur 10.000,- beträgt. Diese Gefahr kumulativer Haftung ist natürlich bei wirtschaftlich gesunder Lage der KG gering. Hier wird es dem Kommanditisten regelmäßig gelingen, sein Fremdkapital abzuziehen, so daß er dann „nur" einfach (d.h.im *Beispielsfall 11* in Höhe von 10.000,-) haftet. Im Konkurs ist das aber anders. Hier sind die Chancen sehr hoch, daß die Abführung des Fremdkapitals scheitert, da der Konkursverwalter ja nicht einzelne Gläubiger wie den Kommanditisten bevorzugt befriedigen kann, sondern alle gleichmäßig nach der meist sehr niedrigen Konkursquote befriedigen muß.

Im Konkurs besteht also die erhöhte Gefahr, das Fremdkapital zu großen Teilen zu verlieren und den Gläubigern direkt zu haften.

Diese Risikokumulation widerspricht eklatant einem Haftungssysytem, das auf alternative Haftung des Kommanditisten ausgerichtet ist, nämlich Haftung (mittel-

---

[27] Vgl. dazu näher unten *Gursky*, DB 1978, 1261 (1264).

bar) mit einer in das Gesellschaftsvermögen geleisteten Einlage oder unmittelbare Außenhaftung[28].

Einen solchen Widerspruch will aber auch die Gegenauffassung nicht provozieren. Deshalb soll eine Risikokumulation für den Kommanditisten dadurch verhindert werden, daß man einem Kommanditisten die Möglichkeit gewährt, mit dem Anspruch auf Auszahlung des Fremdkapitals gegen die Ansprüche der Gläubiger aufzurechnen. Diese Aufrechnungsmöglichkeit soll gerade im Konkurs der Gesellschaft fortbestehen, §§ 53,54 KO[29].

Auf den *Beispielsfall 11* übertragen würde das wie folgt aussehen: K würde in Höhe von 10.000,- den Gesellschaftsgläubigern haften. Die Ansprüche der Gläubiger könnte aber nur der Konkursverwalter nach § 171 II HGB geltend machen. Die Inanspruchnahme durch den Konkursverwalter in Höhe von 10.000,- könnte K mit seinem Anspruch aus § 607 BGB (§ 235 I HGB) oder § 738 I 2 HGB gegen die KG durch Aufrechnung abwehren.

Das würde im Ergebnis dazu führen, daß K nur einfach haftet, nämlich durch Verteilung seines Fremdkapitals als Haftungsmasse an die Konkursgläubiger. Die direkte Außenhaftung wäre durch Aufrechnung abgewehrt. Eine Risikokumulation fände nicht statt.

Damit könnte die „Aufrechnungslösung" zu einem in sich schlüssigen Konzept für die Gegenauffassung führen. Doch bestehen erhebliche Bedenken gegenüber der „Aufrechnungslösung".

Zum einen besteht keine Aufrechnungslage, sowohl vor wie nach Konkurseröffnung, obwohl § 55 Nr.1 KO eine Aufrechnungslage bereits vor Eröffnung des Konkurses verlangt[30]. Es ließe sich zwar denken, daß über § 171 II HGB die Aufrechnungslage hergestellt wird (Herbeiführung der Gegenseitigkeit), da durch diese Vorschrift Ansprüche der Gesellschaft gegen Kommanditisten und solche der Gesellschaftsgläubiger gegen beschränkt haftende Gesellschafter in eine Hand (die des Konkursverwalters) gelegt werden[31].

Selbst wenn § 171 II HGB die Gegenseitigkeit zwischen dem Anspruch eines Kommanditisten gegen die KG und den Forderungen der Gläubiger herstellen sollte, scheitert die Aufrechnung an § 55 Nr.1 KO, da diese Vorschrift ein Bestehen der

---

[28] Vgl. zum Widerspruch der Risikokumulation gegen alternative Kommanditistenhaftung *Gursky*, DB 1978, 1261 (1264).

[29] *K. Schmidt*, (Einlage und Haftung), S. 76; a. A. wohl *Keuk*, ZHR 135, 410 (424), die eine Aufrechnungsmöglichkeit bei Schilderung der Kommanditistenhaftung im Konkurs unerwähnt läßt.

[30] Vgl. BGHZ 58, 72 (75 f.); *Kuhn/Uhlenbruck*, § 209 Rdnr. 38; Jaeger-*Weber*, §§ 209, 210 Anm. 31 (S. 779).

[31] So *Leven*, (Kommanditistenhaftung im Gesellschaftskonkurs) S. 101, der die Kommanditistenhaftung als bedingte Zahlungspflicht gegenüber der Gesellschaft ansieht.

Aufrechnungslage (d.h. hier Gegenseitigkeit) schon vor Konkurseröffnung voraussetzt[32]. Das ist aber nicht der Fall, da § 171 II HGB erst mit Konkurseröffnung eingreift. Abgesehen davon ist es bedenklich, § 171 II HGB hier überhaupt die Möglichkeit zur Herstellung eines Gegenseitigkeitsverhältnisses zuzusprechen, da trotz § 171 II HGB die Gläubiger Inhaber der Forderungen bleiben.

Deswegen versucht die Gegenauffassung aus einer analogen Anwendung des § 387 BGB die Gegenseitigkeit zwischen Gläubigeransprüchen und der Drittforderung eines Kommanditisten gegen die KG zu begründen[33]. Dabei beruft sie sich auf den BGH und Teile der Literatur[34].

Begründung für die analoge Anwendung des § 387 BGB ist die grundsätzliche Möglichkeit für einen Kommanditisten, durch die Leistung der Einlage nach § 171 I 2. Hs HGB die Außenhaftung zu tilgen. Der beschränkt haftende Gesellschafter führe durch Einlageleistung im Innenverhältnis die Befreiung von der Haftung im Außenverhältnis herbei. Diese Verknüpfung von Innen- und Außenverhältnis müsse auch für die Aufrechnung im Konkurs gelten. Bei der Aufrechnung im Konkurs sei die Situation vergleichbar, hier müsse einem Kommanditisten die Möglichkeit gegeben werden, durch Verrechnung mit einer Drittforderung gegen die Gesellschaft die Außenhaftung zu beseitigen[35].

Es ist jedoch fraglich, ob der Analogie zu § 387 BGB allgemein zugestimmt werden kann.

Gegen die Analogie zu § 387 BGB spricht die fehlende Vergleichbarkeit der vorliegenden Situation mit der Einlageleistung im Sinne von § 171 I 2. Hs HGB. § 171 I 2. Hs HGB erlaubt nämlich eine Befreiung von der Außenhaftung nur, soweit dem Gesellschaftsvermögen tatsächlich Werte zugeführt werden, die als Haftungsmasse tauglich sind (siehe dazu oben).

Eine mögliche Aufrechnung des Kommanditisten mit einer Drittforderung (hier:Darlehen, stille Einlage, Abfindungsanspruch) gegen die KG führt aber nur in Höhe des tatsächlichen Werts der Drittforderung (Sacheinlagegrundsätze s.o. B IV 3) zu einer Schuldbefreiung für die KG und damit zu einer haftungsbefreienden Einlageleistung. Dieser Wert entspricht der Konkursquote für eine solche Forderung, die in der Regel vom Forderungsnennwert weit entfernt ist. Dann wäre die Gesamthaftungsmasse aber in erheblich geringerem Wert um eine Schuldbefreiung bereichert, als der Kommanditist von seiner Haftung befreit wäre. Trotzdem müßte man einem Kommanditisten bei einmal hergestellter Gegenseitigkeit

[32] BGHZ 58, 72, (75 f.); *Kuhn/Uhlenbruck*, § Rdnr. 38; Jaeger-*Weber*, §§ 209, 210 Anm. 31 (S.779); im Ergebnis wohl auch *K. Schmidt*, (Einlage und Haftung), S. 160 f.

[33] *K. Schmidt*, (Einlage und Haftung), S. 161.

[34] Vgl. BGHZ 58, 72 (76); *Kuhn/Uhlenbruck*, § 209 Rdnr. 38.

[35] BGHZ 58, 72 (76).

der Forderungen die Nennwertaufrechnung gewähren, da er durch die Überlassung des Fremdkapitals (ursprünglich als Eigenkapital) an die KG der Kapitalaufbringung bereits gedient hat.

D.h. im Ergebnis, daß eine solche Aufrechnung eines Kommanditisten im Konkurs nicht nach Sacheinlagegrundsätzen beurteilt werden kann, weil Kapitalaufbringung bereits vorher erfolgt ist. Insofern ist diese Aufrechnung gerade nicht mit der haftungsbefreienden Einlageleistung nach § 171 I 2. Hs. HGB vergleichbar, weil jene immer nach Sacheinlagegrundsätzen zu beurteilen ist. Damit funktioniert hier die Konkursaufrechnung völlig anders als eine Einlageleistung nach § 171 I 2. Hs. HGB. Eine Vergleichbarkeit zwischen beiden Tatbeständen besteht nicht. Eine Analogie zu § 387 BGB ist abzulehnen. Die Konkursaufrechnung muß an der fehlenden Gegenseitigkeit der Forderungen scheitern.

Damit bliebe nach der Lösung der Gegenauffassung die Kumulation von Haftungsrisiken für einen Kommanditisten bestehen.

Im *Beispielsfall 11* müßte K zum einen den Gesellschaftsgläubigern in Höhe von 10.000,- haften, weil seine Haftung durch Umwandlung von Eigen- in Fremdkapital nach § 172 IV 1 HGB wiederaufgelebt wäre, zum anderen besteht die Gefahr, daß das stehengelassene Fremdkapital in Höhe von 10.000,- an die Gläubiger der Gesellschaft durch den Konkursverwalter verteilt würde. K könnte solch einer „doppelten“ Haftung nur entgehen, indem er das Fremdkapital sofort abzöge.

Bei Verpflichtung zur Leistung einer Sacheinlage würde nach der Gegenauffassung mangels Gleichartigkeit der Forderungen eine Aufrechnung gegen Gläubigeransprüche erst gar nicht in Betracht kommen, hier bliebe gegen die Inanspruchnahme durch den Konkursverwalter nach § 171 II HGB nur ein Zurückbehaltungsrecht nach § 273 BGB[36].

Im Ergebnis ist daher die Gegenauffassung abzulehnen, da sie zu einer Risikokumulation für Kommanditisten führt, die nicht mit den allgemeinen Prinzipien der Kommanditistenhaftung vereinbar ist.

Die Lösung der h.M. über die Figur des „Zurücktretens im Konkurs“ ist dagegen sachgerecht.

---

[36] Vgl. *Gursky*, DB 1978, 1261; *K. Schmidt*, (Einlage und Haftung), S. 45.

6. Ergebnis (Zusammenfassung zu II.)

Damit ist der h.M. zuzustimmen, die in der Umwandlung von Eigen- in Fremdkapital keine Einlagerückgewähr nach § 172 IV 1 HGB sieht. Ein Grundsatz der Einlageerhaltung existiert nicht.

Im *Beispielsfall 11* haben also das Ausscheiden des K sowie die Umwandlung der Einlage in ein Darlehen bzw. eine stille Einlage keine Wirkung nach § 172 IV 1 HGB. Im Gesellschaftskonkurs muß K mit seinen Auszahlungsansprüchen freilich hinter die übrigen Gesellschaftsgläubiger zurücktreten. Für dieses Ergebnis spricht zum einen der Gesetzestext des § 172 IV 1 HGB, zum anderen wird dieses Resultat durch allgemeine Prinzipien der Kommanditistenhaftung unterstützt. Insbesondere die Figur des „Zurücktretens im Konkurs" vermag diesen Prinzipien eher zu Geltung zu verhelfen als die von der Gegenauffassung favorisierte „Aufrechnungslösung".

Das hier gewonnene Resultat führt dazu, daß § 172 IV 1 HGB (Einlagerückgewähr) und § 171 I 2. Hs HGB (Einlageleistung) keine deckungsgleichen Tatbestände sind. Während bei § 171 I 2. Hs HGB das Prinzip der Einlageaufbringung anzuerkennen ist, ist bei § 172 IV 1 HGB der Grundsatz der Einlageerhaltung abzulehnen.

III. Das Prinzip der Kapitalerhaltung

Mit Sicherheit kann man als einen der wesentlichen Zwecke des § 172 IV 1 HGB die Erhaltung von haftendem Kapital für die Gesellschaftsgläubiger ansehen[1]. Musterfall des § 172 IV 1 HGB ist eine Zuwendung seitens der KG an einen Kommanditisten, die als Rückgewähr der Einlage erfolgt. § 172 IV 1 HGB möchte hier den Abfluß von Kapital aus dem KG-Vermögen verhindern. Umstritten ist jedoch, ob § 172 IV 1 HGB ein reiner Kapitalerhaltungsgrundsatz dahingehend zugrundeliegt, daß allein schon der Tatbestand des Vermögensabflusses aus dem KG-Vermögen hin zum Vermögen eines Kommanditisten als Einlagerückgewähr angesehen werden kann, gleich aufgrund welchen Rechtsgrundes er erfolgt. Dieser Frage wird im folgenden nachgegangen, indem erörtert wird, ob eine Bereicherung eines Kommanditsten aufgrund eines Verkehrsgeschäftes mit der Gesellschaft Einlagerückgewähr ist.

Sodann werden die Grenzen eines Kapitalerhaltungsgrundsatzes bei der KG untersucht. Hier wird diskutiert, ob die Haftsumme Obergrenze einer Kommanditistenhaftung sein kann oder ob über einen solchen Betrag hinaus Haftung mög-

---

[1] Vgl. nur BGHZ 39, 319 (331); Schlegelberger (5) - *K. Schmidt*, §§ 171, 172 Rdnr. 67.

lich ist. Schließlich wird die Begrenzung gesetzlicher Kapitalerhaltung bei der KG im Hinblick auf die Einbeziehung von Drittvermögen erörtert (unter IV).

I. Drittgeschäfte und Einlagerückgewähr (1. Teil)

a) Problemschilderung

Zur Frage, ob die Bereicherung eines Kommanditisten zu Lasten des Gesellschaftsvermögens Einlagerückgewähr nach § 172 IV 1 HGB sein kann, folgender *Beispielsfall 12*

> Kommanditist K hat bei der A-KG eine Einlage von 10.000,- einzuzahlen. In gleicher Höhe wird die Haftsumme in das Handelsregister eingetragen. K leistet die Einlage. Dann kauft er einen 10.000 ,- werten PKW aus dem Gesellschaftsvermögen, für den er aber nur 8.000 ,- bezahlt. Nun ist zu fragen, ob in Höhe der Wertdifferenz von 2.000,- eine Einlagerückgewähr nach § 172 IV 1 HGB zu sehen ist[2].

Auf der Grundlage der Vertragstheorie müßte man eine Leistung „auf die Einlage" fordern, um zu einer Einlagerückgewähr im Sinne des § 172 IV 1 HGB gelangen zu können. Für Leistungen, die, wie in *Beispielsfall 12*, aufgrund eines Verkehrsgeschäftes zwischen KG und Kommanditist erfolgen, könnte daher im Grundsatz keine Einlagerückgewähr nach § 172 IV 1 HGB angenommen werden[3].

Das ist konsequent, da nach der Vertragstheorie nur Leistungen an den Gesellschafter als solchen im Sinne des § 172 IV 1 HGB relevant sein können. Vermögensbewegungen aufgrund eines Verkehrsgeschäfts mit dem beschränkt haftenden Gesellschafter sind im Grundsatz wie Umsatzgeschäfte mit beliebigen Dritten zu beurteilen und können nicht unter § 172 IV 1 HGB fallen, da diese Vorschrift auf die Gesellschaftereigenschaft abstellt[4].

Natürlich sehen auch die Vertreter der Vertragstheorie die Gefahr einer Aushöhlung des Gesellschaftsvermögens durch für die KG inadäquate Verkehrsgeschäfte mit Kommanditisten. Zur Erhaltung des Gläubigerschutzes wird daher vorgeschlagen, in Mißbrauchsfällen von einer Einlagerückgewähr nach § 172 IV 1 HGB auszugehen, d.h., wenn KG und Kommanditist unter dem Deckmantel eines Verkehrschäftes eine Rückgewähr der Kommanditeinlage vornehmen[5].

---

[2] Vgl. das Beispiel auch bei *Konietzko*, (Haftung), S. 114; *Wiedemann*, (FS Bärmann) 1037 (1045).

[3] Vgl. insb. *Keuk*, ZHR 135, 410 (420); *Konietzko*, (Haftung), S. 114.

[4] Vgl. *Konietzko*, (Haftung), S. 118: „nur Leistungen, die im Hinblick auf die Gesellschafterstellung gewährt werden", können als Einlagerückgewähr angesehen werden.

[5] Vgl. v.a. ausführlich *Konietzko*, (Haftung), S. 114 ff. (verdeckte Gewinnausschüttung); in diesem Sinne wohl auch *Fischer*, LM Nr. 5 zu § 172 HGB; *Kornblum*, (Haftung,) S. 256; *Müßig-*

Die h.M. hingegen steht ganz auf dem Boden der Verrechnungstheorie und nimmt bei Drittgeschäften des Kommanditisten unabhängig vom Rechtsgrund der Vermögensbewegungen eine Saldierung zwischen der Leistung eines Kommanditisten und der der KG vor. Eine Einlagerückgewähr im Sinne des § 172 IV 1 HGB liege dann vor, wenn eine tatsächliche Minderung des Gesellschaftsvermögens ohne gleichzeitige Entstehung eines sofort fälligen und gleichwertigen Gegenanspruchs eintrete[6]. Auf den Rechtsgrund der Vermögensbewegung (Gesellschaftsvertrag oder Verkehrsgeschäft) soll es dabei nicht ankommen[7]. In *Beispielsfall 12* würde eine Saldierung ergeben, daß die Haftung des K in Höhe von 2.000,- wiederaufleben würde.

Eine Mittelstellung zwischen Vertrags- und Verrechnungstheorie nimmt-wie auch beim Tatbestand der Einlageleistung nach § 171 I 2. Hs HGB- *K. Schmidt* ein, der die Elemente der Vertragstheorie (Einlageerhaltung) und der Verrechnungstheorie (Kapitalerhaltung) zu kombinieren sucht[8]. Ihm zufolge führt die Anwendung des Kapitalerhaltungsgrundsatzes dazu, bei einem zu Lasten der KG ungleichgewichtigen Verkehrsgeschäft mit einem Kommanditisten von einer Einlagerückgewähr nach § 172 IV 1 HGB auszugehen[9]. Auch er würde in *Beispielsfall 12* zu einer erneuten Haftung des K in Höhe von 2.000,- kommen.

b) Verankerung des Kapitalerhaltungsgrundsatzes

aa) Einleitung

Die Beurteilung der haftungsrechtlichen Relevanz eines Umsatzgeschäftes im Hinblick auf § 172 IV 1 HGB hängt davon ab, ob die Vorschrift einen Kapitalerhaltungsgrundsatz enthält, der die Gläubiger der KG vor jedem Abfluß von Vermögen an Kommanditisten schützen will. Ist das der Fall, ist der Verrechnungstheorie zu folgen, wie das die h.M. tut. Ist das nicht der Fall, wird man das Eingreifen des § 172 IV 1 HGB bei Drittgeschäften auf Mißbrauchsfälle beschränken müssen, die von zusätzlichen subj. Voraussetzungen bei den Beteiligten abhängen. Die weiteren Überlegungen gehen daher allein der Frage nach, ob § 172 IV 1 HGB einen Kapitalerhaltungsgrundsatz im oben beschriebenen Sinne beinhaltet.

---

brodt, (Aufrechnung) S. 21 f.; RGRK-*Weipert*, § 172 Anm. 29; *Westermann I*, Rdnr. 926; *Wieland I*, S. 763.

[6] BGHZ 47, 149 (156); vgl. auch BGHZ 39, 319 (329); OLG Düsseldorf GmbHR 1959, 114.

[7] *Eisenhardt*, Rdnr. 141; *Kraft/Kreutz*, F. II. 3b) bb) (S. 166); wohl auch GK (4) - *Schilling*, § 172 Rdnr. 9.

[8] s.o. I. 2. (S. 100).

[9] Vgl. nur (Einlage und Haftung), S. 85; *ders.* in Schlegelberger (5) §§ 171, 172 Rdnr. 67; *ders.*, § 54 III. 2. a) bb) (S. 1315).

bb) Gesetzeswortlaut

Ausgangspunkt der Erörterung kann wieder der Gesetzestext sein. Wie oben II.3.[10] angedeutet, spricht die Wendung „zurückbezahlt“ eher noch als der Begriff „geleistet“ in § 171 I 2. Hs. HGB für das Erfordernis einer tatsächlichen Vermögensbewegung von der KG an einen Kommanditisten.

Des weiteren läßt sich aus der Anknüpfung des § 172 IV 1 HGB an § 171 I 2. Hs. HGB eine Geltung des Kapitalerhaltungsgrundsatzes zumindest vermuten. Das ergibt folgender Gedankengang: Die Tatbestände der Einlageleistung und -rückgewähr sind zwar grundsätzlich verschieden, so daß das Prinzip der Einlageaufbringung aus § 171 I 2. Hs. HGB nicht durch ein Prinzip der Einlageerhaltung auf § 172 IV 1 HGB übertragen werden kann[11]. Trotzdem spricht die Anknüpfung des § 172 IV 1 HGB an § 171 I 2. Hs. HGB („...gilt...als nicht geleistet.“) für eine teilweise Verwandtschaft der Tatbestände, und zwar was das Prinzip der Kapitalaufbringung bzw. Kapitalerhaltung betrifft. Der dem § 171 I 2. Hs. HGB zugrunde liegende Satz der Kapitalaufbringung[12] erlangt nur dann seine volle Wirkung für den Gläubigerschutz, wenn Verringerungen des Gesellschaftsvermögens zugunsten eines Kommanditisten durch dessen erneute Haftung ausgeglichen werden.

Der Grundsatz der Kapitalaufbringung aus § 171 I 2. Hs. HGB wäre überflüssig, wenn er einerseits für eine Haftungsbefreiung beim Kommanditisten unbedingte Wertzuführung verlangen würde, andererseits bei § 172 IV 1 HGB nicht jede Vermögensminderung der Gesellschaft sanktionieren würde.

cc) Alternativität der Haftung

Weiterhin spricht für einen strengen Kapitalerhaltungsgrundsatz das Haftungssystem der KG, das auf einer Alternativität von Kommanditeinlage und Kommanditistenhaftung aufbaut[13]. Diese Alternativität ist nur gewahrt, wenn die Kommanditistenhaftung durch eine objektive Wertdeckung im Gesellschaftsvermögen ausgeglichen wird[14]. Das eben kann nur dann verwirklicht werden, wenn jeder tatsächliche Vermögensabfluß aus der KG für einen Kommanditisten durch § 172 IV 1 HGB sanktioniert wird. Insofern läßt sich sagen, daß in § 172 IV 1 HGB ein Kapitalerhaltungsgrundsatz verankert ist.

---

[10] S. 99 ff.

[11] s. dazu oben II. 3.

[12] s. oben B. IV. 1.

[13] So *K. Schmidt*, (Einlage und Haftung) S. 29; vgl. ebenso *Müßigbrodt*, (Aufrechnung), S. 70.

[14] Vgl. zum Begriff der obj. Vermögensdeckung *Wiedemann*, (FS Bärmann) 1037 (1038) u. schon die Denkschrfift zum HGB *Hahn/Mugdan*, S. 281 a.E.

dd) Einschränkung der Freiheit des Leistungsaustausches?

Es wäre schließlich zu überlegen, ob nicht die Einschränkung der Freiheit des Leistungsaustausches zwischen KG und Kommanditist gegen eine so umfassende Geltung eines Kapitalerhaltungsgrundsatzes spricht. Die permanente Gefahr eines Wiederauflebens der Kommanditistenhaftung bei Umsatzgeschäften zwischen Gesellschaft und beschränkt haftenden Gesellschaftern könnte den Warenverkehr lahmlegen[15]. Dagegen spricht aber, daß Umsatzgeschäfte zwischen KG und Kommanditisten nicht völlig blockiert werden, sondern nur eine angemessene Bewertung der Leistungen zu verlangen ist[16]. Das ist unter dem Gesichtspunkt des Gläubigerschutzes durchaus gerechtfertigt. Ein Kommanditist kann auch bei Verkehrsgeschäften mit der KG nicht völlig aus seiner Rolle als Gesellschafter flüchten.

Des weiteren führt die Anwendung des hier befürworteten strengen Kapitalerhaltungsgrundsatzes mit der Saldierung von Vermögensbewegungen zwischen Gesellschaft und Kommanditisten zu praktisch leichter handhabbaren Ergebnissen. Anstatt auf den Nachweis eines Mißbrauchs- oder Umgehungstatbestandes angewiesen zu sein, der auch schwierig zu ermittelnde subjektive Voraussetzungen erfaßt (wie z.B. die Kenntnis eines Kommanditisten und eines vertretungsbefugten Komplementärs vom Mißverhältnis der Leistungen), reicht nach der hier vertretenen Auffassung das objektive Ungleichgewicht zwischen Leistung und Gegenleistung für die Anwendung des § 172 IV 1 HGB.

ee) Zwischenergebnis

Damit ist davon auszugehen, daß § 172 IV 1 HGB ein gesetzlicher Kapitalerhaltungsgrundsatz zugrundeliegt, der bei jeder tatsächlichen Minderung des KG-Vermögens zugunsten eines Kommanditisten eingreift, gleich auf welchem Rechtsgrund die Vermögensbewegung erfolgt. Damit wird bei der Einlagerückgewähr im Grundsatz der Verrechnungstheorie gefolgt. Für *Beispielsfall 12* wäre daher von einem Wiederaufleben der Haftung des K in Höhe von 2.000,- auszugehen.

c) Auswirkungen des Kapitalerhaltungsgrundsatzes

Es bleibt zu überlegen, welche konkreten Auswirkungen der hier befürwortete Kapitalerhaltungsgrundsatz auf Verkehrsgeschäfte zwischen KG und Kommanditisten hat.

---

[15] Vgl. *Günter*, (Aufbringung und Erhaltung) S. 15; *Kornblum*, (Haftung), S. 256; *Westermann I*, Rdnr. 926.

[16] *K. Schmidt*, (Einlage und Haftung), S. 85 f.; *Wiedemann*, (FS Bärmann), 1037 (1046).

Zuerst wäre zu fragen, ob man bei einer kontokorrentmäßigen Saldierung zwischen Gesellschaft und Kommanditist immer nur auf die Tatbestände der jeweiligen Vollzugsakte abzustellen habe. Das mag grundsätzlich der Fall sein (d. h. es würde dann jeweils die Übereignung von Geld, die Einräumung eines Schuldanerkenntnisses nach §§ 780, 781 BGB bei der Überweisung die Einlagerückgewähr auslösen), so daß z. B. bei einem Kaufvertrag zwischen KG und beschränkt haftendem Gesellschafter immer nur auf die Erfüllungsgeschäfte abzustellen wäre. Selbst bei Verkauf einer Sache aus dem KG-Vermögen zu angemessenem Preis würde die Hingabe des Kaufgegenstandes an einen Kommanditisten zu einer Einlagerückgewähr nach § 172 IV 1 HGB führen, während erst die Bezahlung der Ware durch den Kommanditisten den Tatbestand des § 172 IV 1 HGB wieder rückgängig machen würde[17]. An einem solchen Hin und Her, das einfache Sachverhalte unnötig kompliziert, kann natürlich auch nach der Verrechnungstheorie kein Interesse bestehen. Hier ist die reine Verrechnungstheorie bei gegenseitigen Verträgen zwischen KG und Kommanditisten wertungsmäßig leicht zu korrigieren. Mit der Rechtsprechung ist von einer Einlagerückgewähr nach § 172 IV 1 HGB nur auszugehen, wenn aus der Zuwendung seitens der Gesellschaft kein sofort fälliger Gegenanspruch gegen einen Kommanditisten erwächst[18]. Das ist aber bei einem gewöhnlichen Kaufgeschäft der Fall. Es ist daher bei gegenseitigen Verträgen nicht nur auf die Vollzugsakte abzustellen, vielmehr ist auch ein sofort fälliger Gegenanspruch der KG zu saldieren. Das rechtfertigt sich für gegenseitige Verträge als Drittgeschäfte aus der engen Verknüpfung von Leistung und Gegenleistung.

Problematisch ist diese Methode allerdings im Fall der Kreditgewährung an einen Kommanditisten. Hierzu folgender *Beispielsfall 13*:

> Kommanditist K läßt sich von der KG, der er bereits die versprochene Einlage in Höhe der Haftsumme geleistet hat, ein Darlehen in Höhe von 5.000,-gewähren bzw. eine Kaufpreisforderung in gleicher Höhe stunden. Die Frage ist, ob diese Vorgänge als Einlagerückgewähr nach § 172 IV 1 HGB einzustufen sind.

Nach dem oben aufgestellten Grundsatz müßte man hier von einer Einlagerückgewähr ausgehen, da Darlehensgewährung und Stundung gerade nicht zu einer sofort fälligen Forderung für die KG führen, die deren Vermögen entsprechend der Hingabe von Geld oder Ware seitens der Gesellschaft auffüllen[19]. Diese wohl herrschende Ansicht wird von *K. Schmidt* bestritten, der der Auffassung ist, auch eine Darlehensforderung gegen einen Kommanditisten könne als

---

[17] So möchte *Keuk*, ZHR 135, 410 (420) die h.M. verstehen.

[18] OLG Düsseldorf GmbHR 1959, 114.

[19] So *Eisenhardt*, Rdnr. 141; *Kraft/Kreutz*, F III 3b) bb) (S. 166); *Wagner*, S. 179; so wohl auch Schlegelberger (4) - *Geßler*, § 172 Rdnr. 14.

wirtschaftlicher Wert das Gesellschaftsvermögen auffüllen und das Eingreifen des § 172 IV 1 HGB bei Kreditgewährung an Kommanditisten ausschließen[20].

Gegen die Ansicht *K. Schmidts* spricht aber, daß der Kapitalerhaltungsgrundsatz bei § 172 IV 1 HGB eine aktuelle Wertdeckung verlangt. Diese ist bei sofort fälliger Gegenforderung noch gegeben, da hier eine aktuelle, realisierbare Erwerbsaussicht für die Gesellschaft besteht, nicht dagegen bei einer Darlehensforderung oder einer gestundeten Forderung, die geraume Zeit später fällig und deren Realisierung völlig ungewiß ist. Daher ist auch eine Einschränkung der Auffassung *K. Schmidts* dahin, die Darlehensforderung nach Sacheinlagegrundsätzen zu beurteilen[21], abzulehnen, da auch das nicht über die Ungewißheit zukünftiger Realisierung einer solchen Forderung für die Gesellschaft hinweghilft. Bei Kreditgewährung an Kommanditisten ist daher wegen Fehlens einer sofort fälligen Gegenforderung für die KG immer von Einlagerückgewähr auszugehen. In *Beispielsfall 13* ist daher von einer erneuten Haftung des K in Höhe von 5.000,- auszugehen.

d) Ergebnis

Am Beispiel der haftungsrechtlichen Relevanz von Umsatzgeschäften zwischen KG und Kommanditist, deren Leistungen ein wertmäßiges Ungleichgewicht zu Lasten der Gesellschaft aufweisen, konnte gezeigt werden, daß 172 IV 1 HGB einen Kapitalerhaltungsgrundsatz enthält. Nach diesem Grundsatz liegt eine Einlagerückgewähr schon dann vor, wenn eine wertmäßige Saldierung der Vermögensbewegungen zwischen KG und Kommanditist ein Minus bei der Gesellschaft ergibt, gleich, auf welcher Rechtsgrundlage diese einzelnen Vermögensbewegungen erfolgen. Damit wird bei dem Tatbestand der Einlagerückgewähr der Verrechnungstheorie gefolgt.

2. Sonderfall: Tätigkeitsvergütung für Kommanditisten (Drittgeschäfte und Einlagerückgewähr, 2. Teil)

In Zusammenhang mit der Problematik von Drittgeschäften und Einlagerückgewähr steht die Frage nach haftungsrechtlichen Konsequenzen einer Vergütung von Geschäftsführertätigkeiten des Kommanditisten. Hier stellt sich v.a. das Problem, ob die Geschäftsführung überhaupt aufgrund eines Drittgeschäftes (Dienstvertrag nach § 611 BGB) erfolgt, so daß die Ausführungen oben 1. gelten können oder ob die Geschäftsführung aufgrund Gesellschaftsvertrages erfolgt und damit eine Vergütung eventuell Gewinnverteilung gem. § 172 IV 2 HGB ist, die die zu erörternde Thematik nur streift.

---

[20] Schlegelberger (5) - *K. Schmidt*, §§ 171, 172 Rdnr. 69.

[21] Angedeutet schon in (Einlage und Haftung), S. 85; ebenso GK (4) - *Schilling*, § 172 Rdnr. 9.

a) Einführung in die Problematik

Damit gilt es hier v.a. die Reichweite des Anwendungsbereiches von § 172 IV 1 HGB und des Kapitalerhaltungsgrundsatzes abzustecken.

Zur Geschäftsführung eines Kommanditisten sei vorweg gesagt, daß das Gesetz sie erlaubt, was sich aus dem dispositiven Charakter des § 164 HGB ergibt, der Kommanditisten zwar grundsätzlich von der Geschäftsführung ausschließt, aber eine anderweitige vertragliche Regelung gestattet, § 163 HGB. Dazu im Gegensatz ist eine organschaftliche Vertretung durch Kommanditisten nach der zwingenden Regelung des § 170 HGB nicht vorgesehen. Hieran zeigt sich die vom Gesetzgeber vorgesehene Rolle für den Kommanditisten als Geldgeber im Hintergrund, was wiederum die Nähe der KG zur stillen Gesellschaft demonstriert.

Die Vergütung für die Geschäftsführung durch einen Kommanditisten ist, wie bei jedem anderen (Personen-)gesellschafter auch, nach dem gesetzlichen Regelungsmodell durch den Bezug der vereinbarten Gewinne abgegolten[22].

Das ergibt sich aus den auch für Kommanditisten anwendbaren §§ 161 II, 105 II HGB, 733 II 2 BGB, nach denen bei Liquidation einer Gesellschaft Ersatz für Dienstleistungen grds. nicht verlangt werden kann. Der Gesetzgeber geht offenbar davon aus, daß bei Personengesellschaften Dienstleistungen der Förderung des gemeinsamen Zwecks dienen und durch Gewinnverteilung abgegolten sind[23]. Hieran zeigt sich der Charakter der Personengesellschaften als Arbeitsgemeinschaften[24]. Solch eine Tätigkeitsvergütung durch Gewinnverteilung oder Gewinnvoraus hat mit der hier besprochenen gesetzlichen Kapitalerhaltung nach § 172 IV 1 HGB wenig zu tun, da sich Gewinnentnahmen grds. nach § 172 IV 2 HGB bestimmen. Nach dieser Vorschrift sind Gewinnentnahmen haftungsunschädlich, solange sie sich in dem durch § 169 II 2 HGB gesteckten Rahmen bewegen (d.h. keine Überentnahmen). Geschäftsführervergütung durch Gewinnentnahme oder Gewinnvoraus bringt aber für geschäftsführende Kommanditisten den Nachteil mit sich, daß die Vergütung unsicher sein kann. Wenn ein Geschäftsjahr nämlich keinen Gewinn abwirft, kann auch keine Vergütung bezogen werden.

Deshalb ist es für diese Kommanditisten besser, (und auch immer häufiger üblich) eine gewinnunabhängige Tätigkeitsvergütung zu beziehen, d.h. eine Art festes Gehalt.

---

[22] Vgl. RGZ 170, 392 (396); BGHZ 10, 44 (54 f.); *Klingberg*, (Mitarbeitende Kommanditisten), S. 153; *Riegger*, DB 1983, 1909.

[23] *Klingberg*, (Mitarbeitende Kommanditisten), S. 153; *K. Schmidt*, § 20 II 2b (S. 464); siehe auch *Bork*, AcP 174, 465 (476); *K. Schmidt*, (Einlage und Haftung) S. 60 mit Bezugnahme auf § 733 II 2 BGB.

[24] *Klingberg*, (Mitarbeitende Kommanditisten), S. 153.

Solch eine Entlohnung rückt die Rechtsbeziehung zwischen Kommanditist und KG wieder in die Nähe des oben 1. besprochenen Umsatzgeschäftes und damit in den Bereich des hier zu schildernden Kapitalerhaltungsgrundsatzes. Es liegt nahe, daß die gewinnunabhängige Geschäftsführervergütung auf einer besonderen, in gewisser Weise selbständigen, Rechtsbeziehung beruht, bei der Vermögenszuwendungen von der KG an Kommanditisten nicht mehr Gewinne nach § 172 IV 2 HGB sein können, sondern Leistung und Gegenleistung zu saldieren sind, und bei einem Ungleichgewicht zu Lasten der Gesellschaft § 172 IV 1 HGB in Ansatz zu bringen ist. Gerade im Bereich von Dienstleistungen (hier: Geschäftsführertätigkeit durch Kommanditisten) besteht die oft zitierte Gefahr, daß die Dienstleistungen ihr Geld nicht wert sind und somit eine verdeckte Einlagerückgewähr besteht.

Bevor diese Rechtsfolgen bei verdeckter Einlagerückgewähr für Kommanditisten genauer geschildert werden, soll zunächst der Hauptproblemkreis im Zusammenhang mit Tätigkeitsvergütungen für Kommanditisten untersucht werden, nämlich, ob es überhaupt möglich ist, Geschäftsführertätigkeit durch Kommanditisten mit einer vom Gesellschaftsvertrag unabhängigen Drittbeziehung (d. h. Dienstvertrag) zu regeln. Hier könnten die §§ 163, 164 HGB für ein „Primat des Gesellschaftsvertrages" sprechen, das solche Drittbeziehungen ausschließt. Dies aus dem Grunde, weil nur § 164 HGB regelt, daß der Kommanditist entgegen § 163 HGB die Geschäftsführung übernehmen kann. § 164 HGB meint aber eine Regelung durch den Gesellschaftsvertrag. Daraus könnte geschlossen werden, nur der Gesellschaftsvertrag ermögliche die Gescäftsführung durch Kommanditisten. Daß dies im Ergebnis nicht der Fall sein kann, sondern zumindest freie Dienstverträge als ein solches Drittverhältnis taugen können, soll im folgenden gezeigt werden.

b) Möglichkeiten der Regelung der Tätigkeitsvergütung aufgrund eines Drittgeschäftes

aa) Freier Dienstvertrag

Grundsätzlich könnte nun dem Abschluß eines gewöhnlichen Dienstvertrages zwischen KG und Kommanditist nichts entgegenstehen, da jeder Gesellschafter solche Verträge mit der Gesellschaft abschließen kann.

Für den Kommanditisten ist aber nach dem gesetzlichen Regelmodell des § 164 HGB die Geschäftsführung ausgeschlossen als Ausgleich für den Vorteil der summenmäßig beschränkten Außenhaftung.

Wie oben erwähnt, läßt nun § 163 HGB eine anderweitige Regelung (d.h. die Abbedingung des § 164 HGB) zu. Die Vorschrift handelt aber nur von einer abweichenden Bestimmung durch den Gesellschaftsvertrag. Daraus könnte geschlossen werden, § 164 HGB sei *nur* durch den *Gesellschaftsvertrag* dispositiv, demzufolge könne die Dienstleistung Geschäftsführung für Kommanditisten nur durch Gesellschaftsvertrag und nicht durch Drittverträge geregelt werden[25]. Das könnte zur Folge haben, daß die Vergütung für Geschäftsführertätigkeiten durch Kommanditisten nur gesellschaftsvertraglich möglich ist. Eine solche gesellschaftsvertragliche Vergütung könnte nach der gesetzlichen Konstruktion der KG nur eine Gewinnverteilungsregelung sein[26]. Gewinnverteilung ist im Hinblick auf die Kapitalerhaltung an § 172 IV 2 HGB zu messen. Eine Kapitalerhaltung über § 172 IV 1 HGB käme zunächst nicht in Betracht, soweit die Vergütung Gewinnverteilung wäre.

Die oben angeführte Argumentation, die eine Geschäftsführungstätigkeit durch einen Kommanditisten nur mittels Gesellschaftsvertrages erlauben will, wirkt auf den ersten Blick überzeugend, wenn auch die Rechtsprechung und ein größerer Teil der Literatur den Abschluß freier Dientsverträge neben dem Gesellschaftsvertrag für unproblematisch halten[27]. Gegen die ausschließliche Möglichkeit, nur durch Gesellschaftsvertrag die Geschäftsführung des Kommanditisten zu regeln, sprechen aber folgende Überlegungen:

§§ 163,164 HGB erlauben die Abbedingung des Ausschlusses der Kommanditisten von der Geschäftsführung in der KG aufgrund eines Gesellschaftsvertrages; sie meinen damit aber nur die organschaftliche, nicht die gewillkürte Geschäftsführung[28]. Die letztere kann, wie jede Dienstleistung, Gegenstand eines Dienstvertrages nach § 611 BGB sein. Damit würde durch die Unterscheidung organschaftliche/gewillkürte Geschäftsführung Raum geschaffen für rein dienstvertragliche Geschäftsführung durch Kommanditisten für die KG.

Diese Differenzierung wirkt sehr begrifflich, und es fragt sich vielleicht, ob organschaftlich-gesellschaftsvertragliche und gewillkürt-dienstvertragliche Geschäftsführung überhaupt voneinander unterschieden werden können, wo es doch in beiden Fällen schlicht um Dienstleistungen eines Kommanditisten für die Gesellschaft geht.

Wenn auch in Einzelfällen die Unterscheidung zwischen gesellschafts- und dienstvertraglicher Geschäftsführung schwer fallen mag, so weichen beide Möglichkeiten der Gestaltung rechtlicher Beziehungen erheblich voneinander ab. Während sich die organschaftliche Geschäftsführung allein nach dem Gesell-

---

[25] *Bork*, AcP 174, 465 (472); *Riegger*, DB 1983, 1909 (1910).

[26] *Riegger*, DB 1983, 1909 (1910).

[27] BGH GmbHR 1976, 159; OLG Celle OLGZ 1973, 343 (344 f.); OLG Hamm DB 1977, 718; ; *Gansmüller*, DB 1968, 2067 ff.; Heymann-*Horn*, § 172 Rdnr. 14; *Hueck G.*, DB 1962, 1363; *Priester*, DB 1975, 1878; GK (4) - *Schilling*, § Rdnr. 11; *K. Schmidt*, (Einlage und Haftung), S. 60.

[28] Vgl. *Bork*, AcP 174, 465 (472); wohl auch *Riegger*, DB 1983, 1909 (1910); ähnlich *Klingberg*, (Mitarbeitende Kommanditisten), S. 156.

schaftsvertrag, d.h. dann allgemein nach Gesellschaftsrecht beurteilt, gilt für die schuldrechtliche Geschäftsführung in erster Linie Dienstvertragsrecht. Auch der Vertragspartner der jeweiligen Rechtsbeziehungen ist ein anderer, beim Gesellschaftsvertrag die Gesellschafter, beim Dienstvertrag die KG, vertreten durch den oder die Komplementäre[29].

Dies zeigt, daß zwischen organschaftlicher und dienstvertraglicher Geschäftsführung ein grundlegender Unterschied besteht.

Des weiteren ist den §§ 163, 164 HGB kein gesetzliches Verbot im Sinne von § 134 BGB zu entnehmen, das den Abschluß von Dienstverträgen zwischen KG und Kommanditisten verbietet. Den Normen kann allenfalls ein gesetzliches Regelprinzip, aber kein Verbotssatz entnommen werden.

Damit ist die Vereinbarung freier Diensverträge, die neben dem Gesellschaftsvertrag die Geschäftsführung durch Kommanditisten regeln, grundsätzlich möglich. Das führt dann dazu, daß § 172 IV 2 HGB für solche Leistungen nicht mehr anwendbar ist. Vielmehr sind der Wert der Dienstleistung des Kommanditisten und die Vergütung durch die KG wertmäßig zu saldieren. Die Tätigkeitsvergütung ist wie jedes andere Drittgeschäft (siehe oben 1.) zu behandeln. Im Falle der Überbewertung der Dienstleistung ist von einer Einlagerückgewähr nach § 172 IV 1 HGB auszugehen. Der Kapitalerhaltungsgrundsatz würde auch hier voll eingreifen.

bb) Gesellschaftliche Sondervereinbarung

Neben der soeben geschilderten Geschäftsführung aufgrund Dienstvertrages bleibt die Möglichkeit der organschaftlichen Geschäftsführung durch Kommanditisten aufgrund Gesellschaftsvertrages. Nach der gesetzlichen Konstruktion der Personengesellschaften ist die organschaftliche Geschäftsführung grundsätzlich durch Gewinnverteilung abgegolten[30]. Ein Geschäftsführerentgelt kann also nur dann an den Kommanditisten gezahlt werden, wenn Gewinn vorhanden ist und das auch nur in den Schranken des § 172 IV 2 HGB.

Hier soll der Frage nach gegangen werden, ob und wie auch eine Festvergütung für die organschaftliche Geschäftsführung im Gesellschaftsvertrag vereinbart werden kann.

Diese Festvergütung muß, da sie die gesetzliche Grundkonstruktion der Personengesellschaften durchbricht, ausdrücklich und aufgrund einer zusätzlichen

[29] Vgl. zum ganzen *Bork*, AcP 174, 465 (473 ff.).

[30] *Riegger*, DB 1983, 1909 (1910); a. A. *Bork*, AcP 174, 465 (478); vgl. auch OLG Celle OLGZ 1973, 343 (344); OLG Hamm DB 1977, 717 (718) („im Zweifel gesellschaftsvertragliche Regelung", d. h. Gewinnvoraus).

schuldrechtlichen Sonderverbindung im Rahmen des Gesellschaftsvertrages geregelt werden.

Hierzu werden in der Literatur zwei verschiedene Möglichkeiten diskutiert, eine zusätzliche schuldrechtliche Ebene neben dem eigentlichen Gesellschaftsvertrag zu schaffen, kraft derer Geschäftsführertätigkeiten von Kommanditisten gegen Entgelt geleistet werden. Auch Leistungen aufgrund dieser schuldrechtlichen Sonderverbindung würden, gleich welcher Qualität, nicht als Gewinn an § 172 IV 2 HGB, sondern an § 172 IV 1 HGB zu messen sein.

Die Sonderverbindung soll nach einer Ansicht Nebenleistungsvereinbarung analog §§ 55, 61 AktG[31], ein anderes Mal gesellschaftsvertraglicher Aufwendungsersatz[32]sein.

(1) Nebenleistungsvereinbarung entsprechend §§ 55, 61 AktG

Nach Ansicht *Priesters* ist es grds. möglich, auf gesellschaftsvertraglicher Grundlage Austauschbeziehungen herzustellen, die Geschäftsführerleistungen durch Kommanditisten zum Gegenstand haben und nicht auf den gemeinsamen Gesellschaftszweck gerichtet sind, sondern völlig unabhängig vom Gesellschaftsvertrag funktionieren[33]. In solchen Nebenleistungsverbindungen erfolge auch die Vergütung völlig unabhängig vom Gesellschaftsvertrag, d.h. vom Gewinn[34]. Begründung für die Möglichkeit solcher Nebenleistungsvereinbarungen sei der Rechtsgedanke der §§ 55,61 AktG, der problemlos auf Personengesellschaften wie die KG übertragbar sei[35]. Auch Gläubigerschutzvorschriften sprächen nicht dagegen, wenn selbst das Aktienrecht mit seinen strengen Kapitalerhaltungsvorschriften die Vergütung von Gesellschaftertätigkeiten aus dem Vermögen der Gesellschaft erlaube, müsse das im Personengesellschaftsrecht (bzw. KG-Recht) mit seinen milderen Kapitalerhaltungsvorschriften und der im Innenverhältnis herrschenden Vertragsfreiheit erst recht möglich sein[36].

Die Analogie *Priesters* begegnet aber Bedenken.

So darf man nicht vergessen, daß das Aktienrecht und das Recht der KG zwei völlig unterschiedliche Rechtsgebiete sind, die die Übertragung von Rechtsgedanken aus dem jeweils einen in das andere Rechtsgebiet mindestens sehr erschweren. Hinzu kommt, daß es sich bei den §§ 55, 61 AktG selbst innerhalb des Aktien-

---

[31] Vgl. *Priester*, DB 1975, 1881.

[32] Vgl. *Bork*, AcP 174, 465 (478 f.).

[33] Vgl. DB 1975, 1878 (1881).

[34] *Priester*, DB 1975, 1878 (1881).

[35] *Priester*, DB 1975, 1878 (1881).

[36] *Priester*, DB 1975, 1878 (1881).

rechts um einen absoluten Ausnahmetatbestand handelt, der dort im wesentlichen nur in einem Industriezweig (Rübenzucker) praktische Anwendung gefunden hat[37]. Wegen dieses Ausnahmecharakters der §§ 55, 61 AktG dürften diese Vorschriften wohl kaum analogiefähig sein.

(2) Zusätzliche gesellschaftliche Sonderverbindung

Damit ist natürlich noch nicht eine andere Möglichkeit zusätzlicher gesellschaftlicher Sonderverbindungen widerlegt, kraft derer gewinnunabhängige Tätigkeitsvergütung bezogen werden kann. Solch eine Sonderverbindung könnte man als gesellschaftsvertraglichen Ausgleichsanspruch bezeichnen[38]. Dieser hätte einen gewinnunabhängigen Ausgleich für Geschäftsführertätigkeiten von Kommanditisten zum Inhalt[39], anders ausgedrückt, eine Festvergütung. Sicherlich läßt sich gegen die Zulässigkeit solcher Vereinbarungen wenig vorbringen, wo im Innenverhältnis zwischen Gesellschaft und Gesellschafter doch Vertragsfreiheit herrscht.

Es läßt sich aber schwer (oder gar nicht) vorstellen, wie organschaftliche Geschäftsführertätigkeit von Kommanditisten, die nach §§ 163, 164 HGB nur durch Gesellschaftsvertrag begründet werden und demzufolge nach der gesetzlichen Konstruktion der Personengesellschaften nur durch Gewinn abgegolten werden kann, gleichzeitig auch etwas anderes sein kann, praktisch eine sonderorganschaftliche Geschäftsführung mit Sondervergütung[40].

Sicher ist es möglich, so etwas zu vereinbaren und auch so zu benennen, daß damit nicht gewöhnliche Geschäftsführung mit Gewinnbezug gemeint sein kann. Aber gleich, wie man eine solche organschaftliche Geschäftsführung durch Kommanditisten benennt, wird sie immer eine solche bleiben, die auf den gemeinsamen Zweck ausgerichtet ist und durch Gewinnanteil vergütet wird. Alles andere ist dienstvertragliche Geschäftsführung (siehe oben). D.h. im Ergebnis ist das Hineinlesen einer zusätzlichen gesellschaftsrechtlichen Sonderverbindung zum Bezug gewinnunabhängiger Tätigkeitsvergütung nichts weiter als Fiktion. Wenn gewinnunabhägige Entlohnung gewollt ist, kann dies nur mit Hilfe eines Diensvertrages nach § 611 BGB geschehen.

Eine gesellschaftsvertragliche Sonderverbindung zum Bezug gewinnunabhängiger Tätigkeitsvergütungen gibt es nicht. Eine gesellschaftsvertraglich verein-

---

[37] Das sieht auch *Priester*, DB 1975, 1878 (1881); vgl. auch GK (3) - *Barz*, § 55 AktG Anm. 1; KölnerKomm-*Lutter*, § 55 Rdnr. 3.

[38] *Bork*, AcP 174, 465 (478).

[39] *Bork*, AcP 174, 465 (478).

[40] Vgl. *Riegger*, DB 1983, 1909 (1910).

barte Geschäftsführung durch einen Kommanditisten kann nur durch Gewinn abgegolten werden.

c) Haftungsfolgen (Ergebnis)

Damit bleiben im Ergebnis zwei Möglichkeiten, das Entgelt für Geschäftsführung durch Kommanditisten zu regeln. Der Gesellschaftsvertrag mit Gewinnbezug und der freie Dienstvertrag mit fester Vergütung. Im ersten Fall ist jede Vermögensentnahme oder -zuwendung, die noch Gewinn ist, ausschließlich nach § 172 IV 2 HGB zu beurteilen[41] und hat mit den zentralen Fragen dieser Arbeit nichts zu tun. Im zweiten Fall ist der Dienstvertrag wie jedes andere unter 1. behandelte Drittgeschäft zu beurteilen,d.h. es ist unabhängig vom Rechtsgrund der Vermögensbewegungen eine Saldierung zwischen Dienstvertrag und Entgelt vorzunehmen[42]. Nur hier kommt der Kapitalerhaltungsgrundsatz zur Anwendung.

3. Bestellung von Sicherheiten als Einlagerückgewähr

Als ein weiterer Teil des Anwendungsbereichs des Kapitalerhaltungsgrundsatzes kommt die Bestellung von Sicherheiten zugunsten des Kommanditisten in Betracht. In Rechtsprechung und Literatur richtet sich dabei v.a. das Augenmerk auf die Grundpfandrechte Hypothek und Grundschuld.

Die Anwendung des § 172 IV 1 HGB ist immer dann zu erwägen, wenn z.B. eine Hypothek für eine Forderung des Kommanditisten seitens der KG bestellt ist, deren (der Forderung) Erfüllung den Tatbestand der Einlagerückgewähr verwirklichen würde. Im Hinblick auf den Kapitalerhaltungssatz stellt sich also die Frage, ob die Einräumung einer Hypothek an einen Kommanditisten schon einen Wert darstellt, der der Erfüllung der gesicherten Forderung entspricht. Wenn das der Fall ist, kann die Bestellung der Sicherheit schon Einlagerückgewähr sein. Im Anschluß an *K. Schmidt* sind hier aber Fallkonstellationen der Gewährung von Sicherheiten der KG an Kommanditisten zu unterscheiden, nämlich zunächst die Gewährung von Pfandrechten der KG für Forderungen des Kommanditisten gegen einen Dritten, dann die Sicherheitsbestellung für Ansprüche des Kommanditisten gegen die KG aus einem Drittgeschäft und schließ-

---

[41] So *Bork*, AcP 174, 465 (482); *Klingberg*, (Mitarbeitende Kommanditisten) S. 154; *Riegger*, DB 1983, 1909 (1910); GK (4) - *Schilling*, § 172 Rdnr. 11; a.A. lediglich *K. Schmidt*, (Einlage und Haftung), S. 63, der bei jeder Gewinnentnahme im Rahmen von Tätigkeitsvergütungen für Kommanditisten § 172 IV 1 HGB anwenden will.

[42] BAG WM 1983, 514 stellt auf die Angemessenheit des Wertes der Dienstleistung und des Geschäftsführerentgeltes ab.

lich den wichtigsten Fall, die Absicherung der Abfindungsforderung des Kommanditisten gegen die Gesellschaft[43].

a) Bestellung von Sicherheiten für Forderungen eines Kommanditisten gegen einen Dritten

Relativ einfach zu beurteilen ist die Bestellung eines Grundpfandrechts an einem Grundstück der KG für eine Forderung des Kommanditisten gegen einen Dritten (Bsp.: Kommanditist K hat gegen D eine Kaufpreisforderung von 3.000,-). Die Frage, ob darin eine Einlagerückgewähr liegt, beurteilt sich allein nach dem der Bestellung zugrundeliegenden Rechtsverhältnis, d. h. nach der Sicherungsabrede zwischen KG und Kommanditist. Läßt die KG dem Kommanditisten z. B. eine Hypothek schenkweise, d.h. ohne Gegenleistung, zukommen, so ergibt eine Saldierung zwischen KG-Vermögen und Kommanditistenvermögen eine Differenz zu Lasten des Gesellschaftsvermögens, d.h. es liegt eine Einlagerückgewähr vor. Die Bestellung der Hypothek stellt aber noch nicht unbedingt einen Wert dar, der der Erfüllung der Forderung des Kommanditisten gegen den Dritten voll entspricht (§ 267 BGB). Hier ist fraglich, ob das Grundpfandrecht überhaupt schon einen selbständigen Vermögenswert darstellt, so daß von einer tatsächlichen Minderung des KG-Vermögens (die § 172 IV 1 HGB voraussetzt) gesprochen werden kann. Die Frage nach der Selbständigkeit der Sicherheit als Vermögenswert wird unten d) genauer untersucht.

Anders ist die Situation dagegen zu beurteilen, wenn dem KG-Vermögen für die Bestellung der Sicherheit eine adäquate Gegenleistung des Kommanditisten zufließt. Dann greift § 172 IV 1 HGB selbstverständlich nicht ein. Damit ist diese Unterfallgruppe grundsätzlich in die Erörterungen zu oben 1. einzureihen.

b) Bestellung von Sicherheiten für Drittforderungen des Kommanditisten gegen die KG

Gleiches gilt für die Bestellung eines Grundpfandrechtes für eine Forderung des Kommanditisten gegen die KG (Bsp. Kommanditist K hat gegen die A-KG eine Kaufpreisforderung von 3.000,-). Hier kommt es wie oben 1. grundsätzlich auf die Saldierung von Leistung und Gegenleistung an. Bei einer Verschiebung des Gleichgewichts zu Lasten der Gesellschaft kann § 172 IV 1 HGB eingreifen. Das hängt, wie oben a), davon ab, ob das Grundpfandrecht einen selbständigen Vermögenswert darstellt (näher dazu unten d)).

---

[43] *K. Schmidt*, (Einlage und Haftung), S. 88 ff.

Auch diese Unterfallgruppe bildet grundsätzlich keine neue Fallkonstellation. Sie läßt sich ebenfalls in die oben 1. besprochene Fallgruppe der Drittgeschäfte eingliedern[44].

c) Sicherheit für die Abfindungsforderung des Kommanditisten

Schwieriger gestaltet sich die Bewertung der Bestellung einer Sicherheit für die Abfindungsforderung eines Kommanditisten. Hier stellt sich (entsprechend zu oben a) und b)) die Frage, ob die Sicherheit mit Blick auf die Einlagerückgewähr schon als Vollzug der Abfindungsforderung gesehen werden kann, also nach § 172 IV 1 HGB haftungsschädlich ist, oder ob tatsächlich erst die endgültige Geldzahlung eine Einlagerückgewähr bedeutet, während die Bestellung des Grundpfandrechts lediglich Anspruchssicherung ist.

Die Judikatur zu diesem Problem ist nicht sehr reichhaltig. So hat das OLG Breslau die Bestellung einer Sicherungshypothek für den Abfindungsanspruch nicht als Einlagerückgewähr bewertet, weil es sich lediglich um eine Sicherung des Anspruchs handele[45]. Dabei hat das Gericht aber für den Fall der Sicherung durch Verkehrshypothek eine gegenteilige Bewertung offengelassen, da diese wegen ihrer Verkehrsfähigkeit schon einen selbständigen Vermögenswert habe[46]. Diese Ansicht findet in der Literatur Zustimmung, es wird hier aber jede Hypothekenbestellung für die Abfindungsforderung als Rückgewähr der Einlage behandelt[47].

Gegenstimmen in der Literatur sehen in der Bestellung einer Sicherheit (auch hier: Beispiel Hypothek) grundsätzlich keine Einlagerückgewähr mit dem Argument, es werde hier lediglich ein Anspruch gesichert, nicht erfüllt[48].

Nach dieser Schilderung der vertretenen Auffassungen scheint die zu klärende Frage allein auf einen Gesichtspunkt konzentriert, nämlich den, ob die Sicherheit selbst schon einen Vermögenswert darstellt und damit Gegenstand der Einlagerückgewähr sein kann, oder ob dem nicht so ist, weil die Sicherheit unselbständig ist als Anhängsel der zu erfüllenden Abfindungsforderung.

---

[44] *K. Schmidt*, (Einlage und Haftung), S. 88 ff.

[45] OLG Breslau JW 1931, 807 mit zust. Anm. *Pinner*.

[46] OLG Breslau JW 1931, 807.

[47] GK (4) - *Schilling*, § 172 Rdnr. 14.

[48] Düringer/Hachenburg-*Flechtheim*, § 172 Anm. 10.

d) Die Selbständigkeit der Sicherheit als Vermögenswert iSv § 172 IV 1 HGB

aa) BGH NJW 1976, 751

Der soeben aufgezeigte klare Ausgangsspunkt für die Klärung der in oben a) bis c) gestellten Frage der Selbständigkeit der Sicherheit als Vermögenswert wird durch die höchstrichterliche Rechtsprechung und deren Bewertung in der Literatur etwas verwischt im Ergebnis aber beibehalten[49]. In dem Fall BGH NJW 1976, 751 hatte das Gericht zu überprüfen, ob die Abtretung einer Eigentümergrundschuld an einen Kreditgeber des Kommanditisten Einlagerückgewähr ist. Dieser Fall behandelt teilweise die hier zu erörternde Problematik, da er sich mit der Wertung der Bestellung eines Grundpfandrechtes als Einlagerückgewähr befaßt. Andererseits unterscheidet sich der vorliegende Sachverhalt von bisher erörterten Fallkonstellationen dadurch, daß hier das Vermögen des Kommanditisten nur mittelbar bereichert wird[50].

Dieser letzte Gesichtspunkt ist für die hier zu klärende Frage aber nur von untergeordneter Bedeutung, was im folgenden noch erläutert wird.

Der BGH bejaht in NJW 1976, 751 im Ergebnis eine Einlagerückgewähr. Dabei räumt er ein, daß die Bestellung eines Grundpfandrechts das Gesellschaftsvermögen nicht mindere, solange eine Verwertung nicht erfolgt sei. Begründung für diese „Privilegierung“ des Kommanditisten (durch die Nichtanwendung des § 172 IV 1 HGB) sei seine Benachteiligung an anderer Stelle, da er nämlich bei Befriedigung aus dem Gesellschaftsvermögen im Konkurs kraft seiner Gesellschafterstellung hinter den anderen Gläubigern zurücktreten müsse[51]. In diesem Fall ist das Grundpfandrecht wertlos, weil es nicht verwertet werden kann. Diese Begründung für die tendenzielle Verneinung des Tatbestandes der Einlagerückgewähr bei einem „Zurücktreten im Konkurs“ wird für den vorliegenden Fall in entgegengesetzter Richtung eingesetzt: Da der Kreditgeber Dritter sei, könne dieser gleichrangig mit den Gläubigern befriedigt werden, genieße durch das Grundpfandrecht sogar Vorzug, weshalb hier im Ergebnis von einer Einlagerückgewähr auszugehen sei[52].

Hier könnte der Eindruck entstehen, als verlagere der BGH die Problematik aus dem Bereich der Einlagerückgewähr nach § 172 IV 1 HGB in den der Rangfolge bei der Gläubigerbefriedigung im Konkurs[53]. Das ist nur teilweise richtig, da sich das Gericht in dem Urteil auf der hier eingeschlagenen Linie befindet, indem es den Tatbestand der Einlagerückgewähr ganz davon abhängig macht, ob die Bestel-

[49] Vgl. BGH NJW 1976, 751.

[50] *K. Schmidt*, (Einlage und Haftung) S. 91.

[51] BGH NJW 1976, 751 (752).

[52] BGH NJW 1976, 751 (752).

[53] Vgl. *Keuk*, ZHR 135, 410 (422).

lung des Grundpfandrechts an den Kommanditisten einen Vermögenswert darstellt, der das Gesellschaftsvermögen ohne Gegenwert mindert. Von diesem Blickwinkel aus ist es verständlich, daß der BGH die Bestellung eines Grundpfandrechtes an den Kommanditisten für den Fall des Konkurses nicht für eine Einlagerückgewähr hält, weil das Grundpfandrecht wegen des Zurücktretens des Kommanditisten im Konkurs ohnehin nichts wert ist, also keine Verminderung des Gesellschaftsvermögens zugunsten des Kommanditisten vorliegt. Ebenso nachvollziehbar ist dann die vorliegende Entscheidung, in der die Bestellung der Eigentümergrundschuld etwas wert ist, weil der Dritte (Kreditgeber des Kommanditisten) nicht im Konkurs zurücktreten muß, damit das Grundpfandrecht einen reellen Vermögenswert darstellt. D.h. im Ergebnis stellt der BGH darauf ab, ob die Sicherheit überhaupt einen Vermögenswert darstellt. Nur wenn das der Fall ist, kann von Einlagerückgewähr nach § 172 IV 1 HGB die Rede sein. Damit befindet sich das Gericht auf dem auch hier eingeschlagenen Weg. Hier soll noch weiter der Frage nachgegangen werden, wann die Bestellung einer Sicherheit einen Vermögenswert darstellt, dessen Zuführung aus dem KG-Vermögen an den Kommanditisten den Tatbestand des § 172 IV 1 HGB auslöst. Im Ergebnis wird dabei die Entscheidung BGH NJW 1976, 751 befürwortet werden.

bb) Einbeziehung wirtschaftlicher Gesichtspunkte

Die Frage, wann die Bestellung einer Sicherheit für den Kommanditisten etwas darstellt, was zur Einlagerückgewähr führen kann, geht letztlich dahin, ob und unter welchen Voraussetzungen eine Sicherheit losgelöst von der zugrundeliegenden Forderung einen eigenständigen Vermögenswert darstellt. Hierbei sind sowohl juristische als auch wirtschaftliche Gesichtspunkte zu berücksichtigen.

Man muß sich fragen, ob die Bestellung der Hypothek für eine der oben a) bis c) aufgeführten Forderungen des Kommanditisten schon so gut wie deren Erfüllung ist. Oder anders ausgedrückt: Schwächt die Hypothekenbestellung das Gesellschaftsvermögen schon derart, als hätte die KG an ihren Gesellschafter bezahlt?

Das wird man sicherlich dann bejahen müssen, wenn die Hypothek wirtschaftlich wertvoll ist, d.h. vor allem dann, wenn ein 1.Rang für den Kommanditisten besteht. Anders wird das zu beurteilen sein, wenn der Rang so schlecht ist, daß Befriedigung nicht erwartet werden kann. D.h., es ist auch eine wirtschaftliche Überprüfung des Grundpfandrechts für die Frage der Einlagerückgewähr vorzunehmen, ähnlich wie dies beim Problem der Nennwertaufrechnung erfolgt[54].

Fraglich ist dabei, wie die Rechtslage im Konkurs der Gesellschaft ist. Im Konkurs soll der Gesellschafter nach allgemeiner Auffassung mit seiner Ab-

[54] s. oben B. III. 3.

findungsforderung gegenüber anderen Gesellschaftsgläubigern zurückstehen[55]. Das soll auch dann gelten, wenn die Forderung durch ein Grundpfandrecht gesichert ist[56]. Aus diesem Grunde solle ein Wiederaufleben der Haftung nicht eintreten, weil das Grundpfandrecht dann keinen zusätzlichen Wert mehr darstellt, um den der Kommanditist bereichert ist[57]. D.h., daß für den wirtschaftlichen Wert eines Grundpfandrechts im Konkurs danach zu differenzieren ist, ob der Kommanditist auch mit dem Grundpfandrecht hinter den übrigen Gläubigern zurückstehen muß. Wenn das der Fall ist, ist das Grundpfandrecht wertlos, und eine Einlagerückgewähr nach § 172 IV 1 HGB liegt nicht vor. Damit kann auch die Entscheidung BGH NJW 1976,751 (752) vollständig nachvollzogen werden, weil sie nach dem zuletzt genannten Gesichtspunkt differenziert. Sie kommt in dem zu entscheidenden Fall zu einer Einlagerückgewähr, weil der Inhaber der Eigentümergrundschuld gerade nicht ein Gesellschafter, sondern ein Dritter ist, der im Konkurs nicht zurückzutreten hat, so daß die Bestellung des Grundpfandrechts einen reellen Wert darstellt, der das KG-Vermögen vermindert. Da diese Minderung dem Kommanditisten zugute kommt, wird in der Entscheidung § 172 IV 1 HGB zu Recht angewandt[58]. Daß es sich dort um einen Fall der mittelbaren Einlagerückgewähr handelt (der Kommanditist wird nur indirekt bereichert), soll an dieser Stelle nichts ändern. Unten wird dann herausgearbeitet, daß die mittelbare Einlagerückgewähr ebenfalls unter 172 IV 1 HGB fällt.

e) Ergebnis

Die Bestellung einer Sicherheit (insb. Grundpfandrecht) seitens der KG an den Kommanditisten für eine Forderung des Kommanditisten gegen einen Dritten oder eine Forderung des Kommanditisten aus einem Verkehrsgeschäft mit der KG ist nur unter den Voraussetzungen Einlagerückgewähr, nach denen ein Vermögenszufluß aufgrund des (zugrundeliegenden) Verkehrsgeschäfts zwischen KG und Kommanditist Einlagerückgewähr ist. Es ist also im Hinblick auf § 172 IV 1 HGB eine Saldierung von Leistung und Gegenleistung vorzunehmen. Dabei kann § 172 IV 1 HGB erst eingreifen, wenn die Sicherheit einen eigenständigen Vermögenswert hat. Das ist nach den oben d) aufgeführten wirtschaftlichen Kriterien zu beurteilen und grundsätzlich zu bejahen. Nur im Gesellschaftskonkurs gilt etwas anderes. Hier stellt die Sicherheit keinen zusätzlichen Wert dar, wenn der Kom-

[55] GK (3) - *Schilling*, § 172 Anm. 31 (allerdings zu weitgehend, da diese Grundsätze von ihm auch außerhalb des Konkurses befürwortet werden); Jaeger-*Weber*, §§ 209, 210 Anm. 27; Schlegelberger (4) - *Geßler*, § 172 Rdnr. 17 .

[56] Vgl. BGH NJW 1976, 751 (752); GK (3) - Schilling § 172 Anm. 31; *K. Schmidt*, (Einlage und Haftung), S. 91.

[57] Vgl. BGH NJW 1976, 751 (752).

[58] BGH NJW 1976, 751 (752).

manditist gegenüber den übrigen Gesellschaftsgläubigern „zurücktreten“ muß. Eine Einlagerückgewähr liegt dann nicht vor.

Für die Sicherung der Abfindungsforderung des ausgeschiedenen Kommanditisten gilt, daß sie ebenfalls grundsätzlich Einlagerückgewähr iSv § 172 IV 1 HGB ist, solange dem (Grund-)pfandrecht ein eigener wirtschaftlicher Wert zukommt. Dieser Wert ist ähnlich zu bemessen wie bei der Aufrechnung gegen die Einlageforderung der KG gegen den Kommanditisten.

Im Konkurs ändert sich diese Beurteilung wie auch in den anderen Fallgruppen, weil dann einem Grundpfandrecht wegen des Nachrangs des Kommanditisten bei der Gläubigerbefriedigung kein Wert mehr zukommt. Dann liegt grundsätzlich keine Einlagerückgewähr vor.

4. Die Behandlung von Fremdkapital als Eigenkapital (das Problem der gesplitteten Kommanditeinlage sowie der eigenkapitalersetzenden Gesellschafterdarlehen)

§ 172 IV 1 HGB und der Tatbestand der Einlagerückgewähr können grundsätzlich nur Beträge bis zur Höhe der Haftsumme erfassen (§ 172 IV 1 HGB spricht vom „Zurückbezahlen“ der Einlage und § 172 I HGB legt als Obergrenze der Haftung die Haftsumme fest). In der Regel hat der Kommanditist die Einlage in der Höhe der Haftsumme geleistet, so daß über die Haftsumme hinaus geleistetes Fremdkapital (z. B. Darlehen) von vorneherein nicht von § 172 IV 1 HGB erfaßt werden kann, wenn diese Leistungen an den Kommanditisten zurückgewährt werden.

Nun ist aber Eigenkapital nicht die einzige Finanzierungsmöglichkeit für Gesellschafter. Es ist üblich, gerade für einen kurzen Zeitraum, auch Fremdkapital, z.B. in Form eines Darlehens, zur Verfügung zu stellen. Möglich ist auch eine langfristige Finanzierung der KG durch Darlehen oder stille Einlagen, wobei dann das Fremdkapital zur Finanzierungsgrundlage der Gesellschaft werden kann[59]. Wie oben B. III. 2. ist zu fragen, ob dieses Fremdkapital wie Eigenkapital behandelt werden kann. Das läuft auf eine Untersuchung hinaus, die erörtert, ob Fremdkapital mit Eigenkapitalfunktion von § 172 IV 1 HGB erfaßt werden kann.

Für die weitere Untersuchung ist zu unterscheiden zwischen Fremdkapital, das der Kommanditist von Beginn seiner Mitgliedschaft an neben der eigentlichen Einlage der KG zur Verfügung stellt (das sind v. a. die oben B. III. 2. erörterten gesplitteten Einlagen[60]) und Darlehen, die später während der Mitgliedschaft an

[59] Vgl. oben B. III. 2.

[60] Vgl. zu diese Begriff: BGHZ 104, 33 (38); 93, 159 (161) („zusammengesetzte Pflichteinlage“); Schlegelberger (5) - *K. Schmidt*, §§ 171, 172 Rdnr. 49; *ders.*, § 54 II 2c (S. 1304).

die Gesellschaft — meist in einer Krisensituation — überlassen werden (eigenkapitalersetzende Darlehen[61]).

Es existiert eine umfangreiche Rechtsprechung, die den Darlehensteil bzw. die stille Beteiligung der gesplitteten Einlage zumindest bei der Publikums-KG wie eine Einlage behandelt[62], Ebenso gibt es Judikatur, die eigenkapitalersetzende Darlehen bei der GmbH & Co KG der Einlage gleichstellt[63].

Wenn auch die Rechtsprechung eine Ausdehnung ihrer Grundsätze über die gesplittete Einlage auf die gesetzestypische KG (um die es hier zuvörderst geht!) noch nicht vorgenommen[64] und eine Ausdehnung der Regeln über eigenkapitalersetzende Darlehen bisher ausdrücklich abgelehnt hat[65], wird doch in der Literatur eine Anwendung der Regeln über gesplittete Einlagen[66] sowie eigenkapitalersetzende Darlehen auf die einfachgesetzliche KG befürwortet[67].

Das gibt Anlaß, auch hier eine Übertragung der Grundsätze für gesplittete Einlagen und eigenkapitalersetzende Gesellschafterdarlehen auf die gesetzestypische KG zu diskutieren und zu fragen, ob im Hinblick auf § 172 IV 1 HGB Möglichkeiten bestehen, dieses Fremdkapital mit Eigenkapitalfunktion der KG und ihren Gläubigern zu erhalten.

Dabei soll jedoch nicht außer acht gelassen werden, daß sich die gegenwärtige Diskussion mit der allgemeinen Behandlung des Fremdkapitals als Eigenkapital beschäftigt. So wird denn auch erörtert, ob der Kommanditist das Darlehen noch von der KG zurückfordern kann[68] oder ob das Fremdkapital im Konkurs ausschließlich der Gläubigerbefriedigung zur Verfügung zu stehen hat[69]. Diese Entscheidungen haben sich v.a. damit auseinandergesetzt, ob der Kommanditist gegenüber der KG zur Belassung oder Rückerstattung des Fremdkapitals verpflichtet ist.

---

[61] Vgl. zu diesem Begriff: BGHZ 31, 258 (279 ff.); 76, 326 (330); 90, 370 (377 ff.); BGH DB 1990, 980 (981); BGH GmbHR 1985, 51 f.; BGHZ 95, 188 (191); *Baumbach/Duden/Hopt*, § 172a Anm. 2; *Joost*, ZGR 1987, 370 ff.; *Klingberg*, (Mitarbeitende Kommanditisten), S. 158 ff.; *Mundry*, (Darlehen und stille Einlagen), S. 142; Schlegelberger (5) - *K. Schmidt*, §§ 172a Rdnr. 17 ff.; *ders.*, § 18 III 4 (S. 1304).

[62] BGHZ 70, 61 ff.; BGH NJW 1980, 1522 ff.; NJW 1981, 2251 ff.; BGHZ 93, 159 ff. = NJW 1985, 1468 ff.; BGHZ 104, 33 ff. = NJW 1988, 1841 ff. = WM 1988, 750 ff.; Ausdehung auf die GmbH & Co. KG in BGHZ 104, 33 ff.

[63] Auswahl: BGHZ 60, 324 ff.; 67, 171 ff.; 69, 274 ff.; BGH DB 1990, 980 ff.

[64] Vgl. BGHZ 104, 33 (38 ff.) dort nur Anwendung auf die GmbH & Co. KG.

[65] BGH GmbHR 1985, 51 (52).

[66] *V. Gerkan*, GmbHR 1986, 218 (224); i. E. auch *Mundry*, (Darlehen und stille Einlagen), S. 118.

[67] *Joost*, ZGR 1987, 371 (391 ff.); *K. Schmidt*, GmbHR 1986, 340; *ders.*, ZIP 1991, 2 (4 f.).

[68] BGHZ 70, 61 ff.; 104, 33 ff.

[69] BGH NJW 1981, 2251 ff.(für die stille Einlage); BGHZ 93, 159 ff. = NJW 1985, 1468 ff.; BGHZ 104, 33 ff. = NJW 1988, 1841 ff. = WM 1988, 750 ff.

Diese Fragen gehören nicht in den Rahmen dieser Arbeit. Sie können nur insoweit mit der Untersuchung zu tun haben, als sie Fragen der haftungsbefreienden Einlageleistung nach § 171 I 2. Hs. HGB und der haftungsschädlichen Einlagerückgewähr nach § 172 IV 1 HGB betreffen. Nur insoweit ist die Problematik der gesplitteten Einlage und der eigenkapitalersetzenden Darlehen hier von Interesse. Es wird ausschließlich untersucht, ob die Rückerstattung solcher Beiträge an den Kommanditisten Einlagerückgewähr nach § 172 IV 1 HGB ist. Dabei wird sich § 172 IV 1 HGB als weitgehend untaugliches Instrument für die Behandlung der angeschnittenen Problematik erweisen, da das Fremdkapital meist über die (durch reguläre Einlage schon ausgefüllte) Haftsumme hinaus gewährt wird und demzufolge nach h. M. nicht von § 172 IV 1 HGB erfaßt werden kann.

a) Die gesplittete Kommanditeinlage

Wesen und Funktion der gesplitteten Einlage wurden oben B. III. 2. beschrieben. Dort wurde auch eine Anwendung der Regeln über gesplittete Einlagen für die einfachgesetzliche KG befürwortet. Im folgenden geht es darum festzustellen, ob die Behandlung des „Darlehensteils" bzw. des „stillen Teils" als Einlage auch zur Anwendung des § 172 IV 1 HGB führt.

aa) Fälle der direkten Anrechnung auf die Haftsumme

Unproblematisch ist die Anwendung des § 172 IV 1 HGB in den oben B. III. 2. erörterten Fällen, in denen die reguläre Einlage die Haftsumme noch nicht erschöpft und die von den Parteien gewollte Anrechnung des Fremdkapitals auf die Haftsumme erst den Betrag voll erreicht[70]. Wenn man hier erst einmal so weit ist, das Fremdkapital als Leistung „auf die Einlage" iSv § 171 I 2. Hs. HGB anzusehen[71], wird man die Rückerstattung solcher Leistungen von der Gesellschaft an einen Kommanditisten in jedem Fall als Einlagerückgewähr nach § 172 IV 1 HGB einstufen[72].

bb) Fälle der fehlenden Anrechnung des Darlehensteils auf die Haftsumme

Anders liegen die Dinge dagegen in Fällen, in denen die Haftsumme schon voll durch die reguläre Kommanditeinlage abgedeckt ist und das Fremdkapital jenseits des Betrags der Haftsumme an die KG überlassen wird. Dazu folgender *Beispielsfall 14*:

---

[70] So in BGH NJW 1982, 2253.

[71] Zu den damit verbundenen Schwierigkeiten vgl. oben B. III. 2.

[72] Vgl. *Mundry*, (Darlehen und stille Einlagen), S. 130.

Kommmanditist K schuldet der A-KG eine Einlage von 10.000,- sowie ein Darlehen von 20.000, das einen wesentlichen Teil der Haftungsgrundlage der KG ausmacht, und mit dem K an den Verlusten der KG teilnehmen soll. K's Haftsumme beträgt 10.000. Nachdem er beide Leistungen an die A-KG erbracht hat, zieht er in einer wirtschaftlich schwierigen Situation der KG das Darlehen in Höhe von 20.000 wieder ab[73].

Liegt darin eine Einlagerückgewähr nach 172 IV 1 HGB in Höhe von 20.000.-? Dieser Fall zeigt schon, daß § 172 IV 1 HGB grundsätzlich kein taugliches Mittel zur Sanktionierung der Rückgewähr des Fremdkapitals bei gesplitteten Einlagen ist. In *Beispielsfall 14* deckt die reguläre Kommanditeinlage die Haftsumme in Höhe von 10.000.-. Das Darlehen, selbst wenn es noch so sehr materiellen Einlagecharakter hat (und dann z. B. im Konkurs wie eine Einlage behandelt werden kann[74]), geht dagegen über die Haftsumme hinaus und kann- wenigstens nach bisherigen Erkenntnissen- nicht von § 172 IV 1 HGB erfaßt werden[75].

Das wirkt unbefriedigend. Soll die Sanktion zweier praktisch einander entsprechenden Fallkonstellationen (hier mit aa) und bb) gekennzeichnet, siehe oben) durch § 172 IV 1 HG allein davon abhängen, ob ein Kommanditist so klug ist, die Haftsumme möglichst niedrig zu halten (d.h. in Höhe der regulären Einlage) oder nicht?

In der Literatur gibt es Stimmen, die einem Kommanditisten nicht durch Niedrighalten der Haftsumme erlauben wollen, sich seiner Haftung aus § 172 IV 1 HGB zu entziehen. Das führt zu verschiedenen Grundauffassungen über § 172 IV 1 HGB, die alle auf die Fragestellung hin untersucht werden sollen, ob die Vorschrift eine gegeignete Sanktion für den Abzug von Fremdkapital mit Eigenkapitalcharakter bieten kann.

(1) Die Ansicht *Joosts*

Nach Auffassung *Joosts* ist § 172 IV 1 HGB anders als von der h.M. zu sehen. Diese Sichtweise, nach der §§ 172 IV 1 HGB wie §§ 30, 31 GmbHG funktionieren soll[76], erlaubt, auf jedes Darlehen (bzw. stille Einlage) mit Eigenkapitalfunktion § 172 IV 1 HGB anzuwenden[77].

---

[73] Ähnliche Fallkonstellation in BGH NJW 1978, 376; BGHZ 93, 159; 104, 33.

[74] Für die stille Einlage BGH NJW 1981, 2251 ff.; für Darlehen BGHZ 93, 159 ff. = NJW 1985, 1468 ff.; BGHZ 104, 33 ff. = NJW 1988, 1841 ff. = WM 1988, 750 ff.

[75] Vgl. *Mundry*, (Darlehen und stille Einlagen) S. 130, 80 ff.

[76] ZGR 1987, 370 (383 ff., 399).

[77] D. h. nicht nur sog. eigenkapitalersetzende Darlehen, sondern auch solche im Rahmen einer gesplitteten Einlage; vgl. die Einbeziehung der letzteren Fallgruppe in die Darstellung bei *Joost*, ZGR 1987, 370 (395 ff.), (399 f. für die stille Einlage).

Joost begründet seine Meinung zu § 172 IV 1 HGB damit, daß zwischen Einlage und Außenhaftung bei der KG ein gleicher Wertdeckungszusammenhang bestehe wie bei der GmbH in §§ 30, 31 GmbHG[78]. Er führt zur Untermauerung seiner Ansicht an, daß nach herkömmlichem Haftungssystem der h. M. ein Wertungswiderspruch zwischen KG- und GmbH-Recht bestehe[79]. Es könne nicht sein, daß ein GmbH-Gesellschafter ein Darlehen entgegen §§ 30, 31 GmbHG empfange und der Gesellschaft mit seiner Rückerstattungspflicht schärfer hafte als ein Kommanditist, der ein Darlehen mit Eigenkapitalcharakter zurückerhalte und entweder (wie K in *Beispielsfall 14*) gar nicht hafte, weil das Darlehen die Haftsumme übersteige, oder nur auf die Haftsumme hafte (und nicht auf den vollen Betrag des Darlehens, in *Beispielsfall 14* 20.000.-), obwohl für den GmbH-Gesellschafter gar keine persönliche Außenhaftung bestehe, während der Kommanditist an einer Gesellschaft mit persönlicher Außenhaftung teilnehme[80].

Ein weiterer Wertungswiderspruch liege darin, daß nach dem KG-Recht jede Verminderung des Gesellschaftsvermögens zugunsten des Kommanditisten unabhängig von der Vermögenslage der KG Einlagerückgewähr nach § 172 IV 1 HGB sei, während nach §§ 30, 31 GmbHG ein Rückgewähranspruch der GmbH erst mit einer Unterbilanz entstehe (d.h. Herabminderung des Aktiv-Vermögens der Gesellschaft unter die Summe aus Verbindlichkeiten und Gesellschaftereinlagen)[81]. Andererseits erlaube § 172 IV 1 HGB nach herkömmlicher Auffassung keine Haftung über die Haftsumme hinaus (anstatt §§ 30,31 GmbHG, die ausschließlich auf den Betrag des Empfangenen abstellen), obwohl es doch auch bei § 172 IV 1 HGB darum gehe, Gefährdungen der Gläubiger zu vermeiden, die eben mit Eintritt einer Unterbilanz entstehen und durch eine auf die Haftsumme beschränkte Außenhaftung nicht abgewendet werden können[82].

Diese Wertungswidersprüche zwischen KG- und GmbH-Recht machten es erforderlich, das herkömmliche Verständnis des § 172 IV 1 HGB aufzugeben und die Vorschrift den §§ 30, 31 GmbHG anzugleichen. Danach greife § 172 IV 1 HGB erst ein, wenn die Vermögensbewegung von der KG an den Kommanditisten zu einer Unterbilanz bei der KG führe[83]. Andererseits hänge die Höhe der Außenhaftung eines Kommanditisten beim Empfang von Darlehen mit Eigenkapitalcharakter nur vom Betrag des Empfangenen und nicht von der Haftsumme ab[84].

---

[78] ZGR 1987, 370 (388 ff.).

[79] ZGR 1987, 370 (382 ff.); vgl. dazu auch *Mundry*, (Darlehen und stille Einlagen), S. 76.

[80] *Joost*, ZGR 1987, 370 (384).

[81] *Joost*, ZGR 1987, 370 (382 ff.).

[82] *Joost*, ZGR 1987, 370 (389).

[83] *Joost*, ZGR 1987, 370 (390).

[84] *Joost*, ZGR 1987, 370 (390 ff.).

Damit soll § 172 IV 1 HGB genau so wie §§ 30, 31 GmbHG funktionieren mit dem einzigen Unterschied, daß Sanktion für die „unerlaubte“ Darlehensrückgewähr, nicht eine Haftung gegenüber der Gesellschaft, sondern gegenüber den Gesellschaftsgläubigern ist.

In *Beispielsfall 14* würde K nach dieser Auffassung über § 172 IV 1 HGB in Höhe der empfangenen 20.000,- haften (bei Unterbilanz), obwohl seine Haftsumme nur 10.000,- beträgt und er die Einlage nach wie vor bei der KG hält. So begrüßenswert eine solche Haftung des Kommanditisten „de lege ferenda“ wäre, ist sie doch „de lege lata“ mit dem Gesetz nicht vereinbar.

Gegen die Auffassung *Joosts* spricht eine klare gesetzliche Regelung: § 161 I sowie v.a. §§ 172 I und 171 I 1. Hs. HGB legen als absoluten Höchstbetrag der Kommanditistenhaftung die Haftsumme fest[85]. Das spricht schon gegen eine Übertragung der Regeln der §§ 30 ,31 GmbHG auf § 172 IV 1 HGB, da diese keine betragsmäßige Grenze der Haftung kennen[86]. Man kann hier nicht etwa sagen, die Beschränkung der Haftung auf die Haftsumme in § 172 I HGB beziehe sich nur auf die vorausgehenden Vorschriften, d.h., sie gelte nur, soweit die Einlage noch nicht geleistet sei[87], nicht dagegen für den nachfolgenden Tatbestand des § 172 IV 1 HGB (Einlagerückgewähr).

Diese Auffassung übersieht, daß § 172 IV 1 HGB mit seiner Wendung „gilt als nicht geleistet“ an den Tatbestand der Einlageleistung anknüpft (s. o. A.), § 171 I 2. Hs. HGB, für den § 172 I HGB eindeutig gilt[88].

Weiterhin ist allgemein die Übertragung der kapitalgesellschaftlichen Regeln der §§ 30, 31 GmbHG auf die KG als Personengesellschaft kaum haltbar, da es dort wegen der unbeschränkten Haftung mindestens eines Gesellschafters (des Komplementärs) auf das Bestehen einer Unterbilanz, die Überschuldung etc. gar nicht ankommen kann[89]. Vielmehr muß das oben A. erläuterte Zusammenspiel von Kommanditeinlage und -haftung jede Vermögensbewegung von der KG an einen Kommanditisten ohne Ausgleich für die Gesellschaft sofort sanktionieren. Das ergibt sich aus dem zweispurigen, alternativen Haftungskonzept der KG. Hiermit ist eine Gleichschaltung von §§ 30, 31 GmbHG und § 172 IV 1 HGB nicht vereinbar. Die Ansicht *Joosts* ist daher abzulehnen.

Das ändert aber nichts an der Tatsache, daß ein Bedürfnis besteht, Fremdkapital mit Einlagefunktion auch im Hinblick auf die Sanktionierung der Rückerstattung

---

[85] *Joost*, ZGR 1987, 370 (390 ff.).

[86] *Mundry*, (Darlehen und stille Einlagen) S. 77; *Rümker*, ZGR 1988, 494 (510); das sieht auch *Joost*, ZGR 1987, 370 (390).

[87] So aber *Joost*, ZGR 1987, 370 (390).

[88] Vgl. *Mundry*, (Darlehen und stille Einlagen), S. 77.

[89] *Rümker* ZGR 1988, 494 (510).

an Kommanditisten wie Eigenkapital zu behandeln. § 172 IV 1 HGB scheint dafür aber nicht das geeignete Instrument zu sein[90].

Trotzdem bleiben andere Lösungsmöglichkeiten zu erörtern, die § 172 IV 1 HGB zur Sanktionierung der Rückerstattung von Fremdkapital mit Einlagefunktion einsetzen könnten.

(2) Erhöhung der Haftsumme

§ 172 IV 1 HGB kann für die hier zu erörternde Fallgruppe Wirkung entfalten, wenn man den Darlehensteil (oder den stillen Teil) der gesplitteten Einlage nicht nur als Einlage (d.h. das Innenverhältnis betreffend), sondern in dem ganzen Vorgang eine Erhöhung der Haftsumme sieht. In *Beispielsfall 14* würde die Haftsumme von 10.000,- um weitere 20.000,- auf 30.000,- erhöht, d. h. auch im Außenverhältnis zu den Gesellschaftsgläubigern würde das Fremdkapital wie eine Einlage behandelt. Die Rückerstattung des Darlehensbetrages (bzw. der stillen Einlage) würde ein Wiederaufleben der Kommanditistenhaftung nach sich ziehen, § 172 IV 1 HGB.

Die nicht zu überwindende Schwierigkeit liegt bei diesem Lösungsansatz in den engen Vorgaben des Gesetzgebers über die Erhöhung der Haftsumme und der Garantie, die die eingetragene Haftsumme als Obergrenze für die Haftung des Kommanditisten bietet. Eine Haftsummenerhöhung setzt nach dem Grundsatz des § 172 I, II HGB für ihre Wirksamkeit eine Handelsregistereintragung voraus. Dieser Grundsatz findet nur dann eine Durchbrechung (d.h. Haftsummenerhöhung bei fehlender Handelsregistereintragung) wenn eine handelsübliche Kundgabe (d.h. Mitteilung in verbreiteten Tageszeitungen o.ä.[91]) erfolgt ist, § 172 I HGB. Ein solcher Tatbestand liegt in den Fällen der gesplitteten Einlage grds. nicht vor.

Neben der handelsüblichen Bekanntmachung läßt § 172 II HGB aber noch als weitere Alternative der Haftsummenerhöhung eine anderweitige Mitteilung an Gesellschaftsgläubiger zu. Daneben können noch allgemeine Grundsätze des Vertrauensschutzes eingreifen[92], d.h. ein vom Kommanditisten in zurechenbarer Weise veranlaßter Rechtsschein, sein Darlehen (oder stille Einlage) führe zu einer Erhöhung der Haftsumme.

Einzig diese zwei Möglichkeiten könnten in der vorliegenden Fallkonstellation überhaupt den Weg zu einer Erhöhung der Haftsumme und damit zur Anwendung des § 172 IV 1 HGB ebnen.

---

[90] *K. Schmidt*, GmbHR 1986, 337 (342).

[91] Vgl. *Baumbach/Duden/Hopt*, § 172 Anm. 1B; Schlegelberger (5) - *K. Schmidt*, §§ 171, 172 Rdnr. 36.

[92] Schlegelberger (5) - *K. Schmidt*, §§ 171, 172 Rdnr. 38.

In diese Richtung geht auch der Lösungsvorschlag *Schöns*[93], der untersucht, wann stille Einlagen eines Kommanditisten wie Eigenkapital behandelt werden können.

Schön ist der Auffassung, die Kundgabe einer stillen Beteiligung an Gesellschaftsgläubiger führe dazu, den wesentlichen Unterschied zwischen KG und stiller Gesellschaft (stG) bzw. zwischen Kommanditeinlage und stiller Beteiligung einzuebnen, nämlich das Heimliche, das fehlende Auftreten des Stillen nach außen[94]. Mit der Nivellierung dieses Unterscheidungsmerkmales könne die stille Einlage als Eigenkapital angesehen werden[95].

Wenn auch dieser Ansatz in die Nähe des § 172 II 2. Alt. HGB rückt, so zieht *Schön* doch nicht die Konsequenz, die Behandlung der stillen Einlage als Eigenkapital auch gleichzeitig als Erhöhung der Haftsumme nach § 172 II 2. Alt. HGB anzusehen[96]. Gerade für den hier interessierenden Fall (vgl.*Beispielsfall 14*), in dem die Haftsumme durch die reguläre Einlage voll abgedeckt ist, lehnt *Schön* eine Erhöhung der Haftsumme und damit eine Anwendung des § 172 IV 1 HGB grundsätzlich ab[97]. Das wird damit begründet, daß der Rechtsverkehr lediglich auf eine einmalige Kapitalzuführung seitens des Kommanditisten vertraue, und diese sei durch Erbringung der regulären Kommanditeinlage bereits verwirklicht[98].

Die Auffassung *Schöns* wirkt nicht ganz konsequent. Wenn man schon durch die Veröffentlichung der stillen Beteiligung zu deren Behandlung als Einlage kommen will, muß man das auch für das Außenverhältnis gegenüber den Gesellschaftsgläubigern nachvollziehen. Gegenüber diesen ist Eigenkapital ein solches, das in die Haftsumme nach § 171 I 2. Hs HGB eingebunden ist, und dessen Rückgewähr an den Kommanditisten nach § 172 IV 1 HGB sanktioniert wird.

Wenn *Schön* an dieser Stelle auf halbem Wege stehenbleibt, so geht er doch im Ansatz schon zu weit. Eine Kundgabe der stillen Beteiligung wie auch die hier zu erörternde Haftsummenerhöhung müßten sich an § 172 II 2. Alt. HGB bzw. v.a. an den Grundsätzen des Vertrauensschutzes messen lassen. Das würde dazu führen, nur für diejenigen Gläubiger von einer Veröffentlichung der stillen Beteili-

---

[93] ZGR 1990, 220 ff.

[94] ZGR 1990, 220 (234 ff.).

[95] *Schön*, ZGR 1990, 220 (234 ff.).

[96] ZGR 1990, 220 (245), „...hängt davon ab, ob der Verbindung der stillen Einlage mit der Außenhaftung des Kommanditisten eine öffentliche Zusage an den Rechtsverkehr entnommen werden kann, die stille Einlage als Erweiterung des Kapitaleinsatzes des...Kommanditisten zu behandeln. Das wird man nicht sagen können, soweit die Außenhaftung bereits durch eine gesellschaftsvertraglich vereinbarte Pflichteinlage abgedeckt wird.".

[97] Vgl. allgemein ZGR 1990, 220 (244 ff.).

[98] *Schön*, ZGR 1990, 220 (245), anders lediglich bei „persönlicher Unterbilanz" auf dem Kapitalkonto des Kommanditisten.

gung auszugehen, gegenüber denen der Rechtsschein konkret erzeugt worden ist, und nicht von einer allgemeinen Wirkung der Kundgabe der stillen Beteiligung auszugehen[99].

Allgemein sind aber strengere Anforderungen an die Rechtswirkungen der Kundgabe einer stillen Beteiligung (bzw. eines Darlehens[100]) zu stellen. So dürfte gerade für die Erhöhung der Haftsumme nicht ausreichen, daß intern eine Verlustbeteiligung etc. (d. h. Merkmale der Einlage) für die stille Einlage (oder das Darlehen) vereinbart und dann lediglich veröffentlicht wird, daß ein bestimmter Kommanditist ein Darlehen oder eine stille Einlage zur Verfügung stellt. Hier muß ein ausdrücklicher Wille der Behandlung des Fremdkapitals als Eigenkapital und der Anrechnung auf die Haftsumme nach außen erkennbar sein. Das dürfte in den wenigsten Fällen zutreffen. Insofern ist von einer Erhöhung der Haftsumme in Fällen wie *Beispielsfall 14* grds. nicht auszugehen.

(3) Summenmäßige Beschränkung der Haftsumme

Die vorstehenden Erörterungen haben ergeben, daß die Anwendung des § 172 IV 1 HGB auf über die Haftsumme hinaus gewährte Darlehen oder stille Einlagen wegen der summenmäßig beschränkten Haftung des Kommanditisten fast nie möglich ist. An der unter den Voraussetzungen des § 172 I, II HGB absoluten Beschränkung der Haftung durch die Haftsumme ist mit den oben (1) angeführten Argumenten und der allgemeinen Meinung auch festzuhalten[101].

D.h. die Haftung des Kommanditisten kann maximal so hoch sein wie die Haftsumme (in *Beispielsfall 14* 10.000,-), auch wenn der Kommanditist Beträge von der KG empfängt, die über die Haftsumme hinausgehen (in *Beipielsfall 14* 20.000,-).

Ein weiterer Fragenkreis im Bereich der summenmäßigen Beschränkung der Kommanditistenhaftung kann gerade für die hier zu erörternde Sanktionierung der Rückgewähr von Darlehen oder stillen Einlagen durch § 172 IV 1 HGB von Bedeutung sein. Es ist dies das von *K. Schmidt* so bezeichnete Problem der „Haftung von der ersten Mark an“[102].

---

[99] So aber *Schön*, ZGR 1990, 220 (238); vgl. Schlegelberger (5) - *K. Schmidt*, §§ 171, 172 Rdnr. 37.

[100] Ablehnend für das Darlehen *Schön*, ZGR 1990, 220 (246 f.) wegen Fehlens der gemeinsamen Zwecksetzung zur Finanzierung des Handelsgewerbes.

[101] BGHZ 60, 324 (327 f.); BGH NJW 1982, 2500 (2501) = BGHZ 84, 383 (387); *Felix*, NJW 1973, 492; GK (4) - *Schilling*, § 172 Rdnr. 10; Schlegelberger (5) - *K. Schmidt*, §§ 171, 172 Rdnr. 65; *Westermann I*, Rdnr. 927; a.A. *Joost*, ZGR 1987, 370 ff.

[102] Schlegelberger (5) - *K. Schmidt*, §§ 171, 172 Rdnr. 64; *ders.*, (Einlage und Haftung), S. 79 ff.

Dazu folgender *Beispielsfall 15* und *Beispielsfall 16*:

Beispielsfall 15:

Kommanditist K ist mit einer Haftsumme von 10.000,- im Handelsregister eingetragen. Er leistet eine Sacheinlage, die mit 10.000 bewertet ist, aber einen objektiven Wert von 30.000,- hat. Es fragt sich nun, ob er von der A-KG 20.000,- in bar erhalten kann, ohne daß die Haftung nach § 172 IV 1 HGB wiederauflebt (Fall der Unterbewertung der Sacheinlage; siehe dazu oben B III 3).

Beispielsfall 16:

Auf die Problematik der gesplitteten Einlage übertragen, könnte man den Beispielsfall 15 dahin abwandeln, daß K eine reguläre Einlage in Höhe von 10.000,- und über die Haftsumme hinaus ein Darlehen in Höhe von 20.000,- an die KG geleistet hat, und nun die Rückerstattung von 20.000,- an K im Hinblick auf § 172 IV 1 HGB zu untersuchen ist.

In *Beispielsfall 15* ist als Ausgangspunkt eindeutig, daß die Sacheinlage in voller Höhe (30.000,-) im Innenverhältnis als Einlage in das Gesellschaftsvermögen eingebunden ist. Die oben in B III 3 problematisierte Frage, ob eine Anrechnung auf die Haftsumme nach § 171 I 2. Hs. HGB nur in Höhe der vereinbarten internen Verbindlichkeit oder nur in Höhe des objektiven Verkehrwertes der Sacheinlage eintreten kann, konnte sich hier nicht stellen, da in Höhe der internen Verbindlichkeit (10.000,-) auch die Haftsumme (10.000,-) voll ausgefüllt wurde.

Hier ist vielmehr zu erörtern, ob § 172 IV 1 HGB erst dann eingreift, wenn die Entnahmen des Kommanditisten den Betrag der Einlage unter die Haftsumme drücken[103], oder ob § 172 IV 1 HGB sofort zum Zuge kommt , sobald die ursprünglich geleistete Einlage als solche, d.h. „von der ersten Mark an" entnommen wird[104].

In *Beispielsfall 15* würde das nach der ersten Auffassung zu einer freien Entnahme der 20.000,- durch K führen, ohne daß dessen Haftung gem. § 172 IV 1 HGB wiederauflebt. Die zweite Meinung käme dazu, § 172 IV 1 HGB anzuwenden, weil ein Teil der Einlage wertmäßig zurückerstattet wäre. Allerdings würde sie wegen der Beschränkung durch die Haftsumme nur zu einer erneuten Haftung des K in Höhe von 10.000,- gelangen.

An dieser Stelle zeigt sich die unmittelbare Parallele zwischen *Beispielsfall 15* und *Beispielsfall 16* . Die Problematik der „Haftung von der ersten Mark an" bei der Unterbewertung der Sacheinlage kann ohne weiteres auf die hier eigentlich interessierende stille Einlage übertragen werden.

---

[103] BGHZ 84, 383 (387) = BGH NJW 1982, 2500 (2501); *Baumbach/Duden/Hopt*, § 171 Anm. 2A; *Felix*, ,NJW 1973, 491 (492); *Konietzko*, (Haftung), S. 108; GK (4) - *Schilling*, § 172 Rdnr. 10; *Westermann I*, Rdnr.926; *Westermann H. P.*, (Vertragsfreiheit), S. 288.

[104] Schlegelberger (5) - *K. Schmidt*, §§ 171, 172 Rdnr. 64; *ders.*, (Einlage und Haftung), S. 79 ff.

Wenn man erst einmal so weit ist, den Darlehensteil (bzw. die stille Beteiligung) einer gesplitteten Einlage unter den oben in B. III. 2. herausgearbeiteten Voraussetzungen wie die Einlage zu behandeln, kann man sich, wie in *Beispielsfall 15* bei der Unterbewertung der Sacheinlage, fragen, ob der über die Haftsumme hinausgehende Teil über § 172 IV 1 HGB gebunden sein kann oder ob der Wirkungsbereich dieser Vorschrift erst einsetzt, wenn das Kapitalkonto des Kommanditisten unter den Betrag der Haftsumme fällt.

Hieran sieht man, daß -bei allen bisher gescheiterten Versuchen der Heranziehung des § 172 IV 1 HGB auf die Problematik gesplitteter Kommanditeinlagen- eine „Haftung von der ersten Mark an" aus § 172 IV 1 HGB eine Norm macht, die wenigstens im Ansatz die Rückerstattung von Darlehen mit Eigenkapitalfunktion bei gesplitteten Einlagen sanktionieren kann[105]. So wünschenswert eine „Haftung von der ersten Mark an" für die wirksame Behandlung dieser Problematik ist, muß doch im einzelnen untersucht werden, ob das mit dem Gesetz und den Grundprinzipien der Kommanditistenhaftung in Einklang steht.

Wie auch *K. Schmidt* selbst einräumt, ist eine Sicherung der Einlage an sich durch § 172 IV 1 HGB (nicht nur eines bestimmten Betrages der Einlage, der sich mit der Haftsumme deckt) mit den Grundprinzipien des historischen Gesetzgebers nicht vereinbar, da dieser davon auszugehen schien, daß die Kapitalaufbringung zur Haftungsbefreiung nach § 171 I 2. Hs. HGB notwendig ist (das wären in *Beispielsfall 15 und 16* 10.000,-)[106]. So gesehen besteht also zwischen Einlage und Außenhaftung eine Balance, die sich allein nach dem objektiven Verkehrswert des als Einlage Geleisteten und der Haftsumme bestimmt. Diese Balance könnte durch eine „Haftung von der ersten Mark an" aufgehoben werden[107]. Andererseits ist zu berücksichtigen, daß § 172 IV 1 HGB das Wiederaufleben der Kommanditistenhaftung an die Rückgewähr der Einlage knüpft.

Einlage ist zumindest in *Beispielsfall 15* ein einheitlicher Gegenstand, der im Innenverhältnis in das Gesellschaftsvermögen eingebunden wird. Man kann nicht sagen, es liege in Höhe von 10.000,- eine feste, in Höhe von 20.000,- eine bewegliche Einlage vor. Das gleiche muß man in *Beispielsfall 16* für das Darlehen annehmen, wenn man einmal festgestellt hat, daß das Darlehen wie eine Einlage zu behandeln ist. Die Behandlung des Fremdkapitals als Eigenkapital (Voraussetzungen dafür siehe oben B. III. 2. führt zu einer einheitlichen Einlage, wenn es sich auch bei dem Darlehensteil um eine bewegliche Einlage handelt (Unterschied zu *Beispielsfall 15*) [108].

---

[105] So im Ansatz bei Schlegelberger (5) - *K. Schmidt*, §§ 171, 172 Rdnr. 64 allg. für eigenkapitalersetzende Darlehen; ebenso deutet sich eine Anwendung der „Haftung von der ersten Mark an" auch in (Einlage und Haftung), S. 81 an.

[106] Vgl. *K. Schmidt*, (Einlage und Haftung), S. 79.

[107] *K. Schmidt*, (Einlage und Haftung), S. 79.

Dann aber muß schon jede der Einlage wertmäßig entsprechende Rückerstattung der Einlagerückgewähr nach § 172 IV 1 HGB sein, d.h. „von der ersten Mark an".

Damit wird der Auffassung *K. Schmidts* über eine „Haftung von der ersten Mark an" im Ergebnis gefolgt.

Hiermit wird es überhaupt erst möglich, die Rückgewähr von Darlehen und stillen Einlagen mit Eigenkapitalfunktion durch § 172 IV 1 HGB zu sanktionieren, wenn die Haftsumme schon mit der regulären Kommanditeinlage ausgefüllt ist. Dabei soll nicht übersehen werden, daß die Schutzmöglichkeiten, die § 172 IV 1 HGB für das Gesellschaftsvermögen bieten kann, relativ eng begrenzt sind.

So nimmt die Tauglichkeit der Vorschrift als Sanktionsinstrument mit zunehmendem Auseinanderfallen des Wertes von Haftsumme/Einlage und Fremdkapital ab (Bsp.: Haftsumme/Einlage = 5.000,-; Fremdkapital = 100.000,- → d.h. Wiederaufleben der Haftung nach § 172 IV 1 HGB max. 5.000,-), so, wie sie auch keinen Ausgleich für Kapitalabfluß mehr bieten kann, wenn das gesamte Kapital abgeführt wird, das der Kommanditist der KG gewährt hat.(d.h. Einlage + Fremdkapital). Das bedeutet für *Beispielfall 15 und 16* bei Rückgewähr von insgesamt 30.000,- an K ein Wiederaufleben der Haftung nur in Höhe von 10.000,-. Die Haftung kann hier nicht weiter als bis zur Höhe der Haftsumme aufleben (siehe oben).

cc) Ergebnis

Die Bestrebungen für die Gläubigersicherung bei gesplitteten Kommanditeinlagen gehen dahin, den Fremdkapitalanteil der gesplitteten Einlage (Darlehen, stille Einlage) wie eine reguläre Einlage zu behandeln (d. h. v.a. keine Kündbarkeit unabhängig von der Gesellschafterstellung, Zurücktreten im Gesellschaftskonkurs). Für die vorliegende Arbeit heißt das, wie weit die Rückerstattung solcher Leistungen seitens der Gesellschaft an den Kommanditisten zu einem Wiederaufleben der Kommanditistenhaftung führen kann. Dabei bereiten solche Darlehen und stille Einlagen keine Probleme, die auf die Haftsumme angerechnet werden sollen und nach den oben in B III 2 herausgearbeiteten Voraussetzungen nach § 171 I 2. Hs HGB auch auf die Haftsumme anzurechnen sind. Die Rückerstattung solcher Leistungen sind unproblematisch als Einlagerückgewähr anzusehen.

Schwieriger ist die Anwendung des § 172 IV 1 HGB auf die Rückzahlung von Fremdkapital, das jenseits der durch die reguläre Einlage abgedeckten Haftsumme in das Gesellschaftsvermögen geleistet wird. Hier kann § 172 IV 1 HGB grundsätzlich keine Abhilfe schaffen. Wenn das Fremdkapital als Eigenkapital zu be-

---

[108] Vgl. zur „Beweglichkeit" des Fremdkapitals bei der gesplitteten Einlage oben B. III. 2. b) und c).

werten ist (siehe oben B. III. 2.), kann § 172 IV 1 HGB dessen Rückgewähr so weit sanktionieren, bis die Haftsumme erreicht ist (Haftung von der ersten Mark an).

b) Eigenkapitalersetzende Gesellschafterdarlehen

Eigenkapitalersetzende Gesellschafterdarlehen sind Kredite, die ein Gesellschafter zu einem Zeitpunkt gewährt, in dem die Insolvenz der Gesellschaft abgewendet oder hinausgeschoben werden soll, oder (bei fehlender Insolvenzreife) Kredite zu marktüblichen Bedingungen von Dritten nicht zu erlangen sind und deshalb die Insolvenz unvermeidlich wäre[109].

Solche Darlehen werden von Rechtsprechung und Literatur wie Eigenkapital behandelt, was entweder auf den Gedanken widersprüchlichen Verhaltens[110] oder auf die Doppelrolle des Gesellschafters und Kreditgebers[111] oder auf Grundsätze ordnungsgemäßer Unternehmensfinanzierung gestützt wird[112].

Diese Grundsätze werden bisher nur bei der GmbH[113] und der GmbH & Co. KG[114] angewandt, d. h. Zahlungen auf ein eigenkapitalersetzendes Darlehen sind von einem GmbH-Gesellschafter nach §§ 30, 31 GmbHG analog an die Gesellschaft zurückzugewähren bzw. von einem Kommanditisten an die KG (nach 30, 31 GmbHG analog für die GmbH & Co. KG), wenn dieser Kommanditist Gesellschafter der GmbH [115]oder nur der KG ist[116].

Die Grundsätze über eigenkapitalersetznde Gesellschafterdarlehen werden von der Rechtsprechung bisher nicht auf die einfachgesetzliche KG angewandt, weil bei der KG eine der GmbH oder GmbH & Co. KG entsprechende Kapitalsicherung wegen der unbeschränkten persönlichen Haftung mindestens einer natürlichen Person als Gesellschafter weder möglich noch nötig sei[117].

Richtigerweise wird man aber nicht leugnen können, daß es das Phänomen eigenkapitalersetzender Gesellschafterdarlehen nicht nur bei GmbH und GmbH & Co. KG gibt, sondern bei jeder Gesellschaft geben kann. Insofern ist es richtig, von einem rechtsformübergreifenden Institutionenproblem zu sprechen, das natür-

---

[109] BGHZ 76, 326 ff.; *Baumbach/Duden/Hopt*, § 172a Anm. 2B.

[110] BGHZ 31, 258 (272 f.) = WM 1960, 41 (45) = NJW 1960, 285 (288); 67, 171 (175) = NJW 1977, 104 (105); BGHZ 75, 334 (336) = WM 1980, 78 = NJW 1980, 592.

[111] Hachenburg-*Ulmer*, § 32a, b Rdnr. 8; vgl. auch *Immenga*, (Pers. Kapitalgesellschaft), S. 422.

[112] Schlegelberger (5) - *K. Schmidt*, § 172a Rdnr. 3; *ders.*, ZHR 147, 178.

[113] Vgl. die Rspr. ab BGHZ 31, 258 (270 ff.).

[114] BGHZ 67, 171 ff.; 69, 274 ff.; BGH DB 1990, 980 ff.

[115] BGHZ 67, 171 ff.; 69, 274 ff.; BGH DB 1990, 980 ff.

[116] BGH DB 1990, 980 ff.

[117] BGH GmbHR 1985, 51 (52).

lich auch bei der einfachgesetzlichen KG existiert[118]. Davon zu unterscheiden ist das Sanktionsproblem[119].

Auf der Rechtsfolgenseite stellt das KG-Recht ein ganz anderes Instrumentarium zur Behandlung unberechtigter Kapitalabflüsse von der Gesellschaft an Gesellschafter zur Verfügung als das GmbH-Recht.

Hier kann nicht einfach eine Regelung des einen Rechtsgebietes auf das andere Rechtsgebiet übertragen werden.

Deshalb kommt insbesondere eine analoge Anwendung der §§ 30, 31 GmbHG oder eine Anpassung des § 172 IV 1 HGB an §§ 30, 31 GmbHG, wie sie von *Joost*[120] vorgeschlagen wird, nicht in Betracht.

Es bleibt damit nur bei einer möglichen Anwendung von konkursrechtlichen Vorschriften, wie § 237 HGB, die eventuell rechtsformübergreifend anwendbar sind, was aber nicht in den Rahmen dieser Arbeit gehört.

Hier bleibt allein zu erörtern, ob eigenkapitalersetzende Darlehen über § 172 IV 1 HGB an das Gesellschaftsvermögen gebunden werden können, ob also die Rückerstattung einer solchen Leistung seitens der KG an einen Kommanditisten Einlagerückgewähr nach § 172 IV 1 HGB sein kann.

Hier stellt sich das gleiche Problem wie oben a) bb) bei der gesplitteten Kommanditeinlage. Die Haftsumme ist bereits durch Leistung der regulären Kommanditeinlage ausgefüllt, das eigenkapitalersetzende Kommanditistendarlehen stellt eine Leistung über die Haftsumme hinaus dar, deren Rückerstattung im Grundsatz nicht von § 172 IV 1 HGB sanktioniert werden kann. Damit kann bzgl. der Anwendung des § 172 IV 1 HGB auf die Ausführungen oben a) bb) verwiesen werden. § 172 IV 1 HGB stellt damit ein wenig taugliches Instrument zur Behandlung der Rückgewähr eigenkapitalersetzender Kommanditistendarlehen dar[121]. Als geringfügiger Ausgleich bleibt die teilweise Sanktionierung durch die oben beschriebene „Haftung von der ersten Mark an".

5. Entnahmen des Kommanditisten

Den bisher aufgeführten Beispielen zur Kapitalerhaltung des § 172 IV 1 HGB war gemeinsam, daß die Vermögensvorteile für den Kommanditisten auf einer willentli-

---

[118] So *K. Schmidt*, GmbHR 1986, 337 ff.; vgl. auch *ders.*, § 18 III 4a (S. 430 f.); *ders.*, (FS Goerdeler S. 503 f.); *ders.*, ZIP 1991, 2 ff.

[119] *K. Schmidt*, GmbHR 1986, 337 ff.; vgl. auch *ders.*, § 18 II 4a (S. 430 f.); *ders.*, (FS Goerdeler S. 503 f.); *ders*, ZIP 1991, 2 ff.

[120] s. dazu oben a) bb) (1).

[121] *K. Schmidt*, GmbHR 1986, 337 (342).

chen Zuwendung seitens der Gesellschaft beruhten. Damit bleibt offen, ob § 172 IV 1 HGB auch Entnahmen des Kommanditisten aus der Gesellschaftskasse erfaßt, also Vorgänge, die nicht auf einer willentlichen Zuwendung beruhen.

Für die Vertreter der Vertragstheorie ist § 172 IV 1 HGB hier in der Tat nicht anwendbar, da nach ihnen die Vorschrift eine Entbindung von Einlagekapital voraussetzt, die nur durch einen willentlichen Akt seitens der KG geschehen kann[122]. Anderes ergibt sich dagegen nach der hier befürworteten reinen Verrechnungstheorie. Nach ihr wird jede Vermögensminderung bei der KG zugunsten des Kommanditisten einfach saldiert, ohne daß es auf den Rechtsgrund oder das Vorliegen einer willentlichen Zuwendung seitens der KG ankommt. Die Entnahme durch den Kommanditisten fällt damit unproblematisch unter § 172 IV 1 HGB.

6. Einlagerückgewähr nach Gläubigerbefriedigung?

Ebenfalls nur aufgrund der Vertragstheorie kann sich das Problem ergeben, ob eine Zuwendung der KG an den Kommanditisten ohne Gegenleistung auch Einlagerückgewähr im Sinne des § 172 IV 1 HGB ist, wenn der Kommanditist sich zuvor nicht durch Leistung einer Einlage gem. § 171 I 2. Hs. HGB, sondern durch die Befriedigung eines Gesellschaftsgläubigers von der Haftung befreit hat. Hier könnte man sagen, der Kommanditist habe nie eine Einlage im Sinne von § 171 I 2. Hs. HGB geleistet, ihm könne daher auch keine solche zurückgewährt werden[123].

Nach der Verrechnungstheorie ist für § 172 IV 1 HGB aber nicht erforderlich, daß die Einlage aus ihrer Einbindung in das Gesellschaftsvermögen entlassen wird, vielmehr reicht aus, wenn irgendein Vermögenswert der KG ohne Gegenleistung in das Kommanditistenvermögen gelangt. Demzufolge ist mit der Saldierungsmethode der Verrechnungstheorie auch hier von einer Anwendung des § 172 IV 1 HGB auszugehen[124].

7. Zusammenfassung zu III.

Der Kapitalaufbringungsgrundsatz ist dem Prinzip der objektiven Vermögensdeckung zu entnehmen. Hierin wird der reinen Verrechnungstheorie gefolgt.

Danach liegt eine Einlagerückgewähr im Sinne des § 172 IV 1 HGB nicht erst dann vor, wenn Gesellschaftsvermögen aus seiner bisherigen Einlagebindung

---

[122] *Keuk*, ZHR 135, 410 (411, 420); *K. Schmidt*, (Einlage und Haftung), S. 84 f.

[123] Vgl. *K. Schmidt*, (Einlage und Haftung), S. 92; sowie Schlegelberger (4) - *Geßler*, § 171 Rdnr. 21.

[124] Vgl. Düringer/Hachenburg-*Flechtheim*, § 171 Anm. 10; § 172 Anm. 8; *Heymann/Kötter*, § 171 Anm. 2 (S. 662); § 172 Anm. 3 (S. 669); so auch *Furrer*, S. 223.

gelöst wird, wie das die Vertragstheorie verlangt, d.h. § 172 IV 1 HGB erfordert keine Vermögensbewegung zwischen der KG und dem Kommanditisten auf gesellschaftsvertraglicher Grundlage.

Vielmehr ist die Rechtsgrundlage einer Vermögensbewegung zwischen der KG und dem Kommanditisten ohne Bedeutung. Der Kapitalerhaltungsgrundsatz greift bereits dann ein, wenn die Saldierung nach einer solchen Vermögensbewegung eine Verminderung des KG-Vermögens zugunsten des Kommanditisten ergibt.

Demzufolge fallen Umsatzgeschäfte zwischen Gesellschaft und Kommanditist auch unter § 172 IV 1 HGB, sobald die Saldierung zwischen Leistung und Gegenleistung ein Ungleichgewicht zu Lasten der KG ergibt. Nach der gleichen Methode ist auch bei der Geschäftsführervergütung aufgrund eines freien Dienstvertrages zu verfahren, da auch dieser ein Drittgeschäft ist. Findet die Geschäftsführervergütung aufgrund des Gesellschaftsvertrages statt, ist sie Gewinnverteilungsregelung, die nach § 172 IV 2 HGB zu beurteilen ist.

Die Bestellung einer Sicherheit für den Kommanditisten kann schon Einlagerückgewähr sein, wenn die Erfüllung der gesicherten Forderung den Tatbestand des § 172 IV 1 HGB verwirklichen würde und die Sicherheit selbst schon einen eigenständigen Vermögenswert darstellt.

Bei der Rückerstattung des Darlehensteils einer gesplitteten Kommanditeinlage (der über die Haftsumme hinaus gewährt worden ist) sowie eines eigenkapitalersetzenden Kommanditistendarlehens zeigen sich die Grenzen des in § 172 IV 1 HGB verankerten Kapitalerhaltungsgrundsatzes. Er kommt in diesen Fällen grundsätzlich nicht zur Anwendung, da das Wiederaufleben der Kommanditistenhaftung in § 172 IV 1 HGB durch die Haftsumme begrenzt ist.

IV. Einlagerückgewähr und Drittvermögen

Die bisherige Schilderung der Fallgruppen der Einlagerückgewähr beschränkte sich auf Zweipersonenverhältnisse. Für diese Rechtsbeziehungen konnte eine Regel aufgestellt werden, nach der für eine „Zurückbezahlung" der Einlage ausschließlich ein tatsächlicher Vermögensfluß von der Gesellschaft an den Kommanditisten ausschlaggebend sein soll. Dieser Grundsatz befindet sich auf dem Boden der Verrechnungstheorie und ist weitgehend auf einer Linie mit Rechtsprechung und Lehre.

Die Dinge verkomplizieren sich aber zusehends, wenn Drittvermögen in die Rechtsverhältnisse zwischen der Gesellschaft und einem Kommanditisten eingeschaltet werden.

Nach dem Grundsatz des § 172 IV 1 HGB sind Vermögensbewegungen von der KG an Dritte (d.h. Nicht-Kommanditisten) oder von Dritten an Kommanditisten haftungsrechtlich nicht relevant[1]. Es bietet sich demzufolge an, eine Einlagerückgewähr der KG an einen Kommanditisten durch Einschaltung eines Drittvermögens zu verschleiern, um so der Haftungsfolge des § 172 IV 1 HGB zu entgehen. Aufgabe des geltenden Rechts muß es sein, solchen Umgehungen möglichst mit einem Eingreifen des § 172 IV 1 HGB zu begegnen.

Die Rechtsprechung und ihr folgend ein großer Teil der Literatur konnten bisher nur die zahlreichen verschiedenen Einzelkonstellationen mit Einzelfalljudikatur bewältigen. Die Vielzahl der Entscheidungen soll hier systematisiert werden, so daß sich die Darstellung zunächst mit den Fällen von Leistungen aus Drittvermögen für die Gesellschaft an Kommanditisten beschäftigt, dann mit Zuwendungen in Drittvermögen von der Gesellschaft und schließlich mit Leistungen der KG für einen Dritten an den Kommanditisten.

Aus diesen drei großen Fallgruppen wird am Ende der Untersuchnung ein gemeinsamer Grundsatz abgeleitet, nach dem es für § 172 IV 1 HGB nur noch auf eine tatsächliche Vermögensbewegung von der KG an Kommanditisten ankommen soll, nicht mehr auf die zugrundeliegenden Kausalbeziehungen. Dieser Ansatz wird ebenfalls auf dem Boden der Verrechnungstheorie stehen.

1. Leistungen aus Drittvermögen für die Gesellschaft

Im folgenden sollen Vermögensbewegungen von einem Dritten an den Kommanditisten interessieren, die für Rechnung der Gesellschaft erfolgen.

Die zu klärende Frage ist hier, ob für die Anwendung des § 172 IV 1 HGB entscheidend ist, daß Vermögenswerte eines Dritten an den Kommanditisten fließen und dieses Vollzugsverhältnis mit § 267 BGB in die Rechtsbeziehung KG-Kommanditist eingeordnet werden kann (damit wären die Leistungsbeziehungen ausschlaggebend) oder ob es nur auf die rein tatsächlichen Vermögensbewegungen ankommen soll (Verrechnungstheorie).

a) Vermögensbewegungen von gesellschaftsfremden Dritten

Dabei rücken zunächst die Vermögensleistungen ins Blickfeld, die gesellschaftsfremde Dritte für die Gesellschaft erbringen.

---

[1] Vgl. zu letzterem Fall OLG Frankfurt NJW 1963, 545; *Berg*, JuS 1974, 685 (691); *Riegger*, DB 1975, 1282 (1284); *Steckhan*, DNotZ 1974, 69 (73 f.) mit anderer Auffassung (mehr dazu unten).

aa) Leistung bei Vollmacht

Die erste denkbare Fallvariante ist die, in der ein von der Gesellschaft bevollmächtigter Dritter für die KG an den Kommanditisten leistet. Selbst wenn er dem Kommanditisten eigenes Vermögen zuwendet, ist dieser Fall einfach zu bewerten: Es liegt keine Leistung eines Dritten vor, sondern eine solche der Gesellschaft, da der Dritte hier in fremdem Namen (dem der KG) leistet. Das löst selbstverständlich die Haftungsfolge des § 172 IV 1 HGB aus und gehört zu einer Fallkonstellation, die hier nicht näher zu erörtern ist.

bb) Leistung im eigenen Namen

Das führt zu den eigentlich interessierenden Fällen, in denen ein Nichtgesellschafter im eigenen Namen für Rechnung der KG deren Verbindlichkeit gegenüber einem Kommanditisten tilgt.

Dazu folgender *Bespielsfall 17*:[2]

Kommanditist K hält bei der N.H.-KG eine bereits geleistete Einlage in Höhe von 100.000 und ist mit dieser Summe im Handelsregister eingetragen. Als K ausscheidet, zahlt jedoch nicht die N.H.-KG, sondern die E-GmbH. Dafür wird ein Kaufpreisanspruch der N.H.-KG gegen die E-GmbH um 100.000 gekürzt. Die Frage ist, ob in diesem Vorgang eine mittelbare Rückgewähr der Kommanditeinlage iSv § 172 IV 1 HGB liegt.

Es ist klar, daß das Vollzugsverhältnis (d.h. die Übereignung von Geld, die Gutschrift auf dem Konto etc.) nur zwischen dem Dritten und dem Kommanditisten bestehen kann. Allgemein zivilrechtlich liegt ein Fall des § 267 BGB vor. Die Sozialverpflichtung (i. e. eine Verbindlichkeit der Gesellschaft gegenüber einem Gesellschafter, die im Gesellschaftsvertrag begründet liegt) wird erfüllt. Auch bereicherungsrechtlich würde eine Rückabwicklung bei Unwirksamkeit der Kausalverhältnisse nur zwischen N.H.-KG und E-GmbH, nicht dagegen zwischen K und E-GmbH stattfinden, da nur in diesen Verhältnissen Leistungsbeziehungen vorliegen.

Die Frage ist aber, ob § 172 IV 1 HGB auch den allgemein zivilrechtlichen Prinzipien gehorcht, ob also eine Einlagerückgewähr immer dort vorliegt, wo auch eine Leistungsbeziehung besteht, oder ob es hier mehr auf tatsächliche Vermögensbewegungen ankommen muß, d.h. eine wirtschaftliche Betrachtungsweise, wie sie die Verrechnungstheorie vornimmt.

Zur weiteren Klärung soll zunächst ein Blick darauf geworfen werden, wie die Rechtsprechung die aufgezeigte Problematik löst und wie die Literatur hierzu Stellung nimmt.

---

[2] BGHZ 47, 149 ff. („Nordheide"-Entscheidung) vereinfacht und variiert.

In seiner Entscheidung vom 13.2.1967, der der *Beispielsfall 17* nachgebildet ist[3], begründet der BGH seine Anwendung des § 172 IV 1 HGB auf die Kriterien der mittelbaren Einlagerückgewähr[4].

Richtigerweise nimmt das Gericht den Schutzzweck des § 172 IV 1 HGB zum Ausgangspunkt seiner Überlegungen, nach dem die Fähigkeit der KG zur Befriedigung von Gesellschaftsgläubigern erhalten bleiben bzw. ein Ausgleich für die tatsächliche Minderung des Gesellschaftsvermögens durch Einlagerückgewähr hergestellt werden muß[5]. Deshalb sei eine Einlagerückgewähr auch in jeder mittelbaren Zuwendung zu sehen, durch die dem Gesellschaftsvermögen Werte entzogen werden, ohne daß dem Gesellschaftsvermögen gleichwertige Gegenleistungen zufließen[6]. Gerade dieser letzte Gesichtspunkt aber auch die Argumentation mit dem Zweck des § 172 IV 1 HGB, knüpfen eng an die Definition der Einlagerückgewähr in BGHZ 39, 319 ff. an, nach der eine Einlagerückgewähr an den Kommanditisten bei der Rückerstattung von Vermögenswerten ohne gleichzeitige Gegenleistung vorliegen soll[7]. Diese Definitionen sind stark an einer wirtschaftlichen Betrachtungsweise der Verrechnungstheorie orientiert und stellen allein auf tatsächliche Vermögensbewegungen ab[8].

Ebenso läßt auch die Argumentation des BGH mit dem Schutzzweck des § 172 IV 1 HGB bei der mittelbaren Einlagerückgewähr eine rein wirtschaftliche Betrachtungsweise vermuten. Dafür spricht auch, daß das Gericht mit der Minderung der Kaufpreisschuld der E-GmbH gegenüber der N.H.-KG und mit dem „wirtschaftlichen Ergebnis“ (Minderung des Vermögens der N.H.-KG) argumentiert[9]. Weiter spricht für diese Einordnung der höchstrichterlichen Rechtsprechung die fehlende Zitierung des § 267 BGB. Damit würde der BGH in den beschriebenen Dreipersonenverhältnissen allein auf die tatsächliche Minderung des Gesellschaftsvermögens und nicht auf die Leistungsbeziehungen abstellen. Diese Auffassung ist zu begrüßen, da sie sich streng am Schutzzweck des § 172 IV 1 HGB orientiert.

Das hätte die Konsequenz, daß nicht der Vollzug zwischen dem Dritten (in *Beispielsfall 17* die E-GmbH) und dem Kommanditisten (d.h. die Übereignung

---

[3] BGHZ 47, 149 ff.

[4] BGHZ 47, 149 (156).

[5] BGHZ 47, 149 (155 f.).

[6] BGHZ 47, 149 (156).

[7] BGHZ 39, 319 (331); diese Definition wurde häufig wiederverwendet, so z.B. BAG ZIP 1983, 170 (172); siehe auch *Eisenhardt*, Rdnr. 141; GK (3) - *Schilling*, § 172 Anm. 9; Schlegelberger (5) - *K. Schmidt*, §§ 171, 172 Rdnr. 66; *Westermann I*, Rdnr. 926.

[8] So z. B. Schlegelberger (5) - *K. Schmidt*, unter Zitierung von BGH 39, 319 (331), §§ 171, 172 Rdnr. 66.

[9] BGHZ 47, 149 (156).

von Geld, Überweisung o.ä.) zur Anwendung des § 172 IV 1 HGB führen würde, sondern erst die Verrechnung zwischen dem Dritten (*Beispielsfall 17*: E-GmbH) und der KG (*Beispielsfall 17*: N.H.-KG), da nur dieser Vorgang das KG-Vermögen schmälert. Eine solche Differenzierung wird in BGHZ 47, 149 ff. in dieser Form nicht vorgenommen. Diese Unterscheidung würde sich dann bemerkbar machen, wenn der Dritte bei der KG keinen Rückgriff nehmen könnte oder wollte[10]. Dann wäre das KG-Vermögen nicht vermindert, wenngleich der Kommanditist etwas erhalten hätte. § 172 IV 1 HGB würde nicht eingreifen, da die Bereicherung des Kommanditisten ja nicht auf Kosten der Gesellschaft eingetreten ist.

Anders wäre das, wenn man in Fällen wie *Beispielsfall 17* auf die Leistungsbeziehungen abstellen würde. Dann könnte man mit § 267 BGB den Vollzug zwischen Drittem und Kommanditisten in die Kausalbeziehungen KG-Kommanditist einordnen und so zu einer Einlagerückgewähr kommen.

So scheint das *Bälz* zu sehen, der für die dem *Beispielsfall 17* zugrundeliegenden Entscheidung zwar nicht direkt § 267 BGB ins Feld führt, aber bei der Einlagerückgewähr durch einen Dritten für Rechnung der KG auf jene Vorschrift abstellt, wie sich aus dem direkten Zusammenhang zu *Bälz'* Ausführungen über die haftungsbefreiende Einlageleistung ergibt, wo § 267 BGB ausdrücklich genannt wird[11]. *Bälz* stellt damit auf die Kausalbeziehungen ab und würde in *Beispielsfall 17* als Einlagerückgewähr genügen lassen, daß der Dritte für Rechnung der Gesellschaft sein Vermögen zugunsten des Kommanditisten mindert. Ob das Vermögen der KG effektiv angegriffen würde, wäre unerheblich. Effektiv angegriffen heißt hier, daß es nicht ausreicht, wenn eine Verpflichtung der KG gegenüber dem Dritten auf Aufwendungsersatz entsteht. Eine effektive Minderung des KG-Vermögens liegt erst vor, wenn der Aufwendungsersatz durch die KG tatsächlich bewirkt wird. Es soll also auf das Vollzugsgeschäft ankommen.

Bälz' Auffassung hingegen mag unter Anwendung allgemein zivilrechtlicher Prinzipien naheliegen, doch ist sie mit dem Schutzzweck des § 172 IV 1 HGB nicht in Einklang zu bringen. Für § 172 IV 1 HGB ist entscheidend, für Verminderungen des Gesellschaftsvermögens einen Ausgleich durch persönliche Kommanditistenhaftung zu schaffen. Daher ist in erster Linie darauf abzustellen, ob das KG-Vermögen durch den rechtlich zu beurteilenden Vorgang effektiv vermindert wird (natürlich mit der Intention, die Verminderung dem Kommanditisten zukommen zu lassen).

§ 172 IV 1 HGB kann nicht nur den Sinn haben, den Kommanditisten mit Haftung zu „bestrafen", wenn er etwas erhält, was ihm eigentlich die KG schuldet,

[10] Vgl. dazu BGHZ 93, 246 (249); u. schon BGHZ 76, 127 (130).
[11] Vgl. BB 1977, 1481 (1483) u. Fn. 17.

hier aber ein Dritter leistet. Darauf wäre nämlich abzuheben, wenn man den Leistungsbeziehungen folgend die Leistung des Dritten an den Kommanditisten schon als Einlagerückgewähr ansehen würde. Der Sinn und Zweck des § 172 IV 1 HGB gebietet vielmehr, allein auf die tatsächliche Minderung des Gesellschaftsvermögens (mit beabsichtigter mittelbarer Zuwendung an den Kommanditisten) für den Tatbestand der Einlagerückgewähr abzustellen. Damit wird zumindest für diesen Teilbereich der höchstrichterlichen Rechtsprechung gefolgt, die hier zur reinen Verrechnungstheorie neigt.

Für *Beispielsfall 17* bedeutet das, daß erst mit der Kürzung des Kaufpreisanspruchs der N.H.-KG gegen die E-GmbH der gesamte Vorgang als Rückgewähr der Kommanditeinlage gesehen werden kann. Im Ergebnis würde die Gegenauffasung, die allein auf die Kausalbeziehungen abstellt, zu dem gleichen Resultat kommen, was hier aber daran liegt, daß die Zahlung der E-GmbH an K zu einer sofortigen Verrechnung von Anspüchen zwischen der E-GmbH und der N.H.-KG führte, so daß eine genaue Zerlegung der Vermögensbewegungen (zuerst Vollzugsverhältnis E-GmbH → K, dann E-GmbH → N.H.-KG) nicht vorgenommen wurde.

cc) Zwischenergebnis

Hier wurde die Aufspaltung der einzelnen Vermögensbewegungen praktiziert, um für den weiteren Verlauf der Untersuchung zu genauen und abgesicherten Ergebnissen zu gelangen.

Als Zwischenresultat kann hier festgehalten werden, daß bei Leistungen eines gesellschaftsfremden Dritten im eigenen Namen für Rechnung der KG eine mittelbare Einlagerückgewähr an den Kommanditisten dann vorliegt, wenn das KG-Vermögen ohne Gegenleistung tatsächlich vermindert wird.

b) Vermögensbewegungen von Mitgesellschaftern

Der Dritte, der für die KG an einen Kommanditisten bezahlt, kann auch ein Mitgesellschafter sein. Hier wird in der weiteren Darstellung zwischen Vermögensbewegungen von einem Komplementär an einen Kommanditisten für Rechnung der KG und zwischen Leistungen unter Kommanditisten unterschieden.

Im Vergleich zu Leistungen von gesellschaftsfremden Dritten kann sich hier im Hinblick auf § 172 IV 1 HGB der Unterschied ergeben, daß das Drittvermögen eine größerer Nähe zum KG-Vermögen hat und nicht erst die direkte Verminderung des Gesellschaftsvermögens § 172 IV 1 HGB eingreifen läßt, sondern schon die Verkürzung des Privatvermögens eines Mitgesellschafters. Die zentrale Frage in diesem

Teilbereich der Untersuchung ist also, ob auch die Privatvermögen von Mitgesellschaftern in die gesetzliche Kapitalerhaltung mit einbezogen sind.

aa) Leistungen eines Komplementärs

Im Vordergrund des Interesses stehen in Rechtsprechung und Literatur Leistungen eines Komplementärs an einen Kommanditisten für Rechnung der KG.

Dazu zwei *Beispielsfälle*:

Beispielsfall 18:[12]

Kommanditist K scheidet aus der A-KG aus und läßt sich seine Einlage von 100.000 (Haftsumme 100.000) als Abfindung nach §§ 161 II, 105 II HGB, 738 I 2 BGB von Komplementär Ko auszahlen. Für Ko entsteht aus §§ 161 II, 110 I HGB ein Regreßanspruch gegen die A-KG, der realisierbar ist.

Beispielsfall 19:[13]

Kommanditist K wird nach Rückgewähr seiner Einlage aufgrund seiner Haftung nach § 172 IV 1 HGB von Gesellschaftsgläubigern in Höhe von 100.000 in Anspruch genommen. Diesen Betrag kann er als Rückgriff nicht von der A-KG verlangen, weil diese vermögenslos ist. Deshalb nimmt er erfolgreich den Komplementär Ko in Höhe von 100.000 in Regreß. Ko erwirbt seinerseits keinen realisierbaren Regreßanspruch (§ 110 I HGB) gegen die A-KG.

Die Frage ist nun, ob die Vorgänge in *Beispielsfall 18 und 19* als mittelbare Einlagerückgewähr nach § 172 IV 1 HGB zu bewerten sind.

Dabei soll zunächst versucht werden, die bisher gewonnenen Kriterien mit den vorliegenden Fällen in Einklang zu bringen. Dann wird erörtert, ob Privatvermögen von Mitgesellschaftern in den Kapitalerhaltungsgrundsatz miteinzubeziehen sind.

(1) Kriterien der mittelbaren Einlagerückgewähr

Zunächst gilt für eine Einlagerückgewähr unter Zuhilfenahme des Komplementärvermögens nichts anderes als bei der oben erörterten Fallgruppe der Leistung eines gesellschaftsfremden Dritten für Rechnung der KG an den Kommanditisten. Auch hier sind die Kriterien der mittelbaren Einlagerückgewähr anzuwenden.

D.h. es ist allein zu fragen, ob das KG-Vermögen durch den zu untersuchenden Gesamtvorgang tatsächlich zugunsten des Kommmanditisten vermindert wird.

---

[12] BGHZ 76, 127 ff. nachgebildet und vereinfacht.

[13] BGHZ 93, 246 ff. nachgebildet und vereinfacht.

Das wäre in *Beispielsfall 18* der Fall, weil ein Rückgriff des zahlenden Komplementärs gegen die KG möglich ist, in *Beispielsfall 19* käme eine Anwendung des § 172 IV 1 HGB nicht in Betracht, weil der Regreß des persönlich haftenden Gesellschafters Ko wegen der Vermögenslosigkeit der A-KG unmöglich ist, und somit eine Minderung des KG-Vermögens gar nicht entstehen kann.

Für *Beispielsfall 18* wäre aber noch zu betonen, daß nach der hier vertretenen Auffassung nicht in der Möglichkeit des Regresses des Komplementärs Ko die Einlagerückgewähr nach § 172 IV 1 HGB liegt[14], sondern erst in der tatsächlichen Abwicklung, da nur dadurch eine effektive Schmälerung des Gesellschaftsvermögens eintritt.

Auch bei der höchstrichterlichen Rechtsprechung ist eine Entwicklung hin zum Vorrang des Kriteriums der tatsächlichen Minderung des Gesellschaftsvermögens, gerade bei der Fallgruppe der Leistung eines Komplementärs an den Kommanditisten für Rechnung der KG, auszumachen.

Das zeigt sich schon in der Entscheidung des BGH vom 18.1.1973, in der das Gericht eine mittelbare Einlagerückgewähr an den Kommanditisten darin sieht, daß der geschäftsübernehmende Mitgesellschafter, der den Kommanditisten abgefunden hat, die tatsächliche Möglichkeit besitzt, die vom Kommanditisten eingesetzten Mittel jederzeit zu entziehen und damit zu anderen geschäftlichen Zwekken einzusetzen[15]. Diese tatsächliche Möglichkeit käme einem Ersatzanspruch des persönlich haftenden Gesellschafters gegen die KG gleich, nachdem dieser die Abfindung des Kommanditisten geleistet habe[16]. Freilich handelt es sich bei BGHZ 61,149 ff. um einen Sonderfall, da die KG bei Abfindung des Kommanditisten nicht mehr bestand, sondern auf einen Einzelnachfolger übergegangen ist, der den Kommanditisten ausbezahlt hat. Trotzdem bleibt die Tendenz des BGH zur Hervorhebung des wirtschaftlichen Gesichtspunktes einer tatsächlichen Minderung des Gesellschaftsvermögens festzuhalten.

Diese Entwicklung setzt sich in der Entscheidung des BGH vom 28.1.1980 fort, auf der *Beispielsfall 18* basiert[17]. Zwar sieht das Gericht eine mittelbare Einlagerückgewähr an den Kommanditisten schon darin, daß dem auszahlenden Komplementär ein Erstattungsanspruch aus § 110 I HGB gegen die KG zusteht[18], was für sich allein noch kein rein wirtschaftlicher Gesichtspunkt ist, da das Gericht nicht direkt auf die Werthaltigkeit und Durchsetzbarkeit dieses Anspruchs abstellt. Der BGH erwägt jedoch den Fall, daß der Rückgriff nicht realisierbar ist, geht

---

[14] So wohl BGHZ 76, 127 (130).

[15] BGH 61, 149 (152).

[16] BGHZ 61, 149 (152).

[17] BGHZ 76, 127 ff.

[18] BGHZ 76, 127 (130).

dieser Frage aber nicht weiter nach[19]. Allein die Erwägungen über den tatsächlichen Wert eines Erstattungsanspruches des abfindenden Komplementärs gegen die KG zeigen aber, daß es dem BGH letztlich auf die tatsächliche Minderung des Gesellschaftsvermögens bei § 172 IV 1 HGB ankommt.

Das zeigt sich endgültig in der Entscheidung des BGH vom 14.1.1985, der *Beispielsfall 19* nachgebildet ist[20].

Hier wird ein Wiederaufleben der Kommanditistenhaftung nach § 172 IV 1 HGB abgelehnt, weil ein Regreß des bezahlenden Komplementärs nach § 110 I HGB wegen der Vermögenslosigkeit der KG nicht möglich ist[21]. Somit könne keine Schmälerung des Gesellschaftsvermögens eintreten, und der Zweck des § 172 IV 1 HGB (die Erhaltung der Zugriffsmöglichkeit der Gesellschaftsgläubiger) gar nicht eingreifen[22]. An dieser Entscheidung wird offenbar, daß der BGH bei der Frage der mittelbaren Einlagerückgewähr letztlich auf wirtschaftliche Kriterien abstellt. Eine Einlagenrückgewähr kann nur vorliegen, wenn das Gesellschaftsvermögen tatsächlich vermindert ist. Die Entscheidung BGHZ 93, 246 ff. wurde auch in der Literatur größtenteils begrüßt[23].

Ebenfalls in dem Urteil vom 14. 1. 1985 zeigt sich, daß der BGH in den Fällen der Leistung eines Dritten für die Gesellschaft nicht auf die Leistungsbeziehungen abstellt. So sieht das Gericht nämlich zwischen den Fällen BGHZ 76, 127 ff. (*Beispielsfall 18*) und BGHZ 93, 246 ff. (*Beispielsfall 19*) keinen Unterschied, was die Bezahlung fremder Schulden durch den Komplementär angeht. Nur in *Beispielsfall 18* würde der Komplementär eine fremde Schuld begleichen, da er für die Abfindung (Verbindlichkeit der KG) nicht selbst einzustehen hat[24]. Nur hier könnte § 267 BGB in Ansatz gebracht werden. Nicht dagegen in *Beispielsfall 19*, in dem der persönlich haftende Gesellschafter für einen Regreß des Kommanditisten wegen Gläubigerbefriedigung einzustehen hat. Das ist nämlich die Begleichung einer eigenen Schuld des Komplementärs gegenüber dem Kommanditisten aus § 426 I BGB[25], da der persönlich haftende Gesellschafter mit dem

---

[19] BGHZ 76, 127 (130).

[20] BGHZ 93, 246 ff.

[21] BGHZ 93, 246 (249).

[22] BGHZ 93, 246 (249).

[23] *Baumbach/Duden/Hopt*, § 172 Anm. 2B; *Hopt/Hehl*, Rdnr. 744; *Hueck*, § 18 VI 3b (S. 154); GK (4) - *Schilling*, § 172 Rdnr. 13; Schlegelberger (5) - *K. Schmidt*, §§ 171, 172 Rdnr. 71; *ders.*, § 54 III 4 (S. 1319).

[24] § 128 HGB gilt ja nur für die Haftung der Gesellschaft gegenüber Dritten, nicht für Verbindlichkeiten innerhalb der Gesellschaft, vgl. *Hadding*, (FS Stimpel), S. 159; a. A. (Haftung des Komplementärs nach § 128 HGB für die Abfindung des Kommanditisten) GK (3) - *Fischer*, § 128 Anm. 47 a. E.; *Hueck*, (OHG) § 29 II 5c (S. 461).

[25] So *Hadding*, (FS Stimpel), S. 159; *Kornblum*, (Haftung), S. 192; *Westermann I*, Rdnr. 372; a.A.(§ 738 I 2 BGB als Anspruchsgrundlage) *Flume*, (PG), § 16 II 2c (S. 297 f.).

Kommanditisten über § 128 HGB für Gesellschaftsschulden als Gesamtschuldner haftet. Damit würde der Komplementär in *Beispielsfall 19* nicht eine fremde Schuld nach § 267 BGB begleichen.

Der BGH tut richtig daran, die beiden in dieser Hinsicht verschiedenen Fälle nicht unterschiedlich zu behandeln, da es auf die Einordnung nach Leistungsbeziehungen nicht ankommen kann. Auch hier ist dem Gericht zuzustimmen. Es kommt bei Leistungen eines Dritten an den Kommanditisten für Rechnung der KG im Hinblick auf § 172 IV 1 HGB allein auf die tatsächliche Schmälerung des KG-Vermögens zugunsten des Kommanditisten an. Das ist das Kriterium für die mittelbare Einlagerückgewähr.

(2) Einbeziehung des Privatvermögens des Komplementärs in die gesetzliche Kapitalerhaltung

Bei Leistungen eines Komplementärs für Rechnung der Gesellschaft stellt sich immer die Frage, ob nicht schon die Schmälerung des Komplemtärvermögens eine Einlagerückgewähr nach § 172 IV 1 HGB darstellt. Das wäre der Fall, würde man davon ausgehen, daß § 172 IV 1 HGB eine gesetzliche Gesamthaftungsmasse schützen will, die aus KG-Vermögen, Vermögen des persönlich haftenden Gesellschafters und (auch !) haftender Kommanditisten besteht (zu letzterem siehe unten)[26].

In *Beispielsfall 18 und 19* würde demnach schon in der Bezahlung durch den Komplementär Ko an K eine Einlagerückgewähr liegen, gleich, ob der Regreß des Ko gegenüber gegenüber der A-KG gelingt oder nicht.

Wie man sieht, hätte eine Einbeziehung des Privatvermögens des Komplementärs in den gesetzlichen Kapitalerhaltungsgrundsatz gravierende praktische Auswirkungen. Sie würde die Stellung des § 172 IV 1 HGB als Gläubigerschutzinstrument erheblich verstärken.

Daher soll im folgenden untersucht werden, ob diese praktisch vielleicht wünschenswerte Ausdehnung des § 172 IV 1 HGB mit dem Gesetz und den Grundprinzipien der Kommanditistenhaftung vereinbar ist. Das wird im Ergebnis abgelehnt werden.

Eine erste Annäherung an den Problemkreis kann wieder über den Wortlaut des § 172 IV 1 HGB erfolgen.

Ein Blick auf den Gesetzestext verwehrt eher die Einbeziehung der Privatvermögen der Mitgesellschafter in die Regeln der Kapitalerhaltung. Wenn § 172 IV

---

[26] So OLG Frankfurt NJW 1963, 545; *Berg*, JuS 1974, 685 (691); *Kornblum*, (Haftung), S. 257; *Riegger*, BB 1975, 1282 ff.; *Steckhan*, DNotZ 1974, 69 ff.

1 HGB von einer Zurückbezahlung der Einlage spricht, kann es sich nur um eine Vermögensbewegung aus dem Gesellschaftsvermögen handeln, denn Einlagen existieren nur im Gesellschaftsvermögen. Durch die Wendung *„zurück"* bezahlt wird nahegelegt, daß der Vorgang des § 172 IV 1 HGB im Hinblick auf Absender und Adressat des Vermögensflusses der entsprechend umgekehrte zur Einlageleistung ist, die naturgemäß nur ins Gesellschaftsvermögen erfolgen kann[27]. Dann kann auch die Einlagerückgewähr nur aus dem Gesellschaftsvermögen getätigt werden. Schon angesichts dieses Wortlauts ist es fraglich, ob durch Auslegung der Vorschrift noch Vermögensbewegungen aus dem Privatvermögen eines haftenden Mitgesellschafters als Einlagerückgewähr angesehen werden können.

§ 172 IV 1 HGB müßte dazu mindestens sehr großzügig ausgelegt werden, was allenfalls durch den Zweck der Vorschrift, den vielbeschworenen Gläubigerschutz, gestützt werden könnte.

Eine Argumentationsschiene der Vertreter der so praktizierten extensiven Auslegung des § 172 IV 1 HGB ist durch die Entscheidung des BGH vom 14.1.1985[28] weggefallen.

Bis zu diesem höchstrichterlichen Urteilsspruch haben sich die Befürworter der Einbeziehung der Privatvermögen von haftenden Mitgesellschaftern in die gesetzliche Kapitalerhaltung v.a. auf die schon zitierte Entscheidung des BGH vom 18.1.1973[29] berufen, in der das Gericht die Abfindungszahlung eines geschäftsübernehmenden Gesellschafters an den (ehemaligen) Kommanditisten nach Geschäftsübernahme als Einlagerückgewähr iSv § 172 IV 1 HGB bewertet hat[30]. Die Aussage der Richter, auch bei Abfindung des Kommanditisten vor Geschäftsübernahme müsse die gleiche Wertung vorgenommen werden[31], hat einige Autoren zu der Annahme veranlaßt, der BGH habe die Differenzierung von Gesellschaftsvermögen und Privatvermögen aufgegeben und beziehe deshalb auch Privatvermögen, insbesondere der Komplementäre, in die Kapitalerhaltung mit ein[32]. Diese Annahme hat sich durch das Urteil des BGH vom 14.1.1985 als unzutreffend erwiesen. Hier distanziert sich das Gericht ausdrücklich von einer Aufgabe der Differenzierung zwischen Gesellschafts- und Privatvermögen bei der Einlagerückgewähr und sieht in der Entscheidung vom 18.1. 1973 lediglich einen nicht verallgemeinerungsfähigen Sonderfall[33].

---

[27] So schon *Riegger*, BB 1975, 1282 (1283).

[28] BGHZ 93, 246 ff.

[29] BGHZ 61, 149 ff.

[30] BGHZ 61, 149 ff.

[31] BGHZ 61, 149 (153).

[32] So insb. *Steckhan*, DNotZ 1974, 69 (75 f.); ebenso *Berg*, JuS 1974, 685 (691); *Riegger*, BB 1975, 1282 (1284).

[33] BGHZ 93, 246 (251).

Damit ist diese Argumentationsgrundlage entzogen, die der BGH- Rechtsprechung praktisch eine Ergänzung des § 172 IV 1 HGB durch Richterrecht entnehmen wollte[34].

Es bleibt zu erörtern, ob der Sinn und Zweck des § 172 IV 1 HGB eine Einbeziehung der Privatvermögen von Mitgesellschaftern in die Gesetzliche Kapitalerhaltung fordert.

Auch das erscheint nicht geboten, da die Gläubigersicherung im KG-Recht bereits zweispurig ausgestaltet ist. Zum einen sind die Gläubiger durch § 172 IV 1 HGB davor geschützt, daß das Gesellschaftsvermögen verkürzt wird, zum anderen besteht für sie als Ausgleich für fehlendes KG-Vermögen eine persönliche Haftung des Komplemtärs bzw. des Kommanditisten. Wesen der persönlichen Haftung des Komplementärs ist dabei eine unbegrenzt mögliche Inanspruchnahme durch Gesellschaftsgläubiger. Persönliche Haftung heißt aber nicht, daß Gläubigern eine bestimmte Vermögensmasse garantiert ist (wie z. B. bei der GmbH), sondern bedeutet ein unbedingtes Einstehenmüssen für Verbindlichkeiten. Dem Wesen der persönlichen Haftung widerspricht es geradezu, ein bestimmtes Vermögen zu garantieren. Genau das würde aber erreicht, wenn man das Komplemmentärvermögen in die gesetzliche Kapitalerhaltung einbezöge. Das widerspricht der Grundkonzeption des Gesetzgebers.

Auch praktisch gesehen führt die extensive Auslegung des § 172 IV 1 HGB zu Problemen. Soll in einer KG jede Vermögensbewegung zwischen Komplementär und Kommanditisten haftungsrechtlich relevant sein? Sollen in einer Familien-KG Weihnachtsgeschenke z.B. unter § 172 IV 1 HGB fallen? Hier müßten Grenzen gezogen werden, was aber wiederum fallgruppenorieniert geschehen müßte. Das würde die Unklarheiten bei § 172 IV 1 HGB nicht beseitigen, sondern nur weiter verschärfen.

Stärkstes Argument der Vertreter der extensiven Auslegung des § 172 IV 1 HGB ist vielmehr die von ihnen vorgebrachte ungenügende Berücksichtigung der Insolvenzrisiken durch die neuere Rechtsprechung, insbesondere in dem Urteil des BGH vom 14.1.1985[35].

Regelmäßig wird ein Rückgriff des Kommanditisten gegen den Komplementär nur interessant, wenn das KG-Vermögen nicht ausreicht. Das ist die Situation der Insolvenz, in der dem Komplementär natürlich auch seinerseits der Regreß gegen die KG wegen Befriedigung des Kommanditisten nicht gelingen wird[36]. In dieser Situation bleibt den Gesellschaftsgläubigern nur das Privatvermögen des Kom-

[34] So insb. *Steckhan*, DNotZ 1974, 69 (77 f.).

[35] So zunächst *Riegger*, BB 1975, 1281 (1284), ihm in diesem Punkt folgend *Hadding*, (FS Fleck), S. 85 f.; *Kornblum*, JZ 1985, 1002 (1004), beide mit Bezug auf BGHZ 93, 246 ff.

[36] So in BGHZ 93, 246 ff.

plementärs als Haftungsmasse. Diese Haftungsmasse ist aber schon verkürzt, wenn der Kommanditist erfolgreich Regreß genommen hat.

Im Konkurs des Komplementärs existiert nach der Rechtsprechung keine Rangfolge der Gläubigerbefriedigung, wie das bei einem Konkursverfahren über das KG-Vermögen der Fall ist(„Zurücktreten im Konkurs“)[37] (siehe oben II 4). Damit wird der Kommanditist im Ergebnis gleichberechtigter Konkurrent der Gesellschaftsgläubiger und verkürzt deren Haftungsmasse.

Das erscheint als widersprüchliches Verhalten, da es der Kommanditist ursprünglich übernommen hat, als Gesellschafter (entweder mit seiner Einlage oder seiner persönlichen Haftung) das Risiko für Verbindlichkeiten der KG zu tragen[38]. Er ist „näher dran“ als ein beliebiger Gesellschaftsgläubiger und sollte das Insolvenzrisiko des Komplementärs tragen[39].

Das spricht in der Tat dagegen, dem Kommanditisten in diesem Fall die Möglichkeit zu geben, Regreß beim Komplementär zu nehmen und keine Haftungsfolgen nach § 172 IV 1 HGB zu erleiden. Allerdings muß berücksichtigt werden, daß der erfolgreiche Regreß des Kommanditisten beim Komplementär im Konkurs der KG nicht durch § 172 IV 1 HGB zu sanktionieren ist[40].

Selbst wenn man den Kommanditisten bzgl. des Insolvenzrisikos für „näher dran“ hält, liegt eine Einlagerückgewähr nicht vor, da das Gesellschaftsvermögen nicht verkürzt ist. Dann kann man auch nicht von einem Fall des § 172 IV 1 HGB ausgehen und gleichzeitig ablehnen, daß das Komplementärvermögen der gesetzlichen Kapitalerhaltung unterliegt[41]. Den nur über eine Einbeziehung des Komplementärvermögens in die durch § 172 IV 1 HGB geschützte Haftungsmasse könnte man zu einer Einlagerückgewähr kommen. Das wird aber völlig zu Recht nicht getan. Eine Argumentation mit der Verteilung der Insolvenzrisiken muß, auch was die Wahl der geeigneten Sanktion betrifft, ins Konkursrecht und nicht zu § 172 IV 1 HGB führen. Nur die oben schon geschilderte Figur des „Zurücktretens im Konkurs“ ist hier speziell auf die Konkurssituation abgestimmt, nicht die auch außerhalb des Konkurses geltende Vorschrift des § 172 IV 1 HGB. Insofern geht die von den sachlichen Argumenten her völlig richtige Argumentation mit der größeren Nähe des Kommanditisten zum Insolvenzrisiko des Komplementärs in letzter Konsequenz in die falsche Richtung. Es ist an dieser Stelle die von *Keuk* früher schon beklagte Verwechslung der konkursrechtlichen Instrumente des

---

[37] BGHZ 93, 246 (251 unter 3.).

[38] Vgl. *Hadding*, (FS Fleck), S. 85.

[39] *Hadding*, (FS Fleck), S. 86; *Kornblum*, JZ 1985, 1002 (1004).

[40] Insofern unzutreffend *Hadding*, (FS Fleck), S. 86; unklar in der Rechtsfolge *Kornblum*, JZ 1985, 1002 (1004).

[41] So aber *Hadding*, (FS Fleck), S. 84.

„Zurücktretens“ (in Anlehnung an § 237 HGB) mit der Haftung nach § 172 IV 1 HGB eingetreten[42].

Damit kann die größere Nähe des Kommanditisten zum Risiko der Insolvenz des Komplementärs nur zu einer Anwendung der Figur des „Zurücktretens im Konkurs“, nicht dagegen zu einer Einbeziehung des Komplementärvermögens in die gesetzliche Kapitalerhaltung nach § 172 IV 1 HGB führen. Eine solche extensive Kapitalerhaltung ist weder mit dem Gesetz vereinbar noch angesichts der Tauglichkeit der Figur des „Zurücktretens im Konkurs“ notwendig.

Damit führt die Leistung eines Mitgesellschafters (hier:Komplementär) an Kommanditisten für Rechnung der KG zu einer Verfestigung der bisher gewonnenen Ergebnisse und zu keinen Abweichungen bzgl. Leistungen von gesellschaftsfremden Dritten.

Allein die tatsächliche Minderung des KG-Vermögens zugunsten des Kommanditisten führt bei einer mittelbaren Einlagerückgewähr zur Anwendung des § 172 IV 1 HGB. Das Komplementärvermögen ist in die Kapitalerhaltung nicht einzubeziehen. Die Problematik der Verteilung des Risikos der Insolvenz des Komplementärs ist über die Figur des „Zurücktretens im Konkurs“ zu bewältigen.

bb) Leistungen eines Kommanditisten

Selbstverständlich ist es auch möglich, daß ein haftender Kommanditist (der die Einlage ganz oder teilweise nicht eingezahlt hat) einen anderen Kommanditisten abfindet oder Regreß für dessen Gläubigerbefriedigung leistet. Dann gelten die obigen Ausführungen zum Komplementär entsprechend[43], was sich schon aus der Strukturgleichheit der Haftung von Kommanditist und Komplementär rechtfertigt[44]. Auch hier muß gelten, daß das Privatvermögen nicht in § 172 IV 1 HGB einzubeziehen ist und erst die tatsächliche Minderung des Gesellschaftsvermögens eine Einlagerückgewähr bedeutet.

c) Leistungen einer Gesellschaft, an der die KG beteiligt ist

Grundsätzlich muß es auch möglich sein, daß Leistungen eines Dritten ohne deren direkte Erstattung durch die KG zur Verminderung ihres Vermögens mit Vorteil für den Kommanditisten führen, wenn die Zuwendung von einer Gesell-

---

[42] ZHR 135, 410 (421 f.).

[43] Vgl. v. a. *Riegger*, BB 1975, 1282 (1284); auch *Bälz*, BB 1977, 1481 (1482); Schlegelberger (5) - *K. Schmidt*, §§ 171, 172 Rdnr. 71; *ders.*, (Einlage und Haftung) S. 104.

[44] s. dazu oben A. II. 2.

schaft erfolgt, an der die KG beteiligt ist[45]. Die Zahlung der Gesellschaft bewirkt nämlich eine Wertminderung am Anteil der KG an dieser zwischengeschalteten Gesellschaft und damit eine Verringerung des KG-Vermögens. Allerdings ist zu beachten, daß die Wertminderung nicht der Summe entspricht, die der Kommanditist von der zwischengeschalteten Gesellschaft erhalten hat, sondern nur dem entsprechenden Anteil der KG. (Bsp.: K erhält von einer zwischengeschalteten oHG, an der die KG zu 50 % beteiligt ist, 10. 000 ,- ausbezahlt. Die Wertminderung bei der KG beträgt dann nur 50 % von 10.000,-, also 5.000,-). Nur in diser Höhe wird das KG-Vermögen geschmälert, und nur vor dieser Kürzung des Gesellschaftsvermögens will § 172 IV 1 HGB schützen. Die Haftung des Kommanditisten lebt dann in anteiliger Höhe wieder auf (im Bsp. 5.000,-).

d) Ergebnis

Leistungen eines Dritten an den Kommanditisten für Rechnung der KG sind eine Einlagerückgewähr nach § 172 IV 1 HGB, wenn der Dritte erfolgreich bei der KG Rückgriff für seine Leistung genommen hat. Erst dann ist das Gesellschaftsvermögen effektiv gemindert.

2. Leistungen in Drittvermögen

Eine Einlagerückgewähr kann auch dann vorliegen, wenn die Gesellschaft eine Leistung an einen Dritten bewirkt und dieser es übernimmt, die Leistung an den Kommanditisten weiterzureichen. In solchen Fällen liegt eine Vermögensbewegung vor, die dem Kommanditisten unmittelbar zugute kommt, und es leuchtet ein, daß ein solcher Vorgang Einlagerückgewähr nach § 172 IV 1 HGB ist. Der Dritte fungiert als Strohmann, der dem Kommanditisten Teile des Gesellschaftsvermögens verschaffen soll, ohne daß dessen Haftung aus § 172 IV 1 HGB eingreift[46].

Ungleich schwieriger ist die Lage aber, wenn der Kommanditist keinen unmittelbaren Vorteil aus der Leistung an den Dritten zieht, so z.B. bei Vermögensbewegungen an Treugeber, Hintermänner etc., die für den Kommanditisten nur einen mittelbaren Gewinn bedeuten, weil er in einem Näheverhältnis zu diesen Personen steht. Hier leiten die Dritten nicht unbedingt den Betrag direkt an den Kommanditisten weiter, dieser profitiert nur indirekt von der Zuwendung an den Dritten. Es ist zu überlegen, ob das Näheverhältnis zwischen Kommanditisten und Drittem schon ausreichen kann, um eine Einlagerückgewähr nach § 172 IV 1 HGB anzunehmen.

---

[45] Für die vergleichbare Problematik bei der GmbH vgl. Fleck (FS GmbH) S. 401.

[46] Vgl. zur Strohmannproblematik *Canaris*, (FS Fischer), S. 57 f., 36 ff.

a) Vermögensbewegungen, die dem Kommanditisten direkt zugute kommen

Wenn der Dritte es übernimmt, eine entsprechende Zahlung an den Kommanditisten zu leisten, wird die Zuwendung der KG an einen Dritten als haftungsschädliche Einlagerückgewähr nach § 172 IV 1 HGB angesehen[47]. Für diese Fallkonstellation läßt sich ebenfalls die Entscheidung BGHZ 47, 149 ff. (*Beispielsfall 17*) verwenden, da es letztlich nur eine Vertauschung der zeitlichen Abfolge ist, wenn man zuerst auf die Vermögensbewegung von der KG an den Dritten und dann schließlich an den Kommanditisten abstellt (Leistung an einen Dritten) oder wenn man zuerst die Leistung des Dritten an den Kommmanditisten und dann die Vermögensbewegung KG-Dritter (Leistung durch einen Dritten, siehe oben) betrachtet.

Klar ist, daß auch hier der gesamte Vorgang als mittelbare Einlagerückgewähr angesehen werden kann[48].

Bisher außer acht gelassen wurde aber, welcher Teilvorgang der mittelbaren Einlagerückgewähr denn zur Anwendung von § 172 IV 1 HGB führen kann. Ist es der tatsächliche Vermögensabfluß bei der KG, oder ist es die Einordnung dieser Vermögensbewegung KG → Dritter nach § 362 II BGB in die Leistungsbeziehung KG-Kommanditist[49], oder ist es der Zufluß des Vermögen der KG in das des Kommanditisten?

Hierzu lassen sich direkte Stellungnahmen in Rechtsprechung und Literatur nicht finden. Nach der oben vertretenen Auffassung liegt aber zumindest eine Einordnung der Leistung der KG an den Dritten über § 362 II BGB als Einlagerückgewähr nach § 172 IV 1 HGB an den Kommanditisten fern. Oben wurde bereits vertreten, daß eine allgemein zivilrechtliche Beurteilung der Vermögensbewegungen zwischen KG-Dritter-Kommanditist nach Kausalbeziehungen angesichts des Schutzzwecks von § 172 IV 1 HGB nicht in Betracht kommt. Vielmehr sollen allein wirtschaftliche Gesichtspunkte, d. h. tatsächliche Vermögensbeziehungen, Grundlage der rechtlichen Beurteilung sein. An dieser Auffassung ist auch für die vorliegende Fallgruppe festzuhalten, da diese ja nur in einer zeitlichen Vertauschung der oben 1. erörterten Vermögensbewegungen besteht.

Damit scheidet eine Einordnung der Vermögensbewegung KG → Dritter mit Hilfe von § 362 II BGB als Einlagerückgewähr der KG an den Kommanditisten aus. Es bleibt also wieder die rein wirtschaftliche Betrachtungsweise der Verrech-

---

[47] BGHZ 47, 149 (155 f.); *Baumbach/Duden/Hopt*, § 172 Anm. 2B; Schlegelberger (5) - *K. Schmidt*, §§ 171, 172 Rdnr. 70; vgl. hierzu für die GmbH *Fleck*, (FS GmbH), S. 402.

[48] BGHZ 47, 149 (155 f.).

[49] Vgl. *Bälz*, BB 1977, 1481 (1483).

nungstheorie. Diese wirft aber die Frage auf, welcher Vorgang letztlich ein Wiederaufleben der Kommanditistenhaftung nach § 172 IV 1 HGB auslösen kann.

Ist es allein die Leistung der KG an den Dritten oder erst diese Leistung *und* das tatsächliche Eintreffen des entsprechenden Betrages im Kommanditistenvermögen?

Eine Argumentation aus Sicht des Kommanditisten würde natürlich eine Mehrung des Kommanditistenvermögens verlangen, nach dem Grundsatz: Wenn schon Wiederaufleben der Kommanditistenhaftung, dann nur bei wirklichem Erhalt der Gegenleistung aus dem KG-Vermögen.

Das kann aber nach dem oben Gesagten nicht richtig sein. Der Tatbestand der mittelbaren Einlagerückgewähr muß sich am Schutzzweck des § 172 IV 1 HGB orientieren[50], also der Erhaltung der Gesamthaftungsmasse für Gesellschaftsgläubiger. Die Schutzfunktion der Vorschrift greift bereits dann ein, wenn KG-Vermögen vermindert wird, und das geschieht schon durch die Leistung der KG an den Dritten, wenn diese mit der Zielrichtung Kommanditistenvermögen erfolgt.

Ob der Dritte auch tatsächlich an den Kommanditisten bezahlt, ist eine Angelegenheit zwischen Drittem und Kommanditisten. Das Ergebnis der Abwicklung zwischen Drittem und Kommanditisten kann sich nicht zu Lasten der Gesellschaftsgläubiger auswirken. Demzufolge reicht die Leistung der KG an den Dritten, d .h. der tatsächliche Vermögensfluß für eine Einlagerückgewähr nach § 172 IV 1 HGB. Die Vermögensbewegung wird nicht durch § 362 II BGB zur Einlagerückgewähr, sondern durch ein Zurechnungskriterium; das besteht darin, daß der Dritte es übernimmt, direkt an den Kommanditisten zu leisten[51].

Auch diese Betrachtungsweise stellt auf das rein wirtschaftliche Kriterium der tatsächlichen Verminderung des KG-Vermögens ab. Sie steht ebenfalls auf dem Boden der Verrechnungstheorie.

Dabei ergeben sich in dieser Fallgruppe keine Unterschiede, wenn der Dritte Mitgesellschafter ist. Die problematische Fallgruppe einer Leistung des Mitgesellschafters an den Kommanditisten bei gleichzeitg fehlendem Ausgleich zwischen KG und Drittem kann hier nicht vorkommen, da sich die vorliegende Fallkonstellation gerade dadurch auszeichnet, daß zeitlich am Anfang die Vermögensbewegung KG → Dritter steht.

---

[50] Vgl. BGHZ 47, 149 (155 f.).

[51] Ähnlich für die AG (Rechtsfolge §§ 57, 62 AktG, bei der auch schon die Vermögensbewegung an einen bestimmten Dritten (z. B. einen Strohmann) ausreichen soll, um zu einer Rückgewähr der Einlage zu kommen, *Canaris*, (FS Fischer), S. 36.

b) Vermögensbewegungen mit nur mittelbarem Vorteil für den Kommanditisten

Nach den bisherigen Erkenntnissen löst schon die Vermögensbewegung von der KG an den Dritten den Tatbestand der Einlagerückgewähr nach § 172 IV 1 HGB aus, wenn diese Vermögensbewegung dem Kommanditisten zugerechnet werden kann. Zurechnungskriterium war bisher die Übernahme der direkten Weiterleitung des Betrages oder die direkte Verrechnung mit dem Kommanditisten.

Das konnte noch unter den zu Anfang des gesamten Kapitels gebildeten Oberbegriff der mittelbaren Einlagerückgewähr gefaßt werden.

Im Anschluß daran stellt sich die Frage, ob eine Einlagerückgewähr auch dann vorliegt, wenn das Zurechnungskriterium schwächer ausgeprägt ist, d. h. wenn der Dritte den von der KG erhaltenen Betrag nicht unbedingt weiterleiten soll, die Leistung der KG an den Dritten aber für den Kommanditisten mittelbar wirtschaftliche Folgen hat, die einer Einlagerückgewähr gleichkommen. Das kann z.B. bei einem Treuhandverhältnis zwischen Kommanditist und Drittem der Fall sein, in dem die Vermögensbewegung von der KG an den Dritten (Treugeber) über den Treuhandvertrag solche Auswirkungen auf den Kommanditisten (Treuhänder) hat, daß man diesen Vorgang als Einlagerückgewähr an den Kommanditisten bewerten kann. Ebenso läßt sich als weiteres Beispiel denken, daß eine Vermögensbewegung von der KG an einen Familienangehörigen des Kommanditisten wegen der familiären Verbindung für den Kommanditisten zu einem mittelbaren Vorteil führt, der einer Einlagerückgewähr ebenfalls entspricht.

Es geht hier also um Fälle, in denen ein Näheverhältnis zwischen Drittem und Kommanditist besteht, das als Zurechnungskriterium ausreichen kann, um die Vermögensbewegung aus der Gesellschaft an den Dritten Einlagerückgewähr an den Kommanditisten sein zu lassen. Was nach einer wirtschaftlichen Betrachtung Näheverhältnis sein kann und was nicht, soll eine fallgruppenorientierte Darstellung aufzeigen.

aa) Zuwendungen an Hintermänner

Von großer wirtschaftlicher Bedeutung sind rechtliche Konstruktionen, in denen ein Hintermann über einen vorgeschobenen Gesellschafter (hier: Kommanditist) mittelbar Gesellschafterrechte wahrnimmt. Solch eine rechtliche Konstruktion kann die Treuhand, Unterbeteiligung oder auch der Nießbrauch am Kommanditanteil sein.

Diesen hier interessierenden vertraglichen Konstruktionen ist gemein, daß formal nur der Kommanditist eine Gesellschafterstellung innehat, nicht dagegen der mittelbar Beteiligte, d. h. Treugeber, Unterbeteiligter, Nießbraucher[52]. Trotzdem ist es möglich, dem Hintermann über den Vertrag zwischen ihm und dem Kommanditisten mittelbar umfassende Befugnisse aus der Gesellschafterstellung des Kommanditisten zukommen zu lassen, so daß er wirtschaftlich gesehen zum eigentlichen Inhaber der Kommanditistenstellung wird. Da formal nur der „Vordermann" Kommanditist ist, kommt eine unmittelbare Außenhaftung grds. nicht in Betracht [53]. Somit kann eine Leistung der KG an den Hintermann als Dritten nicht zu einer Haftung des Hintermannes aus § 172 IV 1 HGB führen. Hier geht es ausschließlich um die Frage, ob die Leistung der Gesellschaft an den Hintermann zu einem Wiederaufleben der Haftung des Kommanditisten nach § 172 IV 1 HGB führt.

(1) Treuhand

Die aufgeworfene Frage soll zunächst anhand der Rechtsfigur der Treuhand untersucht werden. Es ist zu überlegen, ob eine Zuwendung der KG an den Treugeber als Einlagerückgewähr an den Treuhänder (Kommanditisten) zu bewerten ist.

Dabei ist zunächst vorauszuschicken, daß es „die" Treuhand eigentlich nicht gibt, sondern nur ihre einzelnen unterschiedlichen Erscheinungsformen, als da wären Sicherungstreuhand (z.B.Sicherungsübereignung als Kreditsicherung für den Treuhänder), Vollmachtstreuhand (eine gewöhliche Vollmachtskonstruktion), Ermächtigungstreuhand und die fiduziarische Vollrechtstreuhand[54].

Bei Gesellschaftsverhältnissen fast ausschließlich anzutreffen[55] und daher auch hier einzig im Mittelpunkt des Interesses, ist die fiduziarische Vollrechtstreuhand. Bei dieser Treuhandform wird die gesamte Gesellschafterstellung für den Treugeber durch den Treuhänder ausgeübt, d.h. der Treuhänder ist Gesellschafter (siehe oben).

---

[52] So zumindest die ganz h.M.: BGHZ 76, 127 (130); 93, 246 (247); *Blaurock*, (Unterbeteiligung und Treuhand), S. 214 f.; *Krenzel*, (Treuhand) S. 120 f.; Schlegelberger (5) - *K. Schmidt*, vor § 335 Rdnr. 3 ff., 30, 90; GK (4) - *Ulmer*, § 105 Rdnr. 102, 109, 114.

[53] *Blaurock*, (Unterbeteiligung und Treuhand), S. 213 ff.; *Krenzel*, (Treuhand), S. 120 f.; *Finger*, DB 1977, 1033 (1039); Staudinger-*Promberger*, Anh. zu §§ 1068, 1069 Rdnr. 82; *Teichmann*, ZGR 1972, 1 (14)
a. A. für die offene Treuhand: GK(4)-*Ulmer*, § 105 Rdnr. 102; § 106 Rdnr. 17
a. A. für den Nießbrauch: *Flume*, (PG), § 17 VI (S. 366); ihm folgend wohl GK (4) - *Ulmer*, § 105 Rdnr. 128.

[54] Vgl. dazu den Überblick bei Schlegelberger (5) - *K. Schmidt*, vor § 335 Rdnr. 30.

[55] So GK (4) - *Ulmer*, § 105 Rdnr. 101.

Dazu folgender *Beispielsfall 20*:

K ist Kommanditist bei der A-KG mit Einlage und eingetragener Haftsumme von 10.000,- Er hält den Kommanditanteil über einen Treuhandvertrag für den Treugeber T. Der Treuhandvertrag sieht unter anderem vor, daß T den K von sämtlichen Ansprüchen freistellt, die Gesellschaftsgläubiger gegen ihn geltend machen, sowie, daß K alles, was er aus der Gesellschafterstellung erlangt, an T weitergibt.

Die Frage ist nun, ob eine Zahlung der KG an T zu einem Wiederaufleben der Haftung bei K führt.

Eine Leistung der KG an den Treugeber kann dann Einlagerückgewähr an den Treuhandkommanditisten sein, wenn der Treuhandvertrag bei der fiduziarischen Vollrechtstreuhand ein taugliches Zurechnungskriterium im beschriebenen Sinne ist. Das kann sich wie oben schon aus dem Schutzzweck des § 172 IV 1 HGB ergeben. Danach kann eine Einlagerückgewähr an den Kommanditisten dann angenommen werden, wenn die Leistung an den Dritten zu demselben (oder einem sehr ähnlichen) wirtschaftlichen Ergebnis führt wie eine Vermögensbewegung von der Gesellschaft direkt an den Kommanditisten. Dann liegt die Situation des § 172 IV 1 HGB vor, und sein Schutzzweck kann voll eingreifen.

Im folgenden soll daher das wirtschaftliche Ergebnis einer Einlagerückgewähr direkt an den Treuhandkommanditisten mit dem einer Leistung der KG an den Treugeber verglichen werden.

Eine direkte Rückgewähr der Einlage an den Kommanditisten führt selbstverständlich zu einem Wiederaufleben (nur) seiner Haftung aus § 172 IV 1 HGB. Regelmäßig sind aber die Verträge bei der fiduziarischen Vollrechtstreuhand so ausgestaltet, daß der Treuhandkommanditist gegen den Treugeber einen Anspruch auf Freistellung von der Haftung hat[56] bzw. auf Ersatz dessen, was er als Gesellschaftsgläubiger aufgrund seiner Haftung nach § 172 IV 1 HGB bezahlt hat[57]. D.h. mittelbar trifft die Haftung den Treugeber, was aber eine direkte Inanspruchnahme des Treugebers durch Gesellschaftsgläubiger ausschließen muß (siehe oben). Eine solche mittelbare Haftung des Treugebers würde auch bei der hier zu erörternden Anwendung des § 172 IV 1 HGB bei Leistung der KG an den Treugeber eintreten. Der Freistellungsanspruch würde für eine Entlastung des Treuhandkommanditisten sorgen.

Im Zwischenergebnis wären also die Haftungsfolgen bei direkter Einlagerückgewähr an den Treuhandkommanditisten und bei Leistung der KG an den Treu-

---

[56] BGHZ 76, 127 (130 f.); Schlegelberger (5) - *K. Schmidt*, vor § 335 Rdnr. 53; GK (4) - *Ulmer*, § 105 Rdnr. 105.

[57] Aus §§ 675, 670 BGB: vgl. BGHZ 76, 127 (1. Leits.); BGHZ 93, 246 (248); *Beuthien*, ZGR 1974, 48 f.; *Kümmerlein*, S. 152 f.; Schlegelberger (5) - *K. Schmidt*, vor § 335 Rdnr. 53; GK (4) - *Ulmer*, § 105 Rdnr. 105.

geber die gleichen. In beiden Fällen würde der Kommanditist unmittelbar haften, der Treugeber mittelbar. Damit bleibt noch das Schicksal des Betrages der Einlage zu erörtern. Bei unmittelbarer Rückgewähr der Einlage an den Kommanditisten erhielte dieser zunächst den Betrag der Einlage, doch ist der Kommanditist durch den Treuhandvertrag regelmäßig verpflichtet, diesen Betrag an den Treugeber herauszugeben (§ 667 BGB)[58]. Damit ist der Betrag der Einlage im Ergebnis beim Treugeber. Das ist beim hier zu untersuchenden Fall der Leistung der KG direkt an den Treugeber von Anfang an der Fall[59], d. h. auch hier gleichen sich die wirtschaftlichen Ergebnisse.

Damit bleibt noch zu erörtern, ob diese rein wirtschaftliche Betrachtungsweise, die die Interessen der Gesellschaftsgläubiger wahrt, auch mit den Interessen des Treuhandkommanditisten zu vereinbaren ist. Mit anderen Worten: Ist dem Kommanditisten eine Haftung nach § 172 IV 1 HGB für eine Einlagerückgewähr an den Treugeber zumutbar?

Das kann nach dem oben Ausgeführten zunächst sofort bejaht werden, da der Freistellungsanspruch des Kommanditisten gegen den Treugeber einen Ausgleich für die erneute Außenhaftung nach § 172 IV 1 HGB darstellen kann. Problematisch ist dabei jedoch das Insolvenzrisiko bzgl. des Treugebers, das der Kommanditist trägt. Wenn nämlich der Treugeber insolvent ist, bleibt der Kommanditist auf seiner Haftung sitzen, ohne den Betrag der Einlage erhalten zu haben. Dagegen läßt sich wiederum zu Recht einwenden, daß der Treuhandkommanditist ohnehin das Insolvenzrisiko bzgl. des Treugebers trägt. Dieses Risiko ist von vorneherein in der rechtlichen Konstruktion der Treuhand angelegt und wird vom Kommanditisten bewußt bei Vertragsschluß in Kauf genommen. Das spricht für die Zumutbarkeit einer direkten Außenhaftung des Kommanditisten bei Einlagerückgewähr an den Treugeber. Im Gegensatz zu dem oben geschilderten „Normalfall“ der Einlagerückgewähr (d. h. Auszahlung an den Kommanditisten) bringt die hier zu untersuchende Fallkonstellation aber den Nachteil für den Kommanditisten mit sich, daß dieser zur Erlangung der Freistellung gegen den Treugeber nicht mehr das Druckmittel der Herausgabe des Einlagebetrags hat (Zug um Zug nach § 273 I BGB). Diese Tatsache allein führt aber nicht zu einer Unzumutbarkeit der Haftung des Treuhandkommanditisten nach § 172 IV 1 HGB bei Einlagerückgewähr an den Treugeber, da die Realisierung des Freistellungsanspruchs eine Angelegenheit zwischen Kommanditist und Treugeber ist, die die Gesellschaftsgläubiger nicht betreffen darf. Vielmehr bleibt es dabei, daß der Kommanditistdurch bei Abschluß des Treuhandvertrages bewußt das Insolvenzrisiko bzgl. des Treugebers eingeht. Damit verstößt eine Haftung des Treuhandkommanditisten gem. § 172 IV 1 HGB hier nicht gegen die Intersessen des Kommanditisten.

---

[58] BGHZ 93, 246 (248 f.).

[59] So mit ähnlicher Argumentation für die GmbH, *Fleck*, (FS GmbH), S. 410.

Das führt zu einem letzten Kriterium, das für die Zurechnung der Einlagerückgewähr an den Treuhandkommanditisten erforderlich sein kann; hier ist zu überlegen, ob die Zurechnung der Vermögensbewegung an den Treugeber auf den Kommanditisten an ein subjektives Element, d.h. Kenntnis oder Kennenmüssen auf seiten des Kommanditisten, zu knüpfen ist. Dafür spricht, daß der Treuhandkommanditist anders als der Kommanditist oben a) nicht jederzeit damit rechnen muß, daß dem Treugeber der Einlagebetrag zurückgewährt wird, da darin eine eher atypische Fallgestaltung liegt. Deshalb kann eine Zurechnung der Vermögensbewegung auf den Kommanditisten nur dann erfolgen, wenn dieser weiß, daß die KG an den Treugeber geleistet hat oder wenn ein solcher Vorgang aus den Umständen für ihn einfach zu entnehmen war. Letzteres wird aber regelmäßig nicht der Fall sein, da die Einlagerückgewähr an den Treugeber ein eher ungewöhnlicher Vorgang ist. Eine Haftung des Kommanditisten nach § 172 IV 1 HGB kann unter diesen Umständen erst ab dem Zeitpunkt seiner Kenntnis bzw. seines Kennenmüssens eintreten.

Diese Überlegungen rechtfertigen es, die Leistung der KG an den Treugeber unter den oben genannten Voraussetzungen genauso zu behandeln wie die direkte Rückgewähr der Kommanditeinlage an den Treuhandkommanditisten[60]. Damit kann in diesem Fall von einer Einlagerückgewähr an den Kommanditisten nach § 172 IV 1 HGB ausgegangen werden. Der Treuhandvertrag stellt im Ergebnis ein geeignetes Zurechnungskriterium für die Einordnung der Leistung der KG an den Treugeber als Einlagerückgewähr an den Kommanditisten dar. In *Beispielsfall 20* führt die Auszahlung von 10.000,- an T zu einer Haftung des K nach § 172 IV 1 HGB in Höhe von 10.000,-.

(2) Unterbeteiligung

In der Nähe der Treuhand ist die Rechtsfigur der Unterbeteiligung angesiedelt. Hier schließt ein Unterbeteiligter (Dritter) einen Vertrag über eine BGB-Innengesellschaft (oder stille Gesellschaft) mit einem Hauptbeteiligten (hier: Kommanditist) und wird lediglich schuldrechtlich (z.B. durch Gewinn) an dem fremden Gesellschaftsanteil beteiligt[61]. Im Unterschied zur Treuhand wird der Unterbeteiligte gerade nicht Gesellschafter, und der Hauptbeteiligte nimmt nicht fremde Interessen des Unterbeteiligten wahr (dann: Geschäftsbesorgungsvertrag), sondern beide verfolgen einen gemeinsamen Zweck[62].

Für die hier zu bearbeitende Fragestellung ist zu überlegen, ob die Zahlung des Einlagebetrages an den Unterbeteiligten als Einlagerückgewähr an den Hauptbe-

---

[60] So wohl auch BGH NJW 1976, 751 (752); OLG Celle ZIP 1985, 100 (104); *Canaris*, (FS Fischer), S. 57, 40; GK (3) - *Schilling*, § 172 Anm. 29.

[61] Vgl. Schlegelberger (5) - *K. Schmidt*, § 335 Rdnr. 182 f.; GK (4) - *Ulmer*, § 105 Rdnr. 111.

[62] Schlegelberger (5) - *K. Schmidt*, § 335 Rdnr. 201; GK (4) - *Ulmer*, § 105 Rdnr. 110.

teiligten gesehen werden kann. Wieder stellt sich die Frage nach einem Zurechnungskriterium für § 172 IV 1 HGB. Es ist zu untersuchen, ob der Unterbeteiligungsvertrag ein taugliches Zurechnugnskriterium im oben erörterten Sinne sein kann.

Das liegt wegen der Verwandtschaft der Unterbeteiligung zur Treuhand nahe, doch fällt die rechtliche Bewertung ganz anders aus als oben bei der Treuhand. Trotzdem kann im Ergebnis für den Regelfall der Unterbeteiligung deren Tauglichkeit als Zurechnungskriterium nach § 172 IV 1 HGB bejaht werden. Anders als bei der Treuhand führt die Leistung der KG an den Dritten nicht zu einem wirtschaftlichen Ergebnis, das aufgrund des Vertrages zwischen Kommanditist und Drittem ohnehin eintreten würde. Bei der Unterbeteiligung ist es gerade nicht so, daß Einlagebetrag und Haftung letztlich beim Dritten (Treugeber/Unterbeteiligter) sein sollen. Der Unterbeteiligte ist nicht wie der Treugeber in wirtschaftlicher Hinsicht der Inhaber der Gesellschafterstellung. Das bleibt der Hauptbeteiligte (Kommanditist)[63]. Dann trifft im Innenverhältnis auch diesen Hauptbeteiligten die Haftung gegenüber Gesellschaftsgläubigern genauso wie der Betrag der Einlage regelmäßig ihm zustehen wird[64]. Der Unterbeteiligte wird bei Erhalt der Leistung der KG grundsätzlich dazu verpflichtet sein, diesen an den Hauptbeteiligten (Kommanditisten) herauszugeben. So leuchtet ein, daß die Leistung der KG an den Unterbeteiligten, wirtschaftlich gesehen, noch nicht zum Endergebnis des Gesamtvorgangs führt. Hierin unterscheidet sich die Unterbeteiligung von der Treuhand.

Der Unterbeteiligte wird in der Regel den Betrag der Einlage an den Kommanditisten weiterleiten müssen. Das ist die Situation der mittelbaren Einlagerückgewähr, wie sie oben a) besprochen wurde[65]. Die Leistung der KG an den Unterbeteiligten ist Einlagerückgewähr nach § 172 IV 1 HGB, wenn der Dritte es in seinem Vertrag mit dem hauptbeteiligten Kommanditisten übernimmt, die Einlage weiterzuleiten. Gegenüber oben a) wird man aber in subjektiver Hinsicht eine Einschränkung machen müssen. Entsprechend zur Treuhand stellt die Unterbeteiligung ein geeignetes Zurechnungskriterium nur dar, wenn der Kommanditist die Vermögensbewegung von der KG an den Kommanditisten kennt oder kennen muß. Dies aus dem Grunde, da die Einlagerückgewähr an den Kommanditisten eine eher untypische Fallgestaltung ist, mit der der Kommanditist nicht zu rechnen braucht. Insoweit gilt das oben zur Treuhand Gesagte entsprechend. Unter diesen Voraussetzungen stellt der Unterbeteiligungsvertrag ein geeignetes Zurechnungs-

---

[63] Vgl. Schlegelberger (5) - *K. Schmidt*, § 335 Rdnr. 201; (anders lediglich bei einer Unterbeteiligung mit eher treuhänderischen Elementen, vgl. zu dieser Problematik Schlegelberger (5) - *K. Schmidt*, § 335 Rdnr. 201, 231; GK (4) - *Ulmer*, § 105 Rdnr. 106.

[64] Schlegelberger (5) - *K. Schmidt*, § 335 Rdnr. 231, 217; trotzdem wird der Anteil, wirtschaftlich gesehen, aufgeteilt.

[65] Vgl. insb. BGHZ 47, 149 ff.

kriterium dar, das es rechtfertigt, in der Leistung der KG an den Unterbeteiligten eine Einlagerückgewähr an den Kommanditisten nach § 172 IV 1 HGB zu sehen. Allerdings ist die Unterbeteiligung eher der Fallgruppe der mittelbaren Einlagerückgewähr zuzuordnen, was aber das rechtliche Ergebnis nicht ändert.

(3) Nießbrauch am Kommanditanteil

Als eine weitere Form mittelbarer Beteiligung an einer KG ist der Nießbrauch am Kommanditanteil in die vorliegende Untersuchung einzubeziehen. Für den hier angesprochenen Fragenkreis ist zu erörtern, ob eine Leistung der KG an den Nießbraucher des Kommanditanteils als Einlagerückgewähr an den Kommanditisten angesehen werden kann. Diesmal fragt sich, ob das Nießbrauchsverhältnis zwischen dem Kommanditisten als Nießbrauchsbesteller und dem Nießbraucher als Zurechnungskriterium für eine Einlagerückgewähr an den Kommanditisten taugt.

Obwohl das Nießbrauchsverhältnis unter der hier zu bearbeitenden Fragestellung letztlich ähnlich wie die Unterbeteiligung zu sehen ist, also ein taugliches Kriterium für § 172 IV 1 HGB darstellt, vollzieht sich die rechtliche Beurteilung wesentlich komplizierter als bei Treuhand und Unterbeteiligung. Das liegt vor allem daran, daß die Zulässigkeit eines Nießbrauchs am Gesellschaftsanteil an sich umstritten ist[66]. Mit der neureren hL soll hier von der Zulässigkeit des Nießbrauchs am Gesellschaftsanteil als solchem ausgegangen werden[67]. Das führt dazu, daß Nießbrauchsbesteller und Nießbraucher in einer Art Rechtsgemeinschaft am Anteil stehen, bei der, vereinfacht gesehen, dem Nießbraucher die Erträge am Gesellschaftsanteil (Gewinn) und die damit zusammenhängenden Verwaltungsrechte zustehen, während dem Gesellschafter die Substanz des Anteils (d.h.z.B. Stimmrecht) nach wie vor gebührt[68]. Für den Nießbrauch am Kommanditanteil heißt das, daß Haftung und Einlage (d.h.auch letztlich der Liquidationsanspruch) ausschließlich dem Kommanditisten als Nießbrauchsbesteller zustehen[69].

---

[66] a) die Vertreter der älteren Literaturauffassung halten die Aufspaltung der Gesellschafterstellung auf Gesellschafter und Nießbraucher wegen des gesellschaftsrechtlichen Abspaltungsverbotes für unzulässig und wollen deshalb den Nießbrauchs nur in Form der Vollrechtsübertragung zulassen: *Hueck*, (OHG), § 27 II 8 (S. 401); MüKo-*Petzold*, § 1068 Rdnr. 14; Erman-*Ronke*, § 1069 Rdnr. 5; Soergel-*Stürner*, § 1068 Rdnr. 7 f.

b) nach herrschender neuerer Auffassung ist der Nießbrauch am Gesellschaftsanteil als beschränkt dingliches Recht zulässig: BGHZ 58, 316; *Baumbach/Duden/Hopt*, § 124 Anm. 2D; *Blaurock*, (Unterbeteiligung und Treuhand), S. 137; *Flume*, (PG), § 17 VI (S. 360 f.); *ders.*, (FS Larenz), S. 785 f. ; *Huber*, (Vermögensanteil), S. 415; Staudinger-*Promberger*, Anh. zu §§ 1068, 69 Rdnr. 58 ff.; Schlegelberger (5) - *K. Schmidt*, vor § 335 Rdnr. 9; *Teichmann*, ZGR 1972, 1 (6); GK (3) - *Ulmer*, § 139 Anm. 93; *Westermann I*, Rdnr. 335; *Wiedemann*, (Übertragung), S. 399 f.

[67] Vgl. die in Fn. 66 b) Genannten.

[68] Vgl. *Baumbach/Duden/Hopt*, § 124 Anm. 2D; MüHdbuch-*Rodin*, KG § 38 Rdnr. 52 ff.

[69] Vgl. MüHdbuch-*Rodin*, KG § 30 Rdnr. 55 f., 59 f.

Wenn also der Nießbraucher als Dritter von der KG den Betrag der Einlage erhält, wird er vertraglich regelmäßig verpflichtet sein, diesen Betrag an den Kommanditisten weiterzuleiten. Dann entsteht dieselbe Situation wie bei der Unterbeteiligung. Die Verpflichtung zur Weiterleitung des Betrages stellt ein taugliches Zurechnungskriterium dar[70], wobei man auch hier die gleichen subjektiven Voraussetzungen beim Kommanditisten wie bei der Unterbeteiligung verlangen muß. Es handelt sich dann ebenfalls um einen Fall der mittelbaren Einlagerückgewähr.

(4) Zwischenergebnis

Im Ergebnis bedeutet das, daß jede der gängigen Formen mittelbarer Beteiligung zur Zurechnung einer Leistung der KG an den mittelbar Beteiligten auf den Kommanditisten als Einlagerückgewähr nach § 172 IV 1 HGB führt. Eine Vermögensbewegung im Betrag der Kommanditeinlage von der Gesellschaft an den mittelbar Beteiligten ist Einlagerückgewähr an den Kommanditisten nach § 172 IV 1 HGB.

bb) Leistungen an Verwandte

In der Literatur wird von *Canaris* vorgeschlagen, Leistungen der KG an Verwandte des Kommanditisten (d.h. dort Ehegatten und minderjährige Kinder) als Einlagerückgewähr an den Kommanditisten nach § 172 IV 1 HGB anzusehen[71], wenn ein Zusammenhang zwischen der Zuwendung und dem Verwandtschaftsverhältnis zu dem Kommanditisten besteht[72].

Canaris leitet das aus den Vorschriften der §§ 89 III, 115 II AktG her, die die mißbräuchliche Kreditgewährung an Verwandte eines Vorstands- oder Aufsichtsratsmitgliedes verhindern wollen (vgl. dazu jeweils den Rückgewähranspruch der AG aus §§ 89 V, 115 IV AktG)[73]. Er hält die betreffenden Tatbestände für gesetzliche Typisierungen eines Umgehungstatbestandes, die verallgemeinerungsfähig seien[74]. Daraus schließt er, daß Zuwendungen seitens der Gesellschaft an Ehegatten und minderjährige Kinder allgemein nach § 57 AktG nichtig seien (bei der AG)[75] bzw. nach § 172 IV 1 HGB zum Wiederaufleben der Kommanditistenhaftung führen müßten[76]. Dies lasse sich mit einer faktischen Begün-

---

[70] So für die GmbH *Fleck*, (FS GmbH), S. 408.

[71] (FS Fischer), S. 57, 38 ff.

[72] (FS Fischer), S. 57, 38; vgl. hierzu auch *Fleck*, (FS GmbH), S. 402 für die GmbH.

[73] (FS Fischer), S. 57, 38.

[74] *Canaris*, (FS Fischer), S. 57, 38; vgl. BGHZ 81, 368 ff, für die GmbH.

[75] *Canaris*, (FS Fischer) S. 38.

[76] *Canaris*, (FS Fischer), S. 57.

stigung des Gesellschafters begründen, der ja Ehegatten bzw. minderjährigen Kindern zum Unterhalt verpflichtet ist[77].

Canaris' Argumentation läßt sich in die hier befürwortete weite Auslegung des § 172 IV 1 HGB und dem damit bezweckten Gläubigerschutz gut einordnen. Sicher muß ein umfassender Gläubigerschutz durch § 172 IV 1 HGB möglichst viele Umgehungstatbestände erfassen, und es ist dabei eine Hilfe, wenn solche Umgehungstatbestände, wie in §§ 89 III, 115 II AktG, typisiert sind.

Einziges Problem bei der Übertragung des Rechtsgedankens der §§ 89 III, 115 II AktG ist die Analogiefähigkeit dieser Vorschriften. Können die aktienrechtlichen Bestimmungen entsprechend auf die KG angewandt werden? Können §§ 89 III, 115 II AktG ein taugliches Zurechnungskriterium sein für Leistungen der KG an Ehegatten oder minderjährige Kinder des Kommanditisten?

Für die grundsätzliche Möglichkeit einer Analogiebildung im KG-Recht mit Vorschriften aus dem AktG spricht die spürbare Tendenz, allgemein im Personengesellschaftsrecht (und dabei besonders im Recht der Kommanditgesellschaft) zunehmend kapitalgesellschaftliche Normen und Rechtsgedanken heranzuziehen. Das liegt nicht zuletzt daran, daß insbesondere die KG immer häufiger kapitalistisch ausgestaltet ist (vgl. z.B. die Publikums-KG). Diese Tendenz stellt selbstverständlich ein vages Kriterium dar, doch kann sie eventuell den Nährboden bereiten für Analogien im oben besprochenen Sinne.

Aus §§ 89 III, 115 II AktG läßt sich der allgemeine Rechtsgedanke ableiten, daß die Zuwendung eines Vorteils seitens einer Gesellschaft an einen Verwandten mittelbar auch zu einem Vorteil des Gesellschafters oder einer anderen Person führt, die den Vorteil nicht (oder nur unter besonderen Voraussetzungen) erhalten darf. Diese Kriterium des mittelbaren Vorteils ist auch auf die vorliegende Fallgestaltung übertragbar. Eine Einlagerückgewähr an einen nahen Verwandten des Kommanditisten führt auch für diesen mittelbar zu einem Vorteil, indem ihm z. B. der Unterhalt gegenüber diesen Personen erleichtert wird.

Insofern also existiert ein vergleichbarer Tatbestand, der die Übertragung der §§ 89 III, 115 II AktG auf die KG rechtfertigt. Damit wird auch insoweit ein geeignetes Zurechnungskriterium geschaffen. Zuwendungen der KG an Ehegatten oder minderjährige Kinder sind analog §§ 89 III, 115 II AktG bei Zusammenhang zwischen Zuwendung und Verwandtschaftsverhältnis eine Einlagerückgewähr an den Kommanditisten. Auch hier wird man § 172 IV 1 HGB aber nur bei Kenntnis oder Kennenmüssen des Kommanditisten von der Vermögensbewegung an den Verwandten anwenden können. Der Ansicht *Canaris'* wird insgesamt zugestimmt.

---

[77] *Canaris*, (FS Fischer), S. 57, 38.

cc) Leistungen an verbundene Unternehmen

Auch die Leistung der KG an eine Gesellschaft, an der der Kommanditist maßgeblich beteiligt ist, kann eine Einlagerückgewähr nach § 172 IV 1 HGB sein. Es leuchtet ohne weiteres ein, daß beispielsweise eine Zuwendung der KG an eine GmbH, deren alleiniger Gesellschafter der Kommanditist ist, eine Einlagerückgewähr an den Kommanditisten sein muß, da der Kommanditist mit dieser GmbH wirtschaftlich völlig identisch ist[78]. Die Leistung an die zwischengeschaltete Gesellschaft führt zu einer unmittelbaren Mehrung ihres Vermögens und damit zu einer entsprechenden Vergrößerung des Vermögens des Kommanditisten, der alleiniger Gesellschafter der GmbH ist. Sein Kapitalanteil (und damit sein Vermögen) erhöht sich durch die Zuwendung aus der KG.

Hier ist die Beziehung zwischen Kommanditist und der von ihm abhängigen Gesellschaft durch seine 100 %-ige Beteiligung unmittelbar. An der Tauglichkeit der Abhängigkeitsbeziehung zwischen Kommanditist und der abhängigen Gesellschaft als Zurechnungskriterium für eine Einlagerückgewähr an den Kommanditisten können keine Zweifel bestehen[79].

Problematischer ist die Annahme einer Einlagerückgewähr an den Kommmanditisten, wenn die Gesellschaft, an die die Zuwendung erfolgt, nicht zu 100 % aus Vermögensanteilen des Kommanditisten besteht. Das wird bei einer zwischengeschalteten Personengesellschaft regelmäßig der Fall sein, da diese ja aus mindestens zwei Gesellschaftern bestehen muß, von denen jeder in der Regel auch einen Vermögenanteil hält. Hier wirkt sich eine Mehrung des Vermögens der zwischengeschalteten Gesellschaft nicht ganz so unmittelbar auf den Kommanditisten aus, sondern nur insoweit, als der Kommanditist an ihr vermögensmäßig beteiligt ist (Bsp.: Die KG leistet 10.000,- an eine oHG, an der der Kommanditist zu 70 % beteiligt ist. Eine Mehrung des Kommanditistenvermögens tritt nur in entsprechender Höhe des Anteils des Kommanditisten ein, d. h. hier zunächst 70 % der 10.000,-, also 7.000,-, wobei in die Berechnung des neuen Anteilswerts noch weitere Faktoren einzubeziehen sind).

Die Rechtsprechung hat es hier für eine Einlagerückgewähr an den Aktionär einer AG iSv § 57 AktG genügen lassen, daß der Aktionär eine wesentliche Beteiligung an der zwischengeschalteten Gesellschaft innehatte[80]. Hiergegen wurde zu Recht eingewandt, die Anwendung des § 57 AktG bei lediglich wesentlicher

---

[78] So auch für die GmbH, *Fleck*, (FS GmbH), S. 404, diese Fallkonstellation ist auch bei einer AG denkbar. Zwar müssen der Gründung der AG mindestens 5 Personen beteiligt sein (§ 2 AktG), doch können die anderen Gesellschafter jederzeit ihre Anteile auf einen einzigen Gesellschafter übertragen, so daß damit eine 1-Mann-AG vorliegt.

[79] Vgl. *Canaris*, (FS Fischer), S. 57, 41 ff.

[80] BGH WM 1957, 61; dazu *Canaris*, (FS Fischer), S. 42 f.

Beteiligung sei gegenüber den anderen Gesellschaftern der zwischengeschalteten Gesellschaft nicht gerechtfertigt, da auch sie die Nichtigkeitsfolge des § 57 AktG iVm § 134 BGB treffe, obwohl sie in keiner Verbindung zur AG ständen[81]. Dieses Problem kann aber nur bei der AG entstehen, da § 57 AktG eine unberechtigte Zuwendung mit Nichtigkeit sanktioniert, die notwendig auch Nicht-Aktionäre der zwischengeschalteten Gesellschaft trifft[82].

Bei der KG ist die Rechtslage einfacher, da § 172 IV 1 HGB anders wirkt als § 57 AktG. § 172 IV 1 HGB ordnet zum einen keine Unwirksamkeit des Vollzuggeschäftes zwischen KG und zwischengeschalteter Gesellschaft an (wie er auch sonst nie rechtliche Unwirksamkeit als Sanktion anordnet), und zum anderen können die Rechtsfolgen des § 172 IV 1 HGB (Außenhaftung) immer nur den Kommanditisten, nie dagegen einen Nicht-Kommanditisten in der zwischengeschalteten Gesellschaft treffen[83].

Bei der KG ist daher für das Eingreifen des § 172 IV 1 HGB uninteressant, wie groß der Einfluß des Kommanditisten in der zwischengeschaltete Gesellschaft ist (ob 10% oder 90%), wenn der Kommanditist nur überhaupt vermögensmäßig an der Zwischengesellschaft beteiligt ist. Dann liegt eine Einlagerückgewähr entsprechend der vermögensmäßigen Beteiligung vor, wobei der neue Anteilswert an der zwischengeschalteten Gesellschaft (und damit das genaue Maß der Einlagerückgewähr) für den Kommanditisten von weiteren Faktoren (d.h. variabler Marktwert des Anteils etc.) abhängt. Auf den Grad der „Abhängigkeit" der Zwischengesellschaft (d.h. deren konzernrechtliche Bindung) kommt es dabei nicht an.

Um dem Kommanditisten aber keine Haftung aufzuzwingen, wird man auch bei der Leistung an verbundene Unternehmen für eine Zurechnung auf den Kommanditisten verlangen müssen, daß dieser die Vermögensbewegung von der KG an die zwischengeschaltete Gesellschaft kennt oder kennen muß. Sonst bestünde für den Kommanditisten die Gefahr, für die Vermögensbewegung an eine Gesellschaft zu haften, obwohl er (z. B. wegen seines geringen Einflusses) keinen Einblick in deren Vermögensverhältnisse hat.

Eine Zuwendung der KG an eine Gesellschaft, an der ein Kommanditist beteiligt ist, ist unter diesen Voraussetzungen Einlagerückgewähr nach § 172 IV 1 HGB.

---

[81] *Canaris*, (FS Fischer), S. 42 f.

[82] Für die GmbH BGHZ 81, 311, 315 f.; 81, 365, 368.

[83] Vgl. *Canaris*, (FS Fischer), S. 57 f. zur unterschiedlichen Funktionsweise von § 172 IV 1 HGB und § 57 AktG.

c) Ergebnis

Auch die Leistung der KG an einen Dritten kann Einlagerückgewähr an den Kommanditisten nach § 172 IV 1 HGB sein, wenn sich der Kommanditist die tatsächliche Minderung des Gesellschaftsvermögens zugunsten des Dritten zurechnen lassen muß. Das ist insbesondere dann der Fall, wenn zwischen dem Dritten und dem Kommanditisten eine Rechtsbeziehung besteht, kraft derer es der Dritte übernimmt, den Betrag der Einlage an den Kommanditisten weiterzuleiten. Dann liegt eine mittelbare Einlagerückgewähr mit unmittelbarem Vorteil für den Kommanditisten vor.

Das zeigt, daß sich der Tatbestand der Einlagerückgewähr in Dreipersonenverhältnissen nicht allein durch das tatsächliche Element der Verminderung des KG-Vermögens fassen läßt, sondern, daß dieses faktische Moment eines zusätzlichen normativen Kriteriums bedarf, das der Minderung des Vermögens zugunsten des Kommanditisten. Eine solche findet bei direkt nur erkennbarer Vermögensbewegung zwischen KG und Drittem statt, wenn ein Zurechnungskriterium besteht, das diese Leistung dem Kommanditisten zuordnet.

Das ist bei Vermögensbewegungen mit unmittelbarem Vorteil für den Kommanditisten einfach, weil mit der Übernahme der Weiterleitung des Einlagebetrages durch den Dritten ein einfaches und scharfes Zurechnungskriterium vorliegt.

Dementsprechend gestaltet sich die Rechtslage bei Zuwendungen an Dritte mit nur mittelbarem Vorteil für den Kommanditisten schwieriger. Das liegt daran, daß der Begriff des mittelbaren Vorteils wesentlich weiter ist als der des unmittelbaren. Hier fehlt ein einheitliches Zurechnungskriterium. Eine Orientierung kann nur mit der Hilfe der Bildung von Fallgruppen erfolgen. Unter diesen werden in den Fallgruppen mittelbare Beteiligung, Verwandtschaft und abhängige Unternehmen taugliche Zurechnungskriterien für § 172 IV 1 HGB herausgearbeitet. Auch hier stellt schon die Zuwendung der KG an den Dritten eine Einlagerückgewähr an den Kommanditisten dar.

Dabei bleibt anzumerken, daß einer Fallgruppenbildung natürlich Unvollständigkeit anhaftet, d. h. die hier genannten Fallgruppen nicht abschließend sind.

d) Vermögensbewegungen mit scheinbar nur mittelbarem Vorteil für den Kommanditisten

Die bisherige Untersuchnung zahlreicher Fallgestaltungen, in denen eine Vermögensbewegung zwischen KG und einem Dritten eine Einlagerückgewähr nach § 172 IV 1 HGB darstellt, hat eine Fallgruppe unter Beteiligung von Drittvermögen außer Betracht gelassen, deren Einordnung Schwierigkeiten bereitet.

Es sind dies ebenfalls Vermögensbewegungen zwischen der Gesellschaft und einem Dritten (z.B: Grundschuldbestellung an einem Grundstück der KG zugunsten eines Dritten[84] oder Bestellung eines Pfandrechts jeweils zur Sicherung einer Schuld des Kommanditisten gegenüber diesem Dritten, Begleichung einer Schuld des Kommanditisten gegenüber einem Dritten durch die KG, Aufnahme eines Kredits von einem Dritten für eine Schuld des Kommanditisten[85]), die aber letztlich dem Kommanditisten zugute kommen. Das läßt sich am Beispiel der Tilgung von Kommanditistenschulden zeigen: Wenn die KG die Schuld eines Kommanditisten gegenüber einem Dritten tilgt, dann findet das Vollzugsgeschäft zwischen KG und Drittem statt (z.B. Übereignung von Geld nach § 929,1 BGB oder Einräumung eines abstrakten Schuldverprechens §§ 780, 781 BGB (Überweisung)). Insofern liegt hier eine Vermögensbewegung vor. Gleichzeitig beinhaltet der Vorgang eine Zuwendung der KG an den Kommanditisten z.B. aufgrund einer Schenkung, einer Kreditabrede o.ä.. Das ist eine unmittelbare Einlagerückgewähr an den Kommanditsiten, da das KG-Vermögen ohne Gegenleistung des Kommanditisten vermindert wird (vgl. dazu schon oben III. 1.). Es handelt sich hier also in Wirklichkeit um Fälle unmittelbarer Einlagerückgewähr nach § 172 IV 1 HGB, die nur durch die Abwicklung des Vollzugsgeschäftes zwischen KG und Drittem nicht sofort als solche erkennbar sind. Diese Fallgruppe gehört eigentlich nicht hierher.

3. Direkte Vermögensbewegungen von der KG an Kommanditisten für Rechnung eines Dritten

Bisher interessierten Fälle, in denen ein Kommanditist auf indirektem Wege etwas von der KG erlangte: Leistungen eines Dritten oder Leistungen an Dritte für Rechnung der KG. Damit blieben bisher die Vorgänge offen, in denen eine direkte Vermögensbewegung zwischen KG und Kommanditist stattfindet, diese aber für Rechnung des Dritten erfolgt.

a) Leistungen der KG für Rechnung eines beliebigen Dritten

Denkbar ist hier jedes Verkehrsgeschäft zwischen einem Dritten und einem Kommanditisten, bei dem der Dritte nicht direkt an den Kommanditisten zahlt, sondern dieser Zahlungsvorgang von der KG übernommen wird und die KG wiederum mit dem Dritten abrechnet (Bsp.: die KG begleicht eine Kaufpreisschuld eines Dritten gegenüber dem Kommanditisten und rechnet danach mit dem

---

[84] Vgl. hierzu BGH NJW 1976, 751 f. u. oben III. 3.

[85] Vgl. zur gesamten Fallgruppe *Canaris*, (FS Fischer), S. 45 f.; sowie *Fleck*, (FS GmbH), S. 402, 406 f. für die GmbH.

Dritten ab). Funktioniert diese Abwicklung wie beschrieben, hat das mit Einlagerückgewähr nach § 172 IV 1 HGB wenig zu tun, da das KG-Vermögen durch den Gesamtvorgang nicht geschmälert wird.

Das Thema Einlagerückgewähr kann aber schnell wieder aktuell werden, wenn die KG zwar an den Kommanditisten gezahlt hat, die Verrechnung aber scheitert (z.B. wegen Vermögenslosigkeit des Dritten). Dann ist das KG-Vermögen effektiv gemindert. Ob darin eine Einlagerückgewähr an den Kommanditisten nach § 172 IV 1 HGB liegt, soll im folgenden untersucht werden.

Die rechtliche Beurteilung der zu untersuchenden Fallkonstellation ist auf zweierlei grundsätzlich verschiedene Weise denkbar.

Einmal ließe sich überlegen, daß eine Einlagerückgewähr nach § 172 IV 1 HGB von vorneherein nicht in Betracht kommt, weil die Vermögensbewegung zwischen KG und Kommanditist letztlich der Abwicklung eines Verkehrsgeschäfts zwischen Kommanditist und Drittem dient, das mit dem Rechtsverhältnis zwischen Gesellschaft und Kommanditisten nichts zu tun hat. Man würde also mit den Leistungsbeziehungen argumentieren und eine Einlagerückgewähr an den Kommanditisten von vorneherein ausschließen[86].

Eine andere Sicht der Dinge würde allein auf die tatsächliche Minderung des KG-Vermögens abstellen und bei fehlgeschlagenem Rückgriff der KG zu einer Einlagerückgewähr für den Kommanditisten kommen[87].

aa) Die Leistungsbeziehungen als Ausgangspunkt

Der BGH und die ihm folgende Literatur haben sich für die zuerst geschilderte Variante entschieden und lehnen eine Einlagerückgewähr an den Kommanditisten wegen fehlender Leistungsbeziehungen zwischen ihm und der Gesellschaft von vorneherein ab[88].

Die Argumentation des BGH mit den Leistungsbeziehungen überrascht etwas, da das Gericht in Dreipersonenverhältnissen zuvor nie auf die Leistungsverhältnisse, sondern in erster Linie auf die tatsächliche Minderung des Gesellschaftsvermögens zugunsten des Kommanditisten abgestellt hat[89]. Nicht umsonst erörtert das Gericht in der Entscheidung vom 2.7.1990[90] hilfsweise, ob nach

---

[86] So der BGH in BGH JZ 1991, 143 (145) mit zust. Anm. *Grunewald*, JZ 1991, 146 (147).

[87] So wohl *Fleck*, EWiR § 171 HGB 1/1988, 1223.

[88] Vgl. dazu BGH JZ 1991, 143 (145) mit zust. Anm. *Grunewald*, JZ 1991, 146 (147), wo es um eine Anteilsveräußerung zwischen Kommanditist und Komplementär geht, bei der die KG den Kaufpreis für REchnung des Komplementärs an den Kommanditisten auszahlt (mehr dazu unten b).

[89] s. oben BGHZ 47, 149 ff.; 61, 149 ff.; 76, 127 ff.; 93, 246 ff.

Zahlung der KG an den Kommanditisten der spätere Rückgriff bei dem Dritten (dort: Komplementär der KG) nicht vollwertig war und der Gesamtvorgang zu einer tatsächlichen Minderung des KG-Vermögens geführt hat. Es verneint dies letztendlich, um sein Ergebnis doppelt abzusichern[91]. Der BGH scheint sich mit seiner eigenen Begründung nicht wohl zu fühlen[92]. Doch ließe sich die Argumentation des BGH damit aufrechterhalten, es handle sich hier um einen Sonderfall, der keine Gemeinsamkeiten mit den bisher geschilderten Dreipersonenverhältnissen habe.

Damit ist also der Frage nachzugehen, ob der hier zu erörternde Fall wirklich eine Sonderstellung gegenüber den bisher geschilderten rechtlichen Gestaltungen einnimmt oder ob er nach den oben schon geschilderten Kriterien zu bewerten ist.

Danach müßte in dem oben genannten Beispiel wegen der tatsächlichen Minderung des KG-Vermögens zugunsten des Kommanditisten eine Einlagerückgewähr in Höhe des fehlenden Rückgriffs der KG bei dem Dritten angenommen werden. Denn nach der bisher vertretenen Auffassung soll es nicht auf die Leistungsbeziehungen, sondern auf die tatsächliche Minderung des KG-Vermögens zugunsten des Kommanditisten ankommen.

Diese Ansicht wurde bisher v.a. aus dem Schutzzweck des § 172 IV 1 HGB heraus begründet. Damit mündet die oben aufgeworfene Frage in der weiteren Frage, ob der Schutzzweck des § 172 IV 1 HGB auch in dieser Fallgruppe ein ausschließliches Abstellen auf die rein tatsächliche Minderung des KG-Vermögens verlangt.

Die beiden gestellten Fragen sollen einheitlich beantwortet werden. Die Antwort wird an der bisherigen Formel festhalten, die für die Einlagerückgewähr in Dreipersonenverhältnissen allein auf tatsächliche Vermögensbewegungen abstellt.

bb) Orientierung am Schutzzweck des § 172 IV 1 HGB

Eine Argumentation aus dem Schutzzweck des § 172 IV 1 HGB, aus der Sicht der Gesellschaftsgläubiger, verlangt nach einem Wiederaufleben der Haftung des veräußernden Kommanditisten.

Das aber nicht um jeden Preis. Vom Tatbestand der Einlagerückgewähr ist nur auszugehen, wenn der tatsächlichen Minderung des KG-Vermögens ein Vorteil des veräußernden Kommanditisten gegenübersteht. Das kann ein Vorteil im weiteren Sinne sein, muß also nicht notwendig eine direkte Bereicherung des Komman-

[90] Vgl. zu der Fallkonstellation Fn. 87 und unten b).

[91] BGH JZ 1991, 143 (145); so auch *Grunewald*, JZ 1991, 146 (147).

[92] So auch *Grunewald*, JZ 1991, 146 (147).

ditisten bedeuten (vgl. nur oben die Fälle des § 172 IV 1 HGB mit nur mittelbarem Vorteil des Kommanditisten). Wer praktisch „Stoffgleichheit" zwischen der Minderung des KG-Vermögens und der Mehrung des Kommanditistenvermögens verlangt, ist zu sehr allgemein-zivilrechtlichen Prinzipien verhaftet und mißversteht den Schutzzweck des § 172 IV 1 HGB.

Für den Kommanditisten bedeutet die Zahlung aus dem KG-Vermögen anstatt der direkten Leistung durch den Dritten einen Vorteil, der zu Lasten des KG-Vermögens geht. Er kann nämlich die KG als Zahlstelle benutzen. Der Kommanditist erhält von der KG die Erfüllung eines Anspruchs, den er gegenüber dem Dritten hat. Das reicht freilich nicht aus, um seine erneute Haftung nach § 172 IV 1 HGB zu begründen.

Doch ist zu überlegen, welche Situation regelmäßig einem Fall zugrundeliegt, in dem die KG als Zahlstelle benutzt wird. Das ist die Situation, in der der Dritte nicht mehr genug Mittel hat, um den Kommanditisten zu befriedigen. Dann ist die Erfüllung des Anspruchs gegen den Dritten durch die KG für den veräußernden Kommanditisten ein großer Vorteil, da er etwas erhält, was er normalerweise nicht mehr bekommen hätte.

Wenn zu diesem Vorteil noch hinzukommt, daß die KG trotz eigener finanzieller Schwierigkeiten als Zahlstelle benutzt wird, erscheint die Ausbeute für den veräußernden Kommanditisten als ausreichend für einen Vorteil, der der Minderung des KG-Vermögens gleichberechtigt gegenübersteht. Dann liegt eben eine Schmälerung des KG-Vermögens zugunsten des Kommanditisten vor, die eine Anwendung des § 172 IV 1 HGB rechtfertigt.

Auch allgemeine Gerechtigkeitserwägungen sprechen nicht gegen ein solches Ergebnis. Wenn der Kommanditist seine Nähe zur KG ausnutzt, um diese als Zahlstelle einzusetzen, muß er auch für Risiken einstehen, die eine solche Transaktion in sich bergen kann. Die Insolvenz der KG gehört hier in den Risikobereich des veräußernden Kommanditisten. Damit muß seine Haftung in der Höhe wiederaufleben, in der die KG von dem Dritten keinen Regreß erlangt. Allerdings wird man hier zusätzlich verlangen müssen, daß der Kommanditist die Zahlung durch die KG zumindest mitveranlaßt hat. Nur dann läßt sich der Gesamtvorgang seinem Risikobereich zuordnen.

b) Leistungen der KG für Rechnung eines Mitgesellschafters

Die oben erörterte Fallgestaltung läßt sich auch auf Fälle übertragen, in denen die KG eine Schuld aus einem Verkehrsgeschäft zwischen Kommanditist und Komplementär bzw. zwischen zwei Kommanditisten begleicht und dabei für Rechnung des Komplementärs bzw. anderen Kommanditisten zahlt.

Hierfür gelten zunächst die obenstehenden Ausführungen. Danach würde allein die tatsächliche Minderung des KG-Vermögens eine Haftung des Kommanditisten nach § 172 IV 1 HGB bewirken, der den Betrag erhält.

Allerdings kann sich zu oben a) eine abweichende Bewertung daraus ergeben, daß der Zahlungsvorgang hier nicht für Rechnung eines gesellschaftsfremden Dritten, sondern für einen Mitgesellschafter erfolgt. Dieser könnte selbst gegenüber den Gläubigern der KG haften, so daß eine Haftung des Kommanditisten nicht mehr notwendig wäre.

Zur Veranschauung der Problematik soll den folgenden Erörterungen *Beispielfall 21*[93] vorangestellt werden, der die praktisch wichtige Anteilsveräußerung zwischen Gesellschaftern behandelt:

Kommanditist K ist an der A-KG mit einer Einlage und Haftsumme von 10.000,- beteiligt. Er veräußert seinen Kommanditanteil mit stehengelassener Einlage für 10.000,- an Komplementär Ko. Den Kaufpreis (10.000,-) soll die A-KG für Ko an K ausbezahlen, was auch geschieht. Zwischen der KG und Ko sollen die 10.000,- auf einem Darlehenskonto verrechnet werden, das Ko bei der A-KG hält. Hier werden eine Darlehensforderung des Ko gegen die A-KG in Höhe von 10.000,- und die Forderung der A-KG gegen Ko auf Aufwendungsersatz in gleicher Höhe miteinander verrechnet. Allerdings bewirkt diese Saldierung keinen wirklichen Ausgleich für die A-KG in Höhe von 10.000,-, weil die A-KG mittlerweile in Konkurs gefallen und der tatsächliche Wert der Forderung des Ko gegen die A-KG mittlerweile 1.000,- statt 10.000,- beträgt. Die A-KG ist in Wirklichkeit nur von einer Schuld in Höhe von 1.000,- befreit worden, so daß ihr durch die Verrechnung zum Nennwert 9.000,- des Regresses bei Ko fehlen. Fraglich ist nun, ob in Höhe von 9.000,- eine Einlagerückgewähr an den Kommanditisten vorliegt.

Nach dem oben a) Gesagten müßte die Haftung des K gem. § 172 IV 1 HGB in Höhe von 9.000,- wiederaufleben, wenn der Zahlungsvorgang auch auf seine Veranlassung hin erfolgt ist. Dies deshalb, weil K die A-KG als Zahlstelle benutzt hat, und dadurch das Vermögen der A-KG vermindert worden ist.

Hiergegen ließe sich einwenden, der Komplementär sei der richtige Adressat für eine zusätzliche Haftung gegenüber den Gesellschaftsgläubigern. Er erhalte durch den Gesamtvorgang einen Vorteil durch die Befreiung von einer Verbindlichkeit, ohne der KG hierfür einen richtigen Ausgleich zu gewähren. Dieser Einwand enthält einen richtigen Ansatz, doch bringt die Komplementärhaftung den Gläubigern der KG keinen zusätzlichen Ausgleich für das reduzierte Gesellschaftsvermögen, da sie ohnehin in voller Höhe besteht. Der Komplementär scheidet damit als Adressat einer zusätzlichen Haftung von vorneherein gänzlich aus.

---

[93] Der Entscheidung BGHZ 112, 31 ff. = JZ 1991, 143 ff. nachgebildet und vereinfacht.

Bei einem Verkehrsgeschäft zwischen Kommanditist und Komplementär kann nur die Kommanditistenhaftung ein Äquivalent für die Verringerung des Gesellschaftsvermögens sein. Der Kommanditist ist der richtige Adressat der Haftung, da er durch den Gesamtvorgang den Vorteil hat, die KG als Zahlstelle zu benutzen und damit einen Betrag zu erhalten, den er vom Komplementär nicht erhalten hätte.

Das wäre nur in dem Fall anders, in dem der Dritte nicht ein Komplementär (wie in *Beispielsfall 21*), sondern ein anderer (nicht mehr haftender) Kommanditist wäre. Dessen Haftung könnte wiederaufleben anstatt der des veräußernden Kommanditisten. Solch eine Haftung würde aus Gläubigersicht auch einen Ausgleich für das verminderte Gesellschaftsvermögen darstellen[94]. Dieser Fall der Anteilsveräußerung zwischen Kommanditisten dürfte aber gegenüber der Anteilsveräußerung an Komplementäre der seltenere sein. Im Ergebnis bliebe daher die Gesamtproblematik ungelöst, da die Gläubigerinteressen in der verbleibenden Fallgruppe (Verkehrsgeschäfte zwischen Kommanditist und Komplementär) nicht berücksichtigt wären. Diese erhielten nach der Lösung des BGH in der Regel keinen Ausgleich für die Verkürzung des ihnen haftenden Gesellschaftsvermögens. Damit stellt der Verweis auf die Anteilsveräußerung zwischen Kommanditisten kein taugliches Argument für die Nichtanwendung des § 172 IV 1 HGB auf den anteilsveräußernden Kommanditisten dar. Auch in dieser Fallkonstellation haftet der Kommanditist, der den Betrag der Einlage erhält, allerdings zusammen mit dem Kommanditisten, der den Anteil erworben hat[95].

Eine mögliche Haftung der Mitgesellschafter ändert das oben a) ermittelte Ergebnis nicht ab. K muß in *Beispielsfall 21* in Höhe von 9.000,- nach § 172 IV 1 HGB haften.

c) Ergebnis

Die Begleichung der Schuld eines Dritten aus einem Verkehrsgeschäft mit dem Kommanditisten durch die KG kann ebenfalls den Tatbestand der Einlagerückgewähr nach § 172 IV 1 HGB erfüllen, wenn die Verrechnung zwischen KG und Drittem nicht zu einem vollwertigen Ausgleich der KG für die Begleichung der fremden Verbindlichkeit führt. Praktisch häufig tritt hierbei der Fall der Übertragung des Kommanditanteils durch Verkehrsgeschäft an Mitgesellschafter auf.

---

[94] Mit dieser Argumentation kommt der BGH zu einer Ablehnung der Haftung des anteilsveräußernden Kommanditisten aus § 172 IV 1 HGB; BGH JZ 1991, 143 (145).

[95] s. dazu unten 4.

Die Anwendung des § 172 IV 1 HGB ist durch die tatsächliche Minderung des KG-Vermögens gerechtfertigt, der als Vorteil die Inanspruchnahme der Liquidität der KG durch den Kommanditisten gegenübersteht (KG als „Zahlstelle").

4. Einlagerückgewähr und Übertragung des Kommanditanteils

Eine weitere Form der Beteiligung von Drittvermögen an der Einlagerückgewähr nach § 172 IV 1 HGB kann die Übertragung des Kommanditanteils darstellen. Hier können im Hinblick auf § 172 IV 1 HGB haftungsrechtliche Probleme besonderer Art entstehen, wenn die Einlage nach Übertragung des Kommanditanteils an den Erwerber oder den Veräußerer (für ihn gibt es eigentlich keine Einlage mehr) zurückgewährt wird.

Das hat seinen Grund darin, daß zwar (wie auch in den bisher erörteterten Fallkonstellationen) nur eine Einlage zurückgewährt werden kann und diese Rückgewähr auch regelmäßig nur an eine Person erfolgt. Für ein Wiederaufleben der Haftung nach § 172 IV 1 HGB kommen aber grundsätzlich zwei Beteiligte in Betracht, nämlich der den Anteil veräußernde Altkommanditist und/oder der erwerbende Neukommanditist. Beide haben mit dem Anteil und damit mit der Einlage (noch) irgendetwas zu tun, so daß beide als Adressat des § 172 IV 1 HGB in Frage kommen.

Die Verdoppelung der möglichen Beteiligten einer Haftung nach § 172 IV 1 HGB und die in der Regel nur an einen erfolgende Rückgewähr der Einlage lassen diverse Haftungskonstellationen als denkbar erscheinen: Wer soll haften, wenn die Einlage z.B. an den Neukommanditisten zurückgewährt wird? Alt-und Neukommanditist?[96] Oder nur der Neukommanditist?[97]

Die entsprechende Fragestellung entsteht bei Rückgewähr einer Einlage an den Altkommanditisten. Auch hier sind alle Lösungen denkbar, von der Haftung beider Kommanditisten bis zur Haftung nur eines Kommanditisten.

Sicherlich ist auf Anhieb schwer verständlich, wieso überhaupt diese Unklarheiten in Bezug auf die Haftungsfolgen bei nachträglicher Einlagerückgewähr anläßlich der Übertragung des Kommanditanteils entstehen können. Das liegt daran, daß es keine vollends überzeugende Lösung gibt, die erklären kann, warum

---

[96] So RG DNotZ 1944, 195 (199); BGH NJW 1976, 751 (752); *Flume*, (PG), § 17 IV (S. 357); *ders.*, (FS Larenz), S. 780; Heymann-*Horn*, § 172 Rdnr. 20; *Heymann/Kötter*, § 173 Anm. 2 (S. 676 f.); *Nitschke*, § 18 II 3 (S. 387 f.); GK (4) - *Schilling*, § 173 Rdnr. 8; *Weipert* ,DR 1943, 270 (276).

[97] *Baumbach/Duden/Hopt*, § 172 Anm. 3; *Huber*, (Vermögensanteil) S. 400; *Michel*, (Übertragung) S. 140 ff.; *ders.*, ZGR 1993, 118 (119 ff.); *Lehmann/Dietz*, § 29 III (S. 211); *K. Schmidt*, (Einlage und Haftung), S. 112.

bei Übertragung des Kommanditanteils mit stehengelassener Einlage diese eine Einlage zur Haftungsbefreiung bei zwei Kommanditisten führt. Das zieht die hier v.a. interessierende Folgefrage nach sich, ob die nachträgliche Einlagerückgewähr schlicht die Umkehr der haftungsbefreienden Einlageleistung ist und die Haftung beider Kommanditisten (veräußernder Alt- und erwerbender Neukommanditist) nach sich ziehen muß, ob nur jeweils der Kommanditist nach § 172 IV 1 HGB haften soll, der die Einlage auch wirklich erhält, oder ob sich aus anderen Gründen (zumindest teilweise) eine Haftung beider Kommanditisten ergeben muß.

Die Lösung des Problems der Einlagerückgewähr bei Anteilsübertragung hängt damit von der Einordnung der doppelten Wirkung einer Einlage auf die Haftungsbefreiung nach § 171 I 2. Hs. HGB ab.

Deshalb soll im folgenden vor einer Untersuchung der Folgen einer Einlagerückgewähr geklärt werden, wie die Haftungsbefreiung bei der Übertragung des Kommanditanteils für Alt- und Neukommanditist erhalten wird.

a) Erhalt der Haftungsbefreiung nach § 171 I 2. Hs. HGB bei Übertragung des Kommanditanteils

Bevor die haftungsbefreiende Wirkung einer Einlage auf zwei Kommanditisten bei der Anteilsübertragung im einzelnen untersucht wird, soll zunächst eine Darstellung des Gegenmodells zur Anteilsübertragung erfolgen, der Kombinaion von Ein- und Austritt zwischen Alt- und Neukommanditist. Die Gegenüberstellung des „Kombinationsmodells" mit der Anteilsübertragung und die Schilderung der Entwicklung von der rechtlichen Zulässigkeit nur des „Kombinationsmodells" zur später auch erlaubten und dann fast ausschließlich praktizierten Übertragung des Kommanditanteils kann dessen haftungsrechtliche Bedeutung erhellen.

aa) Die Entwicklung vom kombinierten Ein- und Austritt der Kommanditisten zur schlichten Übertragung des Kommanditanteils

(1) Ein- und Austritt

Nach der früheren h. M. war die Übertragung des Kommanditanteils nicht möglich. Eine von den Parteien (Alt- und Neukommanditist) gewollte Übertragung des Kommanditanteils wurde als eine Kombination von Ein- und Austritt gewertet. Im einzelnen wurde das so gesehen: Der Altkommanditist (AK) scheidet aus der Gesellschaft durch Kündigung aus und erhält sein Abfindungsguthaben im Sinne von § 738 I 2 BGB vom Neukommanditisten ausbezahlt, der dabei für Rechnung der KG handelt. Der Neukommanditist erbringt damit zugleich seine Einlage, indem er an einen Dritten leistet (§ 362 II BGB[98]) und verdient sich seine

Haftungsbefreiung nach § 171 I 2. Hs. HGB durch die Befreiung der KG von der Verbindlichkeit aus § 738 I 2 HGB[99].

Haftungsrechtliche Folge dieses Vorgangs ist das vollständige Wiederaufleben der Haftung des Altkommanditisten. Das begründet sich daraus, daß der Altkommanditist seine bisherige Einlage in Form einer Abfindung zurückerhalten hat. Gleichzeitig haftet der Neukommanditist nicht, weil seine Einlage iSv § 171 I 2. Hs HGB durch Leistung an den Altkommanditisten nach § 362 II BGB geleistet ist. Hieran sieht man, daß die ehemalige Mitgliedschaft des Altkommanditisten und die des Neukommanditisten zwei verschiedene Mitgliedschaften sind, die durch den „Übertragungsvorgang" in enger zeitlicher Verbindung zueinander stehen, sonst aber rechtlich nicht miteinander verknüpft sind. Demzufolge handelt es sich bei der Einlage des Alt- und der des Neukommanditisten um zwei verschiedene Einlagen, was bedeutet, daß ein vollständiger Haftungsausschluß iSv § 171 I 2. Hs HGB bei Alt- und Neukommanditist nur dann stattfindet, wenn beide Beträge im KG-Vermögen sind. Dieses Modell des kombinierten Ein- und Austritts ist natürlich rechtlich immer noch möglich.

(2) Übertragung

Doch wird es seit geraumer Zeit kaum noch praktiziert, da die Übertragung des Kommanditanteils mit ganz anderen haftungsrechtlichen Folgen für rechtlich möglich und zulässig erachtet wird[100].

Haftungsrechtlich läßt sich die Anteilsübertragung wie folgt zergliedern:

Der Altkommanditist überträgt durch Verfügungsgeschäft gegen Entgelt seinen Kommanditanteil auf den Neukommanditisten. Als Folge daraus bleibt (bei noch fehlender Einlageleistung gem. § 171 I 2. Hs. HGB) eine Haftung des Veräußerers für Altverbindlichkeiten bestehen, und es entsteht über den anwendbaren § 173 HGB[101] eine Haftung des Erwerbers für Alt-und Neuschulden.

Diese Haftung ist ausgeschlossen, wenn entweder der Erwerber die Einlage nachträglich einzahlt (§ 171 I 2. Hs HGB), oder wenn der praktisch häufigste Fall eintritt,

---

[98] Vgl. oben B. V.

[99] Von der Unübertragbarkeit der Mitgliedschaft in der Personengesellschaft gingen aus: RGZ 83, 312 (314 f.); 128, 172 (175); Düringer/Hachenburg-*Flechtheim*, § 173 Anm. 20 h.; vgl. zu der oben beschriebenen Konstruktion auch *K. Schmidt*, (Einlage und Haftung), S. 110.

[100] Seit RG DNotZ 1944, 195; BGHZ 13, 179 (185); 24, 106 (114); 44, 229 (231); 45, 221 (222); 81, 82 (84 f.); *Flume*, (PG), § 17 II (S. 349 ff.); *Huber*, (Vermögensanteil), S. 349 ff.; GK (4) - *Schilling*, § 173 Rdnr. 6 bzw. § 161 Rdnr. 39; Schlegelberger (5) - *K. Schmidt*, § 173 Rdnr. 24, *ders.*, § 19 IV 2; *Weipert*, DR 1943, 270 ff.

[101] *Nitschke*, (Körperschaftliche PersG), § 18 II 3 (S. 383).

in dem der Altkommanditist seine Einlage stehenläßt und diese Einlage mit der Veräußerung des Anteils auf den Neukommanditisten übergeht[102].

Im Unterschied zur Kombination von Ein- und Austritt liegen hier nicht zwei voneinander unabhängige Anteile vor, für die letztlich zwei Einlagen haften, sondern es handelt sich um ein und denselben Anteil, der nur seinen Inhaber wechselt. Demzufolge erklärt sich auf den ersten Blick leicht, daß für diesen Anteil nur eine Einlage zur Verfügung stehen muß, um die Haftungsbefreiung für Alt- und Neukommanditist herbeizuführen.

In der Praxis wird für die Wirksamkeit der allgemein anerkannten Übertragung des Kommanditanteils die Eintragung eines Nachfolgevermerks im Handelsregister verlangt, der bei Gesellschaftsgläubigern den Rechtsschein zerstören soll, es liege ein Austritt mit gleichzeitigem Eintritt eines neuen Kommanditisten vor, der zu einer Haftung mit zwei Einlagen führen würde[103].

Die Übertragbarkeit des Kommanditanteils rechtfertigt sich aus der Selbständigkeit der Mitgliedschaft gegenüber dem Gesellschaftsvertrag und aus der Einheitlichkeit der Rechtspostion, die die Mitgliedschaft darstellt. Damit ist mit der allgemeinen Meinung davon auszugehen, daß die Mitgliedschaft des Kommanditisten Gegenstand eines Verfügungsgeschäftes sein kann[104].

bb) Die haftungsrechtlichen Folgen des Stehenlassens der Einlage bei der Übertragung des Kommanditanteils

(1) Bedingte Selbständigkeit der Anteile

Wie bereits erwähnt, führt das Stehenlassen der Einlage (oder deren nachträgliche Leistung durch den Neukommanditisten) zu einem Haftungsausschluß nach § 171 I 2. Hs. HGB bei Alt- und Neukommanditist. Das liegt natürlich nicht daran, daß mit der Übertragung des Kommanditanteils auf den Neukommanditisten jegliche Haftung des Altkommanditisten ausgeschlossen ist. Zwar führt der Übergang der Mitgliedschaft zu einer vollständigen Rechtsnachfolge des Neukommanditisten, d. h. mit allen Rechten und Pflichten[105]. Das ändert aber nichts an dem grundsätzlichen Fortbestehen der Haftung des Anteilsveräußerers für Verbindlichkeiten, die bis zur Anteilsübertragung begründet werden (Altverbindlichkeiten)[106].

---

[102] Vgl. die in Fn. 99 Genannten.

[103] RG DNotZ 1944, 195 (199); LG Köln DNotZ 1953, 435; *Donner*, DR 1943, 971; *Weipert*, DR 1943, 270 (274); *Westermann I*, Rdnr. 936.

[104] Vgl. statt vieler *Flume*, (PersG), § 17 II (S. 349 ff.); eingehend dazu auch *Huber*, (Vermögensanteil), S. 349 ff.

[105] Vgl. RG DNotZ 1944, 195 (198); anschaulich auch *Huber*, (Vermögensanteil), S. 390 f.

Das ergibt sich aus dem Gesamthandsprinzip und für die KG zusätzlich aus §§ 161 II, 159 HGB, die ja eine Haftung des Kommanditisten für Gesellschaftsschulden nach seinem Austritt voraussetzen. Selbstverständlich haftet der Erwerber des Kommanditanteils neben dem Altkommanditisten für Altverbindlichkeiten (§ 173 HGB[107]) sowie auch für Neuschulden der KG.

D.h. im Ergebnis tritt bzgl. der Altschulden der KG eine Verdoppelung der Schuldnerschaft ein, wie überhaupt das Personengesellschaftsrecht durch eine Vervielfältigung der Haftung gekennzeichnet ist[108]. Das bedeutet, daß auch bei der Anteilsübertragung die Haftung des Altkommanditisten (für Altschulden der KG) grundsätzlich bestehen bleibt, während der Kommanditanteil (die Mitgliedschaft) voll auf den Neukommanditisten übergeht. Für den Altkommanditisten hat das ein mögliches Fortbestehen der Haftung unabhängig von der Mitgliedschaft zur Folge. Die Haftung ist insoweit gegenüber der Mitgliedschaft verselbständigt.

Diese Selbständigkeit besteht aber bei Übertragung des Kommanditanteils nur sehr bedingt. Wenn nämlich die Einlage stehenbleibt oder nachträglich bezahlt wird, wirkt das nach allgemeiner Auffassung nicht nur für den Neukommanditisten, der die Einlage hält, sondern nach § 171 I 2. Hs. HGB auch für den Altkommanditisten, der mit der Einlage wegen beendeter Mitgliedschaft eigentlich nichts mehr zu tun haben sollte. Hier wird also die Verbindung zwischen (ehemaliger) Einlage des Altkommanditisten und seiner Haftung über § 171 I 2. Hs HGB wiederhergestellt.

Diese Ergebnis ergibt sich aus einer Gegenübertsellung der Interessen der beteiligten Parteien. Da es sich bei der ehemaligen Einlage des Altkommanditisten und der Einlage des Neukommanditisten um ein und dieselbe Einlage *eines* Kommanditanteils handelt, ist dem Interesse der Gesellschaftsgläubiger genüge getan, wenn der Betrag der Einlage *ein* einziges Mal im Gesellschaftsvermögen vorhanden ist. Dabei ist es auch gleichgültig, wer den Betrag der Einlage aufgebracht hat (Alt- oder Neukommanditist), solange für Kapitalaufbringung gesorgt ist. Dann muß die Aufbringung des Einlagebetrages durch einen der beiden Kommanditisten für beide Kommanditisten nach § 171 I 2. Hs. HGB wirken. Andernfalls (d. h. Wirkung des § 171 I 2. Hs. HGB nur bei Alt- oder Neukommanditist) hätten die Gesellschaftsgläubiger einen ungerechtfertigten Vorteil, weil sie neben der Vergrößerung des Gesellschaftsvermögens um den Einlagebetrag auch noch auf die Haftung eines Kommanditisten zugreifen könnten. Hier würde der Gläubigerschutz überstrapaziert. Den Interessen der Gesellschaftsgläubiger ist schon durch die Vergrößerung des haftenden Gesellschaftsvermögens um den Einlagebetrag gedient. Die Haftung eines der beiden Kom-

[106] RG DNotZ 1944, 195 (199); *Huber*, (Vermögensanteil), S. 400.

[107] Vgl. die in Fn. 105 Genannten.

[108] Anschaulich *Wiedemann*, (Übertragung), S. 224.

manditisten ist nicht mehr notwendig. Aus einer effektiven und zugleich maßvollen Verwirklichung des Gläubigerschutzes muß sich daher eine doppelte Haftungsbefreiung (bei Alt- und Neukommanditist) nach § 171 I 2. Hs. HGB bei Leistung der Einlage durch einen der beiden Kommanditisten ergeben. Auch die Interessen des veräußernden und des erwerbenden Kommanditisten sprechen für diese Lösung, da nur auf diese Weise die Anteilsübertragung gegenüber dem kombinierten Ein- und Austritt zu einer Erhöhung der Verkehrsfähigkeit des Kommanditanteils führt.

Damit ist die Haftung des veräußernden Kommanditisten doch nicht unabhängig von (ehemaliger) Einlage und Mitgliedschaft. Die Leistung der Einlage durch *einen* Kommanditisten (Alt- oder Neukommanditist) wirkt für beide Kommanditisten, weil diese nacheinander mit ein- und derselben Einlage an der KG beteiligt waren.

Für die Haftungsbefreiung nach § 171 I 2. Hs. HGB ergibt sich dabei im einzelnen folgendes: Die Erfüllung der Einlageverbindlichkeit durch den Neukommanditisten wirkt grundsätzlich nach § 171 I 2. Hs. HGB auch für den Neukommanditisten, während der Altkommanditist eine Einlageverbindlichkeit nach § 171 I 2. Hs. nur während der Mitgliedschaft erfüllen konnte, die bei Stehenlassen des Einlagebetrages auch für den Neukommanditisten die Folge des § 171 I 2. Hs. HGB hat. Nach Beendigung der Mitgliedschaft sind Leistungen des Altkommanditisten auf die Einlage nicht mehr möglich, weil der Altkommanditist keine Einlage mehr bei der KG hält[109]. Hier bleibt für den Altkommanditisten die Erbringung der Einlage für Rechnung des Neukommanditisten (§ 267 BGB)[110]. Eine Leistung „auf die Haftung" kommt nicht in Betracht[111].

Die Frage bleibt aber immer noch: Wie läßt sich die haftungsbefreiende Wirkung der Einlageleistung durch den Neukommanditisten bzw. das Stehenlassen der Einlage bei Übertragung des Kommanditanteils auf Neu- und Altkommanditist dogmatisch erklären?

(2) Dogmatische Ansätze

Das RG hat in der oben schon zitierten Entscheidung vom 30. 9. 1944 eine Analogie zur Vorschrift des § 379 BGB gezogen. Im Falle der Hinterlegung mit nicht ausgeschlossener Rücknahme könne jeder Schuldner auf die hinterlegte Sache verweisen, sofern nur ein Schuldner die Hinterlegung bewirkt habe. Diese Situation sei ähnlich der Veräußerung des Kommanditanteils. Dort müsse die

---

[109] Vgl. dazu auch *Michel*, (Übertragung), S: 148 ff.; *ders.*, ZGR 1993, 118 (127 f.).

[110] Vgl. oben B. V.

[111] Vgl. oben A. III. 4.; a. A. *Michel*, (Übertragung), S. 158 ff.; *ders.*, ZGR 1993, 118 (136 ff.).

Leistung der Einlage durch einen der Beteiligten, Veräußerer oder Erwerber, haftungsbefreiende Wirkung für beide haben[112].

Das RG hat hier schon den richtigen Weg beschritten, indem es erkannt hat, daß bzgl. der Einlage zwischen Alt- und Neukommanditist eine innere Verbindung besteht[113], die eine doppelte Haftungswirkung der Einlageleistung rechtfertigt. Trotzdem fragt sich natürlich, was genau diese innere Verbindung zwischen Alt- und Neukommanditist ist.

Das Stichwort „innere Verbindung" rückt dabei die Rechtsfigur der Gesamtschuld näher. Man könnte überlegen, ob nicht eine gesamtschuldnerische Verbindung die doppelte Wirkung der Einlageleistung rechtfertigt[114]. Insbesondere § 422 I 2 BGB könnte die doppelte Wirkung der Einlage begründen.

Ein näheres Hinsehen ergibt aber, daß die innere Verbindung zwischen Alt- und Neukommanditist zwar gesamtschuldähnlichen Charakter hat, in jedem Fall aber nicht der in §§ 421 ff. BGB geregelten Rechtsfigur entspricht[115].

Alt- und Neukommanditist sind zunächst einmal nicht bzgl. der Einlageverpflichtung gegenüber der KG Gesamtschuldner, da diese Verpflichtung nach Anteilsübertragung nur den Neukommanditisten trifft, nicht auch den Altkommanditisten.

Weiterhin ist es auch nicht damit getan, auf die Gesamtschuld zu verweisen, die zwischen Anteilsveräußerer und -erwerber bzgl. der Gesellschaftsschulden nach §§ 161 II, 128 HGB besteht[116]. Eine gesamtschuldnerische Haftung für Gesellschaftsverbindlichkeiten nach §§ 161 II,128 HGB besteht zwischen allen Gesellschaftern der KG, und sie kann nur die Frage klären, wie die Erfüllung einer *konkreten* Schuld gegenüber einem einzelnen Gläubiger (z.B. Kaufpreisschuld) für die anderen KG-Gesellschafter wirkt. Sie erklärt nicht das besondere innere Verhältnis zwischen Alt- und Neukommanditist, das durch die Anteilsveräußerung entsteht.

Die andere hier zu klärende Frage ist aber, wie die Erschöpfung der Haftung durch Gläubigerbefriedigung oder die Haftungsbefreiung durch Einlageleistung zwischen den Gesellschaftern bzw. insb. zwischen Anteilsveräußerer und -erwerber wirkt.

---

[112] RG DNotZ 1944, 195 (199).

[113] s. auch *Flume*, (PG), § 17 IV (S. 357); *ders.*, (FS Larenz), S. 780 („besonderes Verhältnis").

[114] In diese Richtung geht v.a. *Huber*, (Vermögensanteil), S. 400, zumindest, was die Einlagerückgewähr anbelangt.

[115] Vgl. insb. *Michel*, (Übertragung), S. 90 f.

[116] BGHZ 81, 82 (85); *Flume*, (PG) § 17 IV (S. 357); GK (4) - *Schilling*, § 173 Rdnr. 8; Schlegelberger (5) - *K. Schmidt*, § 173 Rdnr. 31.

Dabei ist zunächst klar, daß für jeden Kommanditisten die Haftungserschöpfung unabhängig von den anderen Gesellschaftern eintritt. Es besteht also in dieser Hinsicht kein innerer Verbund zwischen den einzelnen Kommanditisten.

Das ist im Fall der Anteilsveräußerung zwischen Alt- und Neukommanditist anders. Hier besteht eine innere Verbindung zwischen beiden bzgl. der Haftung (z.B. würde eine haftungserschöpfende Gläubigerbefriedigung durch den Neukommanditisten auch zugunsten des Altkommanditisten wirken) bzw. der Wirkung der Einlage(leistung) nach § 171 I 2. Hs. HGB auf die Haftung. Die innere Verbindung betrifft also nicht konkrete Verbindlichkeiten=Schulden (z.B. Kaufpreisschuld der KG gegenüber Gläubiger X), sondern die Haftung, d. h. ein abtraktes Einstehenmüssen für noch unbestimmte Verbindlichkeiten. Damit liegt eine Gesamtschuld nicht vor. Vielmehr ist es richtig, hier von einer Gesamthaftung zu sprechen[117]. Diese Gesamthafung als Ausdruck innerer Verbundenheit bzgl. einer Gesellschafterhaftung kann sich nun wegen der Ähnlichkeit dieser Verbindung zur Gesamtschuld an deren Regelungen orientieren. Damit würde hier eine analoge Anwendung des § 422 I 1 BGB die doppelte Wirkung der Einlage auf die Haftung von Alt- und Neukommanditist erklären.

b) Haftungsfolgen bei nachträglicher Einlagerückgewähr

Nun kann die oben gestellte Frage nach den Haftungsfolgen bei Rückgewähr der Einlage an nur eine Person (Alt- oder Neukommanditist) auf dem Fundament des Gesamthaftverhältnisses einer Klärung zugeführt werden.

aa) „Umkehrargumentation"

Rechtsprechung und ein großer Teil der Literatur vertreten hierzu die denkbar einfachste Lösung. Gleich ob die Einlage an den Alt- oder Neukommanditisten zurückgewährt wird, soll stets die Haftung von Alt- und Neukommanditist wiederaufleben[118]. Diese Auffassung wird wieder in Analogie zu § 379 BGB begründet, denn auch dort führe die Rücknahme der hinterlegten Sache zu einem Fortfall des Leistungsverweigerungsrechts bei allen Schuldnern[119]. Wie oben bereits ausgeführt, kann die Analogie zu § 379 BGB nicht befürwortet werden. Gleich welche Vorschrift man zur Grundlage der rechtlichen Beurteilung macht, läßt sich verallgemeinernd sagen, daß die h.M. zu einer erneuten Haftung des Alt- und Neukommanditisten gelangt, weil sie den Vorgang der Einlagerückgewähr schlicht als

---

[117] So *Michel*, (Übertragung), S. 90f.

[118] RG DNotZ 1944, 195 (199); *Flume*, (PG) § 17 IV (S. 357); *ders.*, (FS Larenz), S. 780; GK (4) - *Schilling*, § 173 Rdnr. 8; *Weipert*, DR 1943, 270 (276).

[119] Vgl. die Fn. 115 Genannten.

Umkehrtatbestand zur Einlageleistung nach § 171 I 2. Hs. HGB betrachtet[120]. Wie die Leistung der Einlage doppelte Wirkung haben sollte (Haftungsbefreiung bei Alt- und Neukommanditist), soll das auch bei der Einlagerückgewähr der Fall sein. Doch ist nach der hier vertretenen Meinung § 172 IV 1 HGB nicht nur ein schlichter Negativtatbestand zu § 171 I 2. Hs HGB , sondern gehorcht bei grundlegender Strukturgleichheit zum Tatbestand der haftungsbefreienden Einlageleistung v.a. auch eigenen Gesetzen (vgl. oben II.). Damit greift die „Umkehrargumentation" der hM mit der hier vertretenen Ansicht zu kurz. Eine Lösung der Problematik der Einlagerückgewähr bei der Anteilsübertragung muß vielmehr im Bereich der hier befürworteten Gesamthaftung gesucht werden.

bb) Figur der Gesamthaftung

Nach der Figur der Gesamthaftung stehen die Haftungen von Alt- und Neukommanditist grundsätzlich gleichberechtigt und selbständig nebeneinander, wie das auch bei den Schuldnern im Gesamtschuldverhältnis der Fall ist[121]. Diese Selbständigkeit zeigt sich in § 425 I BGB, nach dem andere, die Schuld beeinflussende Umstände, als in §§ 422-425 BGB genannt, grds. nur bei dem Schuldner wirken, bei dem sie eintreten[122]. Entgegen der h.M. liegt die innere Verbindung zwischen den Haftungen von Alt- und Neukommanditist, wie sie bei der Einlageleistung nach § 171 I 2. Hs. HGB festgestellt wurde bei der Einlagerückgewähr nach § 172 IV 1 HGB im Grundsatz nicht vor.

Dafür spricht auch § 172 IV 1 HGB selbst. Danach soll die Haftung nach § 171 I 2. Hs. HGB wiederaufleben, soweit die Einlage zurückbezahlt wird. Es kann aber nach unbefangener Lektüre des § 172 IV 1 HGB nur dessen Haftung wiederaufleben, gegenüber dem der Tatbestand des Zurückzahlens verwirklicht wird. Danach kann nur die Haftung desjenigen wiederaufleben, der die Einlage auch tatsächlich erhält.

Auf die Gesamthaftung übertragen, bedeutet das in den Fällen der §§ 422-424 BGB analog eine Verknüpfung zwischen der Haftung des Alt- und des Neukommanditisten und ansonsten analog § 425 I BGB rechtliche Unabhängigkeit der einzelnen Kommanditistenhaftungen. Für die vorliegende Problematik heißt das, daß die „Erfüllung" der Haftung, d. h. ihre Erschöpfung durch Gläubigerbefriedigung oder Einlageleistung nach § 422 I BGB analog jeweils durch einen Kommanditisten zur Haftungsbefreiung für Alt- und Neukommanditist führt. Dazu im Gegensatz ist die Rückgewähr der Einlage kein Tatbestand, der eine Ent-

[120] Das wird insb. bei GK (4) - *Schilling*, § 173 Rdnr. 8 deutlich, der mit der Formulierung des § 172 IV 1 HGB arbeitet („...gilt als nicht geleistet...").

[121] Vgl. statt vieler *Soergel-Wolf*, § 421 Rdnr. 6.

[122] *Soergel-Wolf*, § 425 Rdnr. 1.

sprechung in §§ 422-424 BGB findet. Demzufolge würde die Einlagerückgewähr unter § 425 I BGB analog fallen und ein Wiederaufleben der Haftung nach § 172 IV 1 HGB nur bei dem Kommanditisten nach sich ziehen, der die Einlage auch tatsächlich zurückerhalten hat (d.h. Anteilsveräußerer oder -erwerber)[123].

Diese Auffassung würde sich positiv auf die Verkehrsfähigkeit des Kommanditanteils auswirken. Würde man ein Wiederaufleben der Haftung beider Kommanditisten bei Einlagerückgewähr an einen von ihnen annehmen, würde man im Nachhinein zu denselben Haftungsfolgen wie bei kombiniertem Ein- und Austritt kommen (vgl. oben das „Gegenmodell") und in dieser Beziehung die Verkehrsfähigkeit des Kommmanditanteils zurücknehmen[124].

Doch bleibt zu fragen, ob sich die Gesamthaftung und die damit verbundene analoge Anwendung des § 425 I BGB bei § 172 IV 1 HGB mit den allgemeinen Prinzipien der Kommanditistenhaftung und den Interessen der beteilgten Parteien verträgt. Dazu ist die Haftungssituation bei Einlagerückgewähr an den Neukommanditisten von der Rückgewähr an den Altkommanditisten zu unterscheiden.

(1) Rückgewähr an Neukommanditist

Wenn eine Einlagerückgewähr iSd § 172 IV 1 HGB an den Neukommanditisten stattfindet (dazu gehört natürlich auch z. B. eine verdeckte Einlagerückgewähr aufgrund eines Verkehrsgeschäfts), dann lebt selbstverständlich die Haftung des Neukommanditisten wieder auf. Nach der Figur der Gesamthaftung und § 425 I BGB analog soll aber auch nur seine Haftung, und nicht zusätzlich die des Altkommanditisten widerafleben.

Das ist gerechtfertigt, wenn sich aus den Prinzipien der Kommanditistenhaftung nicht ein Erfordernis der Zurechnung des Tatbestandes der Einlagerückgewähr auf den Altkommanditisten ergibt.

Hierzu wird in der Literatur vertreten, daß der Altkommanditist eine Art „Gewährschaft" für den Neukommanditisten übernimmt[125]. Eine solche Gewährschaft ist dem geltenden Recht aber nicht zu entnehmen, sie tritt vielmehr in Widerspruch zum Grundsatz der Rechtsnachfolge[126].

---

[123] Ebenso im Ergebnis *Huber*, (Vermögensanteil) S. 400 (allerdings mit direkter Anwendung des § 425 BGB; im Ergebnis auch für eine Haftung nur desjenigen Kommanditisten, der die Einlage tatsächlich zurückerhält *Baumbach/Duden/Hopt*, § 172 Anm. 3; *Lehmann-Dietz*, § 29 III (S. 211); *Westermann I*, Rdnr. 937.

[124] *Westermann I*, Rdnr. 937.

[125] *Heymann/Kötter*, § 173 Anm. 2 (S. 676 f.).

[126] *Huber*, (Vermögensanteil), S. 400.

Weiterhin verstößt eine Haftung nur des Neukommanditisten bei Einlagerückgewähr an diesen nicht gegen den in § 172 IV 1 HGB verankerten Gläubigerschutz, da der Neukommanditist sowohl den Alt- wie den Neugläubigern haftet, damit also allen Gläubigern gegenüber ein Ausgleich für den Entzug von Haftungsmasse geschaffen wird. Die Gläubiger der KG sind dagegen nicht davor geschützt, daß sie durch den Kommanditistenwechsel einen weniger solventen „Schuldner" erhalten (der Kommanditist ist kein Schuldner der KG-Gläubiger, sondern er haftet für die KG-Schulden)[127]. Damit verstößt die alleinige Haftung des Neukommanditisten bei Einlagerückgewähr an diesen analog § 425 I BGB nicht gegen allgemeine Prinzipien der Kommanditistenhaftung.

(2) Rückgewähr an Altkommanditist

Anders ist die Situation dagegen bei einer Einlagerückgewähr im Sinne des § 172 IV 1 HGB an den Altkommanditisten zu beurteilen. Nach dem Modell der Gesamthaftung und § 425 I BGB analog dürfte nur die Haftung des Altkommanditisten wiederaufleben.

Das wäre aber mit den Interessen der Neugläubiger (d. h. der Gläubiger, die mit der KG ab dem Zeitpunkt der Mitgliedschaft des Neukommanditisten Geschäfte machen) nicht zu vereinbaren. Diese bekommen durch die Kommanditeinlage ein Haftungsobjekt zur Verfügung gestellt, daß ihnen bei Einlagerückgewähr an den Altkommanditisten unwiderbringlich und ohne Ausgleich entzogen würde, da der Altkommanditist nur den Altgläubigern, nicht dagegen den Neugläubigern haftet. Hier erfordern die schützenswerten Interessen der Neugläubiger einen Ausgleich für den Entzug des Haftungsobjekts durch eine zusätzliche Haftung auch des Neukommanditisten[128], wenn der Tatbestand der Einlagerückgewähr an den Altkommanditisten in die Zeit nach der Übertragung des Kommanditanteils fällt (denn erst ab hier gibt es Neugläubiger, deren Interessen zu schützen sind). Der Schutzweck des § 172 IV 1 HGB fordert für diesen Fall eine Abkehr von § 425 I BGB analog. Diese Haftung des Neukommanditisten muß unabhängig von seiner Kenntnis von der Einlagerückgewähr an den Altkommanditisten bestehen, weil es um seinen Anteil und seine Deckungspflicht geht[129].

Entgegen *Michel* ist bei der Einlagerückgewähr an den Altkommanditisten nicht auf den Rechtsgrund einer Vermögensbewegung zwischen KG und Altkommanditisten abzustellen[130], weil es nach dem hier praktizierten Verständnis

---

[127] So zu Recht *Michel*, (Übertragung), S. 144 ff.; *ders.*, ZGR 1993, 118 (123 ff.).

[128] So im Ergebnis auch *Michel*, (Übertragung), S. 154; *ders.*, ZGR 1993, 118 (132); so wohl auch mit demselben Resultat *K. Schmidt*, (Einlage und Haftung), S. 112.

[129] *K. Schmidt*, (Einlage und Haftung), S. 112.

[130] (Übertragung), S. 147; ZGR 1993, 118 (126 f.).

von § 172 IV 1 HGB nie auf den Rechtsgrund von Vermögensbewegungen zwischen KG und Kommanditisten ankommen kann. Trotzdem ist seinem Ergebnis der Haftung von Alt- und Neukommanditist bei der Einlagerückgewähr an den Altkommanditisten zuzustimmen.

c) Ergebnis

Nach dem Modell der Gesamthaftung führt das Stehenlassen der Kommanditeinlage (bzw. deren nachträgliche Erbringung durch den erwerbenden Neukommanditisten) gem. § 422 I 1 BGB analog zu einer Haftungsbefreiung gem. § 171 I 2. Hs. HGB nach Übertragung des Kommanditanteils beim veräußernden Altkommanditisten und beim erwerbenden Neukommanditisten. Das Modell der Gesamthaftung ist an der in §§ 421 ff. BGB geregelten Gesamtschuld ausgerichtet.

Demzufolge führt die Rückgewähr der Kommanditeinlage an Neukommanditisten analog § 425 I BGB nur bei ihm zu einem Wiederaufleben der Kommanditistenhaftung. Bei Rückgewähr der Kommanditeinlage iSv § 172 IV 1 HGB an den Altkommanditisten muß dagegen die Haftung sowohl des Alt- wie des Neukommanditisten wiederaufleben.

5. Zusammenfassung zu IV.

a) Ergebnisse 1.-3.

Bei der Beteiligung von Drittvermögen am Vorgang der Rückgewähr der Kommanditeinlage ist für die Anwendung des § 172 IV 1 HGB genauso zu verfahren wie in Zweipersonenverhältnissen, d.h. nur mit Beteiligung von KG und Kommanditist.

Nach der reinen Verrechnungstheorie ist eine Saldierung der Vermögensbewegungen zwischen KG und Kommanditist unabhängig von deren Rechtsgrund vorzunehmen und bei einer Verminderung des Gesellschaftsvermögens zugunsten des Kommanditisten § 172 IV 1 HGB anzuwenden.

Hierbei ist die Leistung eines Dritten für Rechnung der KG an den Kommanditisten erst dann Einlagerückgewähr nach § 172 IV 1 HGB, wenn das Vermögen der KG durch die Verrechnung mit dem Dritten unmittelbar gemindert ist.

Die Leistung der KG an einen Dritten kann ebenfalls Einlagerückgewähr nach § 172 IV 1 HGB sein. Dafür reicht allein der tatsächliche Vorgang einer Vermögensbewegung von der KG an den Dritten für den Tatbestand der Einlagerückgewähr nicht aus. Vielmehr muß zu diesem faktischen Ereignis noch ein normatives Zurechnungskriterium treten, das aus der Vermögensbewegung an den

Dritten eine Einlagerückgewähr an den Kommanditisten macht. Ein solches Zurechnungskriterium kann in der tatsächlichen Übernahme der Weiterleitung des Betrages an den Kommanditisten liegen, aber auch in einer mittelbaren Beteiligung des Dritten sowie in einem Verwandtschaftsverhältnis zwischen Drittem und Kommanditist und in weiteren vergleichbaren Fallkonstellationen.

Weiterhin kann auch die Bezahlung der Schuld eines Dritten aus einem Verkehrsgeschäft mit dem Kommanditisten Einlagerückgewähr nach § 172 IV 1 HGB sein, wenn die Abrechnung zwischen der KG und dem Dritten nicht zu einem vollwertigen Ausgleich der KG für die Bezahlung der fremden Schuld führt. An dem Wiederaufleben der Kommanditistenhaftung in dieser Fallgestaltung sieht man, daß der Vorteil des Kommanditisten, den § 172 IV 1 HGB als Tatbestandsmerkmal zusätzlich zur Verminderung des KG-Vermögens verlangt, nicht unbedingt summenmäßig der Minderung des KG-Vermögens entsprechen muß („Stoffgleichheit"), sondern auch anderweitig begründet sein kann, so z.B. in der Inanspruchnahme der KG als Zahlstelle für Schulden, die sonst nicht beglichen würden. Alles in allem stellt auch ein solcher Vorgang eine Minderung des KG-Vermögens zugunsten des Kommanditisten dar.

b) Ergebnis 4.

Schließlich stellt die Übertragung des Kommanditanteils einen Sonderfall der Beteiligung von Drittvermögen an den Vogängen der haftungsbefreienden Einlageleistung und -rückgewähr dar. Hier wirkt die nachträgliche Leistung bzw. das vorherige Stehenlassen der Einlage bei der Übertragung des Kommanditnateils analog § 422 I 1 BGB doppelt, d.h. haftungsbefreiend im Sinne von § 171 I 2. Hs. HGB für den übertragenden und den erwerbenden Kommanditisten, während bei Einlagerückgewähr nach § 172 IV 1 HGB zwischen der Rückgewähr an den Alt- und den Neukommanditisten zu unterscheiden ist.

V. Zusammenfassung zu C.

Wie der Tatbestand der haftungsbefreienden Einlageleistung läßt sich auch der Tatbestand der Einlagerückgewähr in zwei Komponenten zerlegen, die auf der Vertrags- und der Verrechnungstheorie beruhen.

Anders als bei der Einlageleistung nach § 171 I 2. Hs. HGB kommt hier aber nur die Komponente der Verrechnungstheorie zur Anwendung.

Bei der Einlagerückgewähr hat die Vertragstheorie keine Bedeutung. Das bedeutet, daß die Umwandlung von Eigenkapital in Fremdkapital (d.h. Darlehen, stille Einlage oder Abfindungsbetrag) ohne Vermögensfluß an den Kommanditisten nicht den Tatbestand des § 172 IV 1 HGB erfüllt. Es existiert bei der KG somit kein Prinzip der Einlageerhaltung.

Die fehlende Berücksichtigung der Vertragstheorie im Rahmen des § 172 IV 1 HGB hat zudem die Bedeutung, daß tatsächliche Vermögensbewegungen zwischen KG und Kommanditist nicht aufgrund des Gesellschaftsvertrages erfolgen müssen, um den Tatbestand der Einlagerückgewähr auszulösen.

Vielmehr erlaubt die alleinige Geltung der zweiten Komponente der Verrechnungstheorie Vermögensbewegungen zwischen der KG und dem Kommanditisten unabhängig von ihrem Rechtsgrund zu saldieren und so zu einer Anwendung des § 172 IV 1 HGB zu gelangen.

Diese Methode ist auch anzuwenden, wenn Vermögen Dritter in den Vorgang der Einlagerückgewähr einbezogen werden. Hier löst allein schon die tatsächliche Minderung des KG-Vermögens unabhängig von den Leistungsbeziehungen in den entstehenden Dreipersonenverhältnissen den Tatbestand des § 172 IV 1 HGB aus.

D. Zusammenfassung aller Ergebnisse

Das Haftungssystem bei der KG ist zweispurig ausgestaltet. Der Kommanditist haftet zunächst als Gesellschafter persönlich für Gesellschaftsschulden gegenüber Dritten. Da diese Haftung summenmäßig beschränkt ist, hat der Kommanditist die Möglichkeit, diese Haftung durch die Befriedigung von Gesellschaftsgläubigern zu erschöpfen, wenn er Gläubiger der KG in Höhe der Haftsumme befriedigt.

Alternativ stellt das HGB eine „mittelbare" Haftung für den Kommanditisten zur Verfügung. Diese mittelbare Haftung besteht darin, der KG haftendes Kapital in Form einer Einlage zur Verfügung zu stellen, die die Haftungsbasis der Gesellschaft erhöht und durch die Inanspruchnahme des KG-Vermögens durch Gesellschaftsgläubiger aufgebraucht werden kann. Alternative Haftung bedeutet, daß bei Leistung der Kommanditeinlage die zuerst geschilderte Form der Kommanditistenhaftung wegfallen muß. Deshalb ordnet § 171 I 2. Hs. HGB ein Erlöschen der Außenhaftung des Kommanditisten an, soweit dieser seine Einlage leistet.

Umgekehrt muß aber auch die Befriedigung eines Gesellschaftsgläubigers verbunden mit der Erschöpfung der Außenhaftung dazu führen, daß eine Haftung „mit der Einlage", d. h. die Inanspruchnahme durch die KG auf Leistung der Einlage, abgewendet werden kann. Dafür bietet sich dem Kommanditisten die Möglichkeit der Aufrechnung mit einem Ersatzanspruch aus §§ 161 II,110 HGB wegen Gläubigerbefriedigung gegen die Einlageforderung. Hieran zeigt sich die Alternativität der Kommanditistenhaftung, d.h. entweder Außenhaftung oder Erhöhung der Haftungsbasis der KG durch Erbringung der Kommanditeinlage.

Ausgehend von dem alternativen Haftungssystem für den Kommanditisten, wurde untersucht, unter welchen Voraussetzungen die Haftungsbefreiung nach § 171 I 2. Hs. HGB eintreten konnte.

Die haftungsbefreiende Einlageleistung ist an zwei Voraussetzungen geknüpft: eine Leistung „auf die Einlage" (d.h.aufgrund der gesellschaftsvertraglichen Einlageverbindlichkeit) und eine objektive Vermögensdeckung, d.h. tatsächliche Wertzuführung.

Was die erste Voraussetzung betrifft, konnten Leistungen des Kommanditisten aufgrund eines Verkehrsgeschäftes (insb. Darlehen) nicht als Leistungen „auf die Einlage" anerkannt werden. Solche Leistungen sind Fremdkapital, das nicht unter § 171 I 2. Hs. HGB fällt. Grundsätzlich können nur Einlagen, d.h. als Eigenkapital gebundene Vermögenswerte, zur Haftungsbefreiung nach § 171 I 2. Hs. HGB führen. Eine Sonderstellung können hierbei Darlehen und stille Einlage als Teil einer gesplitteten Kommanditeinlage einnehmen. Sie sind Fremdkapital, das wesentliche Funktionen des Eigenkapitals wahrnimmt und damit zu einer Art beweglicher Einlage wird. Auch solch eine bewegliche Einlage kann zu einer Haftungsbefreiung nach § 171 I 2. Hs. HGB führen, sofern die Parteien eine Anrechnung solchen Kapitals auf die Haftsumme beabsichtigen. Dieses Fremdkapital wird durch den Gesellschaftsvertrag wie Eigenkapital behandelt. Insofern wird es „auf die Einlage" geleistet.

Das Erfordernis einer Leistung „auf die Einlage" verlangt grundsätzlich, daß Kapital im Zeitpunkt seiner Leistung mit dem Tilgungszweck Einlageerbringung geleistet wird. Insofern ist die Haftungsbefreiung nach § 171 I 2. Hs. HGB streng akzessorisch zur Erfüllung der Einlageverbindlichkeit. So können unterbewertete Sacheinlagen oder Leistungen „auf die Haftung" zunächst nur in Höhe der Erfüllung der Einlageverbindlichkeit bzw. gar nicht zur Haftungsbefreiung führen. Das Erfordernis der Leistung auf die Einlageverbindlichkeit schließt eine haftungsbefreiende Einlageleistung iSv § 171 I 2. Hs. HGB für den ausgeschiedenen Kommanditisten aus, da nach dem Ausscheiden keine Einlageverbindlichkeit mehr bestehen kann. Auch eine Leistung „auf die Haftung" (vgl. oben A. III. 4.) kann nicht anerkannt werden. Damit bleibt für den ausgeschiedenen Kommanditisten nur die Gläubigerbefriedigung zur Erlangung der Haftungsbefreiung.

Die zweite Voraussetzung des § 171 I 2. Hs. HGB (obj. Vermögensdeckung) beinhaltet eine Kapitalaufbringungsgarantie. Dahinter verbirgt sich aber keine gesetzliche Garantie, daß der Kommanditist eine bestimmte Kapitalsumme aufbringt, da im Recht der KG kein gesetzlicher Zwang besteht, Einlagekapital zu erbringen. Anders als das GmbHG arbeitet das HGB mit der Alternativität von Einlage und Haftung, d. h. ein möglicher gesetzlicher „Zwang", Einlagekapital zu leisten, kann allenfalls darin bestehen, daß der Kommanditist von seiner Außenhaftung nicht loskommt. Nach dem Kapitalaufbringungsgrundsatz kann Haftungsbefreiung dann nur in Höhe einer tatsächlichen Vergrößerung der Haftungsbasis eintreten.

Mit Haftungsbasis kann nur das KG-Vermögen selbst gemeint sein, nicht auch zusätzlich die Privatvermögen aller Gesellschafter, so daß die Einbuchung eines Kapitalanteils der Kapitalaufbringungsgarantie genügt.

Der Kapitalaufbringungsgrundsatz findet in der Praxis am häufigsten in den sog. Sacheinlagegrundsätzen seinen Ausdruck, die für die Einlageerbringung durch Übereignung von Sachen, durch Forderungsabtretung, aber auch durch Aufrechnung anzuwenden sind.

Durch den Kapitalaufbringungsgrundsatz wird also in Kombination mit dem Erfordernis der Leistung „auf die Einlage“ die Schaffung einer Haftungsbasis der KG jenseits von persönlicher Gesellschafterhaftung sichergestellt.

Unter dem Gesichtspunkt der Sicherstellung der Haftungsbasis ist die mit § 171 I 2. Hs. HGB korrespondierende Vorschrift des § 172 IV 1 HGB praktisch als Verlängerung zu sehen. Demzufolge muß die Vorschrift verhindern, daß die Haftungsbasis der KG in Form eines vergrößerten Gesellschaftsvermögens wieder beseitigt wird. Sie tut das weniger durch Zwang als durch das Wiederaufleben der alternativen Form der Gläubigersicherung durch persönliche Kommanditistenhaftung.

Die Haftungsbasis der KG wird aber nur durch tatsächliche Vermögensbewegungen weg von der KG an den Kommanditisten verringert. Deshalb ist es nicht nötig, mit der Vertragstheorie schon die Umwandlung von Eigen- in Fremdkapital ohne Vermögensabfluß bei der Gesellschaft mit einem Wiederaufleben der Kommanditistenhaftung nach § 172 IV 1 HGB zu sanktionieren.

Weiterhin darf § 172 IV 1 HGB aber auch nicht dahingehend verstanden werden, daß nur Leistungen der KG an den Kommanditisten aufgrund des Gesellschaftsvertrages (parallel zur Leistung „auf die Einlage“ bei 171 I 2. Hs. HGB) Einlagerückgewähr sein können. Hier wird der Anwendungsbereich des § 172 IV 1 HGB mit der Vertragstheorie unnötig verkürzt und die Möglichkeit eröffnet, das KG-Vermögen durch Drittgeschäfte mit dem Kommanditisten auszuhöhlen.

Die Anwendung der Vertragstheorie bei § 172 IV 1 HGB erweist sich nicht als nötig bzw. sogar als schädlich.

Deshalb ist § 172 IV 1 HGB allein die Verechnungstheorie zugrundezulegen, d.h. anhand einer Saldierung der Vermögensbewegungen zwischen KG und Kommanditisten unabhängig vom Rechtsgrund ist § 172 IV 1 HGB bei jeder Verkürzung der Haftungsbasis zugunsten des Kommanditisten anzuwenden. Insbesondere im Bereich von Drittgeschäften mit Kommanditisten ist diese Handhabung hilfreich (Umsatzgeschäfte, Geschäftsführervergütung etc.).

Die Unerheblichkeit des Rechtsgrundes von Vermögensbewegungen bei § 172 IV 1 HGB erlaubt es, § 172 IV 1 HGB auch auf den ausgeschiedenen Kommanditisten anzuwenden.

Auch bei der Einbeziehung von Drittvermögen in den Vorgang der Einlagerückgewähr muß allein die tatsächliche Minderung des KG-Vermögens zugunsten des Kommanditisten für den Tatbestand der Einlagerückgewähr ausreichen, auch wenn der Minderung des KG-Vermögens kein wertmäßig entsprechender Vorteil im Kommanditistenvermögen gegenüber steht. Ferner sollte im Bereich der Drittvermögen der Anwendungsbereich des § 172 IV 1 HGB auf bestimmte Fallgruppen der Einlagegewähr an Dritte erstreckt werden, die dem Kommanditisten mittelbar einen Vorteil bringen.

Insgesamt lassen sich mit der extensiven Auslegung des § 172 IV 1 HGB im Sinne der reinen Verrechnungstheorie viele Fälle erfassen und befriedigende Ergebnisse erzielen.

§ 172 IV 1 HGB versagt aber als Sanktionsinstrument zur Bewältigung der Phänomene gesplittete Kommanditeinlagen und eigenkapitalersetzende Darlehen beinahe völlig. In jenem Bereich besteht ein Bedürfnis, Fremdkapital in Form von Darlehen oder stillen Einlagen in vielerlei Hinsicht aufgrund gesellschaftsvertraglicher Bestimmung bzw. objektiver Rechtssätze wie Eigenkapital zu behandeln. Das müßte entsprechend §§ 30, 31 GmbHG auch eine „Sanktion" der Rückerstattung solchen Kapitals an den Kommanditisten auslösen. Dafür bietet § 172 IV 1 HGB praktisch keine Handhabe. Das liegt vor allem daran, daß die Kommanditistenhaftung durch § 172 I HGB durch die Haftsumme absolut begrenzt ist. Somit können solche Leistungen von Fremdkapital, die über die reguläre Einlage hinaus gewährt werden, praktisch gar nicht von § 172 IV 1 HGB erfaßt werden.

In diesem Bereich bleibt daher als Ausweg de lege ferenda beinahe nur die Angleichung des § 172 IV 1 HGB an §§ 30, 31 GmbHG. Das allerdings würde zu einer weiteren Verwischung der Grenzen zwischen Personen- und Kapitalgesellschaften führen.

Literaturverzeichnis

Aktiengesetz Großkommentar, 3. Auflage 1973 (zit.: GK-Bearb. § AktG)

Bälz, Ulrich: Zur Abfindung eines Kommanditisten aus privaten Mitteln eines Mitgesellschafters, BB 1977, 1481 ff.

Bandasch, Georg W.: Gemeinschaftskommentar zum Handelsgesetzbuch-GK-HGB, 3. Auflage 1980 (zit.: Bandasch-Bearb.)

Baumbach, Adolf/*Duden*, Konrad/*Hopt*, Klaus J.: Handelsgesetzbuch, 28. Auflage 1989 (zit.: Baumbach/Duden/Hopt)

Berg, Hans: Hauptprobleme bei den Personengesellschaften des Handelsrechts, JuS 1974, 685 ff.

Beuthien, Volker: Treuhand an Gesellschaftsanteilen, ZGR 1974, 26 ff.

BGB-RGRK: Das Bürgerliche Gesetzbuch (mit besonderer Berücksichtigung der Rechtsprechung des Reichsgerichts und des Bundesgerichtshofes), Band II, 2. Teil, 12. Auflage 1978; Band II, 5. Teil, 12. Auflage 1989 (zit.: RGRK-Bearb.)

Blaurock, Uwe: Unterbeteiligung und Treuhand an Gesellschaftsanteilen, 1981 (zit.: Blaurock, Unterbeteiligung und Treuhand)

Bork, Reinhard: Die Haftung des entlohnten Gesellschafter-Geschäftsführers bei der GmbH & Co. KG, AcP 184 (1984), 465 ff.

Brox, Hans: Handelsrecht und Wertpapierrecht, 10. Auflage 1993 (zit.: Brox, HWR)

von Caemmerer, Ernst: Bereicherungsansprüche und Drittbeziehungen, JZ 1962, 385 ff.

— Irrtümliche Zahlung fremder Schulden, Festschrift für Hans Dölle Band I, 1963, 135 ff. (zit.: von Caemmerer, FS Dölle I)

Canaris, Claus-Wilhelm: Die Rückgewähr von Gesellschaftereinlagen durch Zuwendungen an Dritte, Festschrift für Robert Fischer, 1979, S. 31 ff. (zit.: Canaris, FS Fischer)

Claussen, Carsten P.: Kapitalersetzende Darlehen und Sanierungen durch Kreditinstitute, ZHR 147 (1983), 195 ff.

Coenenberg, Adolf G.: Jahresabschluß und Jahresabschlußanalyse, 10. Auflage 1988

Creifelds, Carl: Rechtswörterbuch, 11. Auflage 1992

Derleder, Peter: Teilzession und Schuldnerrechte, AcP 169 (1969), 97 ff.

Donner, Günther: Eintragung der Rechtsnachfolge im Handelsregister bei Kommanditistenwechsel, DR 1943, 971 ff.

Düringer, Adelbert/ *Hachenburg*, Max: Das Handelsgesetzbuch, II. Band/ 2. Hälfte (§§ 105-177, 335-342), 3. Auflage 1932 (zit.: Düringer/Hachenburg-Bearb.)

Ehmann, Horst: Über den Begriff des rechtlichen Grundes im Sinne des § 812 BGB, NJW 1969, 398 ff.

Eisenhardt, Ulrich: Gesellschaftsrecht, 5. Auflage 1992

Elsing, Siegfried: Erweiterte Kommanditistenhaftung und atypische Kommanditgesellschaft, 1977 (zit.: Elsing, Erweiterte Kommanditistenhaftung)

Erman, Walter: Handkommentar zum Bürgerlichen Gesetzbuch, 1. Band, 9. Auflage 1993; 2. Band, 9. Auflage 1993 (zit.: Erman-Bearb.)

Esser, Josef/*Schmidt*, Eike: Schuldrecht, Band I, Allg. Teil, Teilband 2, 7. Auflage 1993 (zit.: Esser/Schmidt SchR I/2)

Esser, Josef/*Weyers*, Hans-Leo: Schuldrecht Band II, Besonderer Teil, 7. Auflage 1991 (zit.: Esser/ Weyers SchR II)

Felix, Günther: Haftsumme der Kommanditisten und Sacheinlage, NJW 1973, 491 f.

Finger, Peter: Der Nießbrauch am Gesellschaftsanteil einer Personengesellschaft, DB 1977. 1033 ff.

Fischer, Robert: Anmerkung zu BGH Urt. v. 9.5.1963 = II ZR 124/61; LM § 172 HGB Rdnr. 2-4

Fleck, Hans-Joachim: Der Grundsatz der Kapitalerhaltung-seine Ausweitung und seine Grenzen, Festschrift 100 Jahre GmbH-Gesetz, 1992, S. 391 ff. (zit.: Fleck, FS GmbH)

Flume, Werner: Allg. Teil des Bürgerlichen Rechts, Erster Band, 1. Teil, Die Personengesellschaft, 1977; 2. Teil, Die juristische Person, 1983; Zweiter Band, Das Rechtsgeschäft, 4. Auflage 1992 (zit.: Flume, PG; jur. Pers.; RG)

— Anmerkung zu BGH Urt. v. 5.10.1961 VII ZR 207/60, JZ 1962, 280 ff.

— Rechtsnachfolge in die Mitgliedschaft in einer Personengesellschaft durch Übertragung der Mitgliedschaft, Festschrift für Karl Larenz, 1973 (zit.: Flume, FS Larenz)

Fromm, Rüdiger: Gläubigerschutz durch Kapitalaufbringung und Kapitalerhaltung in Kommanditgesellschaft und Gesellschaft mit beschränkter Haftung, Diss. Bonn 1979 (zit.: Fromm, Gläubigerschutz)

Furrer, Reinhold: Die Haftung des Kommanditisten im Vergleich zur Haftung des Komplementärs, 1903

Ganssmüller, Helmut: Besondere Vergütungen an Gesellschafter von Handelspersonengesellschaften und ihre rechtliche Behandlung, DB 1968, 2067 ff.

v. Gerkan, Hartwin: Schwerpunkte und Entwicklungen im Recht der kapitalersetzenden Gesellschafterleistungen, GmbHR 1986, 218 ff.

Gramlich, Willy: Die Einlageforderung der Kommanditgesellschaft gegen einen Kommanditisten als Kreditsicherungsmittel, NJW 1967, 1447 ff.

Großfeld, Bernhard: Bilanzrecht, 2. Auflage 1990

Grunewald, Barbara: Anmerkung zu BGH, Urt. v. 2.7.1990-II ZR 139/89, JZ 1991, 146 f.

Günter, Manfred: Die Aufbringung und Erhaltung des Haftkapitals in KG und GmbH unter besonderer Berücksichtigung der GmbH & Co. KG, Diss. Hamburg 1975

Gursky, Karl-Heinz: Risikokumulation für den Kommanditisten mit Sacheinlagepflicht?, DB 1978, 1261 ff.

Hachenburg, Max: Gesetz betreffend die Gesellschaften mit beschränkter Haftung (GmbHG), 8. Auflage, Erster Band, Allgemeine Einleitung §§ 1-34, 1992

Hadding, Walther: Rückgriff des haftenden Treuhandkommanditisten, Festschrift für Hans-J. Fleck zum 70. Geburtstag 1988, ZGR-Sonderheft 1988, S. 71 ff.(zit.: Hadding, FS Fleck)

— Zum Rückgriff des ausgeschiedenen haftenden Gesellschafters einer OHG oder KG, Festschrift für Walter Stimpel zum 68. Geburtstag am 29. November 1985, S. 139 ff. (zit.: Hadding, FS Stimpel)

— Zur Haftung des ausgeschiedenen OHG-Gesellschafters, ZGR 1973, 137 ff.

Häuser, F.: Anmerkung zu BGH Urt. v. 17.5.1982-II ZR 16/81, JA 1983, 87 f.

Hahn, Karl/*Mugdan*, Benno: Die gesammelten Materialien zu den Reichs-Justizgesetzen, 6. Band, Materialien zum Handelsgesetzbuch, 1897

Handelsgesetzbuch, Großkommentar (begründet von Staub, weitergeführt von Mitgliedern des Reichsgerichts), Zweiter Band, 1. Halbband, §§ 105-144, 3. Auflage 1973. Zweiter Band, 2. Halbband, §§ 145-177, §§ 335-342, 3. Auflage 1970;. Lieferung §§ 1-15 , 4. Auflage 19 12. Lieferung §§ 105-113, 4. Auflage 1989, 9. Lieferung §§ 161-177a, 4. Auflage 1987; 13. Lieferung §§ 230-237, 4. Auflage 1990 (zit.: GK (3), (4)-Bearb.)

Handelsgesetzbuch, Kommentar zum (früher herausgegeben von Mitgliedern des Reichsgerichts), Zweiter Band (§§ 105-177, 335-342), 2. Auflage 1950 (zit.: RGRK-Bearb.)

Heymann, Ernst: Handelsgesetzbuch, Band 2, Zweites Buch, §§ 105-237, Band 3, Drittes Buch §§ 238-342, 1989 (zit.: Heymann-Bearb.)

Heymann, Ernst/*Kötter*, Hans-Wilhelm: HGB, 4. Auflage 1971 (zit.: Heymann/Kötter)

Hopt, Klaus J./*Hehl*, Günther: Gesellschaftsrecht, 3. Auflage 1987

Huber, Ulrich: Gesellschafterkonten in der Personengesellschaft, ZGR 1988, 1 ff.

— Vermögensanteil, Kapitalanteil und Gesellschaftsanteil an Personengesellschaften des Handelsrechts, 1970 (zit.: Huber, Vermögensanteil)

Hueck, Alfred: Das Recht der offenen Handelsgesellschaft, 4. Auflage 1971 (zit.: Hueck, OHG)

Hueck ,Götz : Gesellschaftsrecht, 19. Auflage 1991

— Zur Tätigkeit des Kommanditisten im Dienste der KG, DB 1962, 1363 ff.

Immenga, Ulrich: Besprechnung der Entscheidung BGHZ 60, 324 ff., ZGR 1975, 487 ff.

— Die personalistische Kapitalgesellschaft, 1970

Jaeger, Ernst: Konkursordnung, Zweiter Band, 2. Halbband, §§ 208-244, Einführungsgesetz, Vergütungsordnung, Sachregister, 8. Auflage 1973 (zit.: Jaeger-Bearb.)

Jauernig, Othmar: Bürgerliches Gesetzbuch, 6. Auflage 1991

John, Uwe: Fiktionswirkung oder Schutz typisierten Vertrauens durch das Handelsregister, ZHR 140 (1976), 236 ff.

Joost, Detlev: Eigenkapitalersetzende Kommanditistenleistungen-zugleich ein Beitrag zur Außenhaftung des Kommanditisten, ZGR 1987, 370 ff.

Kaehler, Christian-Michael: Bereicherungsrecht und Vindikation, 1972

Keuk, Brigitte: Die Haftung des Kommanditisten für Schulden der Gesellschaft, ZHR 135(1971), 410 ff.

Klaus, Herbert/*Mittelbach*, Rolf: Die Kommanditgesellschaft, 4. Auflage 1984

Klingberg, Dietgard: Mitarbeitende Kommanditisten im Gesellschaftsrecht, 1990 (zit.: Klingberg, Mitarbeitende Kommanditisten)

Kölner Kommentar zum Aktiengesetz, Band 1, §§ 1-75 AktG, 2. Auflage 1988

Konietzko, Eva-Maria: Zur Haftung des Kommanditisten, 1979 (zit.: Konietzko, Haftung)

Kornblum, Udo: Die Haftung der Gesellschafter für Verbindlichkeiten von Personengesellschaften, 1972 (zit.: Kornblum, Haftung)

— Anmerkung zu BGHZ 93, 246, JZ 1985, 1002 ff.

Kraft, Alfons/*Kreutz*, Peter: Gesellschaftsrecht, 9. Auflage 1992 (zit.: Kraft/Kreutz)

Krenzel, Joachim: Treuhand an Kommanditanteilen, 1991 (zit.: Krenzel, Treuhand)

Kübler, Friedrich: Gesellschaftsrecht, 3. Auflage 1990

Kümmerlein, Hartmut: Erscheinungsformen und Probleme der Verwaltungstreuhand bei Personengesellschaften, 1971

Kuhn, Georg/*Uhlenbruck*, Wilhelm: Konkursordnung, 10. Auflage 1986

Larenz, Karl: Allgemeiner Teil des deutschen Bürgerlichen Rechts, 7. Auflage 1989 (zit.: Larenz AT)

Leffson, Ulrich/*Rückle*, Dieter/*Großfeld*, Bernhard: Handwörterbuch unbestimmter Rechtsbegriffe im Bilanzrecht des HGB, 1986

Lehmann, Heinrich/*Dietz*, Rolf: Gesellschaftsrecht, 3. Auflage 1970

Leven, Klaus: Zur persönlichen Haftung des Kommanditisten im Gesellschaftskonkurs, Diss. Köln 1966 (zit.: Leven, Kommanditistenhaftung im Gesellschaftskonkurs)

Medicus, Dieter: Bürgerliches Recht, 16. Auflage 1993

Michel, Frank P.: Die Kommanditanteilsübertragung auf einen Dritten, 1990 (zit. Michel, Übertragung)

— Die Rechtsfolgen von Vermögensverschiebungen nach einer Kommanditanteilsübertragung, ZGR 1993, 118 ff.

Münchener Handbuch des Gesellschaftsrechts, Band 2: Kommanditgesellschaft, Stille Gesellschaft, 1991 (zit.: MüHdbuch KG bzw. StG-Bearb.)

Münchener Kommentar zum Bürgerlichen Gesetzbuch (hrsg. von Rebmann, Kurt; Säcker, Franz Jürgen), Band 3: Schuldrecht, Besonderer Teil, 1. Halbband (§§ 433-651k), 2. Auflage 1988; Schuldrecht, Besonderer Teil, 2. Halbband (§§ 652-853), 2. Auflage 1986; Band 4: Sachenrecht, 2. Auflage 1986 (zit.: MüKo-Bearb.)

Müßigbrodt, Frank-Jürgen: Die haftungsbefreiende Aufrechnung des Kommanditisten, Diss. Münster 1980 (zit.: Müßigbrodt, Aufrechnung)

Mundry, Thomas: Darlehen und stille Einlagen im Recht der Kommanditgesellschaft, Diss. Berlin 1990 (zit.: Mundry, Darlehen und stille Einlagen)

Neumann-Duesberg: Die Außenhaftung des Kommanditisten, DB 1965, 769 ff.

Nitschke, Manfred: Die körperschaftlich strukturierte Personengesellschaft, 1970 (zit.: Nitschke, körperschaftliche PersG)

Palandt, Otto: Bürgerliches Gesetzbuch, 54. Auflage 1995 (zit.: Palandt-Bearb.)

Petzold, Rolf: Die Haftung des Kommanditisten nach Leistung seiner Einlage durch den Komplementär, DNotZ 1975, 529 ff.

Priester, Hans-Joachim: Ausschüttungen bei Abschreibungsgesellschaften und Wiederaufleben der Kommanditistenhaftung (Zur Auslegung von § 172 IV HGB), BB 1976, 1004 ff.

— Haftungsgefahren bei Zahlung von Geschäftsführerbezügen an Kommanditisten?, DB 1975, 1878

Reinhardt, Rudolf/*Schultz*, Dietrich: Gesellschaftsrecht, 2. Auflage 1981 (zit.: Reinhardt/Schultz)

Reinicke, Michael: Sein und Schein bei § 15 I HGB, JZ 1985, 272 ff.

Reuter, Dieter/*Martinek*, Michael: Handbuch des Schuldrechts Band 4, Ungerechtfertigte Bereicherung, 1983

Richert: Der Kommanditistenwechsel und seine Erscheinungsformen im Handelsregister, NJW 1958, 1472 ff.

Riegger, Bodo: Die Rückgewähr der Einlage aus dem Privatvermögen eines Gesellschafters, BB 1975, 1282 ff.

— Geschäftsführervergütung und persönliche Haftung des Kommanditisten, DB 1983, 1909 ff.

Ritter, Carl: Kommentar zum Handelsgesetzbuch, 2. Auflage 1932

Rümker, Dietrich: Überlegungen zur gesellschaftsrechtlichen Finanzierungsverantwortung, ZGR 1988, 494 ff.

Schlegelberger, Franz: Handelsgesetzbuch, II. Band §§ 105-177, 335-342, 4. Auflage 1965; Band III: 1. Halbband, §§ 105-160, 5. Auflage 1992; 2. Halbband, §§ 161-177a; §§ 335-342 (§§ 230-237 n.F.), 5. Auflage 1986 (zit.: Schlegelberger (4), (5)-Bearb.)

Schmidt, Karsten: Anmerkung zu BGH Urt. v. 17. 5. 1982-II ZR 16/81, NJW 1982, 2254

— Die Kreditfunktion der stillen Einlage, ZHR 140(1976), 475 ff.

— Eigenkapitalersatz bei unbeschränkter Haftung, ZIP 1991, 1 ff.

— Einlage und Haftung des Kommanditisten, 1977 (zit.:K. Schmidt, Einlage und Haftung)

— Gesellschafterdarlehen als Insolvenzproblem, ZIP 1981, 689 ff.

— Gesellschaftsrecht, 2. Auflage 1991

— Haftungsprobleme der „bürgerlich-rechtlichen Kommanditgesellschaft“ I, DB 1973, 653-657, 703 ff.

— Handelsrecht, 3. Auflage 1987; jetzt 4. Auflage 1994 (zit.: HandR)

— Insolvenzrisiko und gesellschaftsrechtliche Haftung, JZ 1985, 301 ff.

— Kapitalersetzende Bankenkredite?, ZHR 147(1983), 165 ff.

— Kapitalersetzende Gesellschafterdarlehen: ein Rechtsproblem nur der GmbH und der GmbH & Co. KG? — Vier Thesen zur Institutionenbildung im Kapitalausstattungsrecht der Handelsgesellschaften, AG 1984, 12 ff.

— Kapitalersetzende Kommanditistendarlehen, GmbHR 1986, 337 ff.

— Kommanditisteneinlage-Kapitalaufbringung und Kapitalerhaltung in der KG, ZGR 1976, 307 ff.

— Quasi-Eigenkapital als haftungsrechtliches und als bilanzrechtliches Problem, Festschrift für Reinhard Goerdeler, 1987, 487 ff. (zit.: K. Schmidt, FS Goerdeler)

— Zur Bareinlage durch Verrechnung und Aufrechnung in der Kommanditgesellschaft, ZGR 1986, 152 ff.

Schneider, Dieter: Messung des Eigenkapitals als Risikokapital, DB 1987, 185 ff.

Schneider, Herbert/*Schneider,* Uwe H.: Die neuere Entwicklung der Rechtsprechung des Bundesgerichtshofes zur Kommanditgesellschaft, ZGR 1972, 52 ff.

Schön, Wolfgang: Die stille Beteiligung an dem Handelsgewerbe einer Kommanditgesellschaft, ZGR 1990, 220 ff.

Siegmund, Iris/*van Venrooy,* Gerd J.: Gesellschaftsrecht, 1983

Sieker, Susanne: Eigenkapital und Fremdkapital der Personengesellschaft, Diss. Berlin 1991 (zit.: Sieker, Eigenkapital und Fremdkapital)

Soergel, Hans Theodor: Bürgerliches Gesetzbuch (mit Einführungsgesetz und Nebengesetzen), Band 2: Schuldrecht I (§§ 241-432), 12. Auflage 1990; Band 4: Schuldrecht III (§§ 705-853), 11. Auflage 1985; Band 6: Sachenrecht (§§ 854-1296), 12. Auflage 1990

von Staudinger, Julius: Kommentar zum Bürgerlichen Gesetzbuch (mit Einführungsgesetz und Nebengesetzen), §§ 652-740, 12. Auflage 1991; §§ 741-822, 12. Auflage 1986; §§ 1018-1296, 12. Auflage 1981

Steckhan, Hans Werner: Gesellschaftsvermögen der Kommanditgesellschaft und Privatvermögen des Komplementärs, DNotZ 1974, 69 ff.

Sudhoff, Heinrich: Rechte und Pflichten des Kommanditisten, 3. Auflage 1985 (zit.: Sudhoff, Rechte und Pflichten)

Sudhoff, Heinrich/*Sudhoff*, Martin: Sind Verlustverbuchungen über Gesellschafter-Darlehenskonten bei der GmbH & Co. KG gesellschaftsteuerpflichtig?, DB 1982, 1238 ff.

Teichmann, Arndt: Der Nießbrauch an Gesellschaftsanteilen-gesellschaftsrechtlicher Teil, ZGR 1972, 1 ff.

Thomä, Volker: Tilgung fremder Schulden durch irrtümliche Eigenleistung?, JZ 1962, 623 ff.

Tiedtke, Klaus: Die Haftung des gesamtvertretungsberechtigten Komplementärs nach seinem Ausscheiden aus der Kommanditgesellschaft, DB 1979, 245

Wagner, Klaus: Gesellschaftsrecht, 1970

Walter, Gerhard: Der Gesellschafter als Gläubiger seiner Gesellschaft, JuS 1982, 81 ff.

Weipert, Otto: Zur Haftung des ausgeschiedenen Kommanditisten im Falle des Gesellschafterwechels durch allgemeine oder Sonderechtsnachfolge, DR 1943, 270 ff.

Westermann, Harm Peter: Kapitalersetzende Darlehen bei Publikums-Personengesellschaften-Skizze eines Sonderrechts im Sonderrecht, Festschrift für Hans-Joachim Fleck, 1988, S. 423 ff. (zit.: H.P. Westermann, FS Fleck)

— Vertragsfreiheit und Typengesetzlichkeit im Recht der Personengesellschaften, 1970 (zit.: H.P. Westermann, Vertragsfreiheit)

Westermann, Harry: Ausgleichsansprüche des Kommanditisten, dessen Haftsumme die Pflichteinlage übersteigt, bei Inanspruchnahme von Gläubigern der KG, Festschrift für Carl Hans Barz, 1974, S. 81 ff. (zit.: H. Westermann, FS Barz)

— Gesellschaftsrecht von Harry und Harm Peter Westermann (in: Westermann/Scherpf/Paulick/Bulla/ Hackbeil, Handbuch der Personengesellschaften, Teil I), 3. Auflage 1980 (zit.: Westermann I)

Wiedemann, Herbert: Beschränkte und unbeschränkte Kommanditistenhaftung, Festschrift für Johannes Bärmann, 1975, S. 1037 ff. (zit.: Wiedemann, FS Bärmann)

— Die Übertragung und Vererbung von Mitgliedschaftsrechten bei Handelsgesellschaften, 1965 (zit.: Wiedemann, Übertragung)

— Anmerkung zu BGH Urt. v. 8. 7. 1985, II ZR 269/84, JZ 1986, 855 ff.

Wieland, Karl: Handelsrecht, I. Band, 1921

Winkler, Karl: Die Haftungsverfassung der GmbH & Co. (KG), NJW 1969, 1009 ff.

Zeiss, Walter: Leistungsverhältnis und Insolvenzrisiko bei irrtümlicher Tilgung fremder Schulden, AcP 165(1965), 332 ff.

FSC
www.fsc.org
MIX
Papier | Fördert
gute Waldnutzung
FSC® C083411

Kolibri 360 GmbH
Ferdinand-Jühlke-Straße 7
99095 Erfurt, Deutschland
produktsicherheit@kolibri360.de

Druck:
CPI Druckdienstleistungen GmbH
im Auftrag der
Kolibri 360 GmbH
Ferdinand-Jühlke-Str. 7
99095 Erfurt